FRANÇOIS-MARIE BANIER

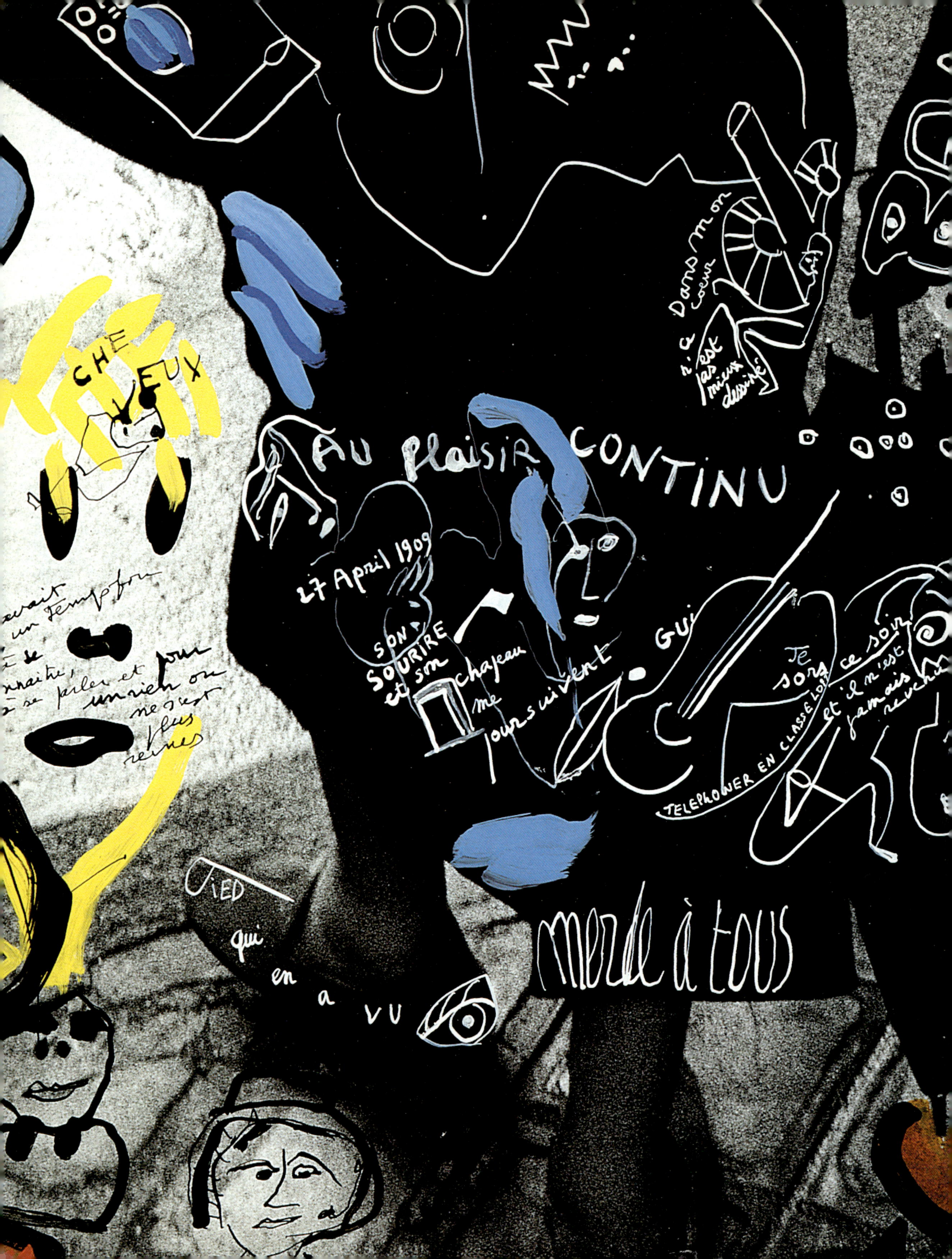

CHEVEUX
AU PLAISIR CONTINU
Dans mon coeur
27 April 1909
SON SOURIRE et son chapeau me poursuivent
PIED qui en a vu
merde à tous
TELEPHONER EN CLASSE

Progetto grafico / Graphic design /
Conception graphique
Fayçal Zaouali

Redazione / Editing / Rédaction
Anna Albano
Viviana Succi
Gianluca Ranzi

Traduzioni / Translations / Traductions
Barbara Besi Ellena
Maurren Gaveriaux
Jo Hiorth
Dominique Morge

Distribuzione / Distribution / Distribution
Edizioni Charta
Via della Moscova, 27
20121 Milano
Tel. +39.026598098/026598200
Fax +39.026598577
e-mail: edcharta@tin.it
www.artecontemporanea.com/charta

ISBN: 88-8158-286-4

In copertina / On the cover / En couverture
Le fauteuil vide, 1999
photographie peinte

In controcopertina / On the book page / En contre couverture
Il ne reste rien d'autre de notre pauvre grand-mère (détail)
1.01.1998
huile sur toile

P. 2
Sortir pour quoi ?
1999
photographie peinte
(détail)

P. 8
Tournesol IV
mars 1999
photographie peinte
(détail)

P. 12
L'homme léopard
1999
photographie peinte
(détail)

P. 188
Fotografia di / Photograph by / Photographie de
Martin d'Orgeval

FRANÇOIS-MARIE BANIER

6 maggio - 30 luglio 2000
Triennale di Milano
Fondazione Mudima, Milano

Mostre a cura di / Exhibitions curated by / Commissaires des expositions
Gino Di Maggio
Dominique Stella

Mostre prodotte da / Exhibitions produced by / Expositions produites par

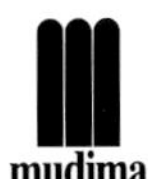

Fondazione Mudima
Presidente / Chairman / Président
Gino Di Maggio

*Comitato direttivo / Directive committee /
Comité directif*
Dominique Stella
Leonardo Soresi
Gabriele Stocchi
Diego Strazzer

Direttore / Director / Directeur
Gianluca Ranzi

*Direttore artistico / Art director /
Directeur artistique*
Fayçal Zaouali

Coordinamento / Co-ordination / Coordination
Viviana Succi

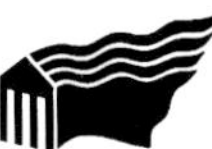

Centre Culturel Français de Milan
Direttore / Director / Directeur
Christian Saglio

*Commissario delle mostre / Exhibitions
Commissary / Commissaire des expositions*
Dominique Stella

*Segretario generale / General secretary /
Secrétaire général*
Jean-Louis Dupoizat de Villemont

*Assistente di direzione / Management secretary /
Assistante de direction*
Dominique Morge

Segreteria / Secretary / Secrétariat
Rosette Ciola

*Con il sostegno del / with the support of / avec le
soutien de*
Gruppo L'Oréal

*Ringraziamenti / Acknowledgements /
Remerciements*
Patricia Topolski-Lambert
Martin d'Orgeval
Domitille d'Orgeval
Michèle Bernard
Georges Monni
Bernard Binesti
Régine Beauvallet

Sommario / Contents / Sommaire

5   Presentazione

6   Foreword

7   Présentation
    Gino Di Maggio

9   Lo scatto

11 The snapshot

13 Le déclic
    François-Marie Banier

15 Citazioni

18 Quotations

21 Citations
    François-Marie Banier

24 L'umanesimo di François-Marie Banier
       *Un antidoto moderno all'artificialità
       e alla virtualità dei media del mondo globale*

28 The humanism of François-Marie Banier
       *A modern antidote to the artificiality and
       virtuality of the global media society*

32 L'humanisme de François-Marie Banier
       *Un antidote moderne au monde global
       des médias artificiels et virtuels*
    Daniela Palazzoli

37 François-Marie Banier il primitivo

41 François-Marie Banier the primitive

45 François-Marie Banier le primitif
    Dominique Stella

49 Opere / Works / Œuvres

187 Apparati / Appendix / Appendice

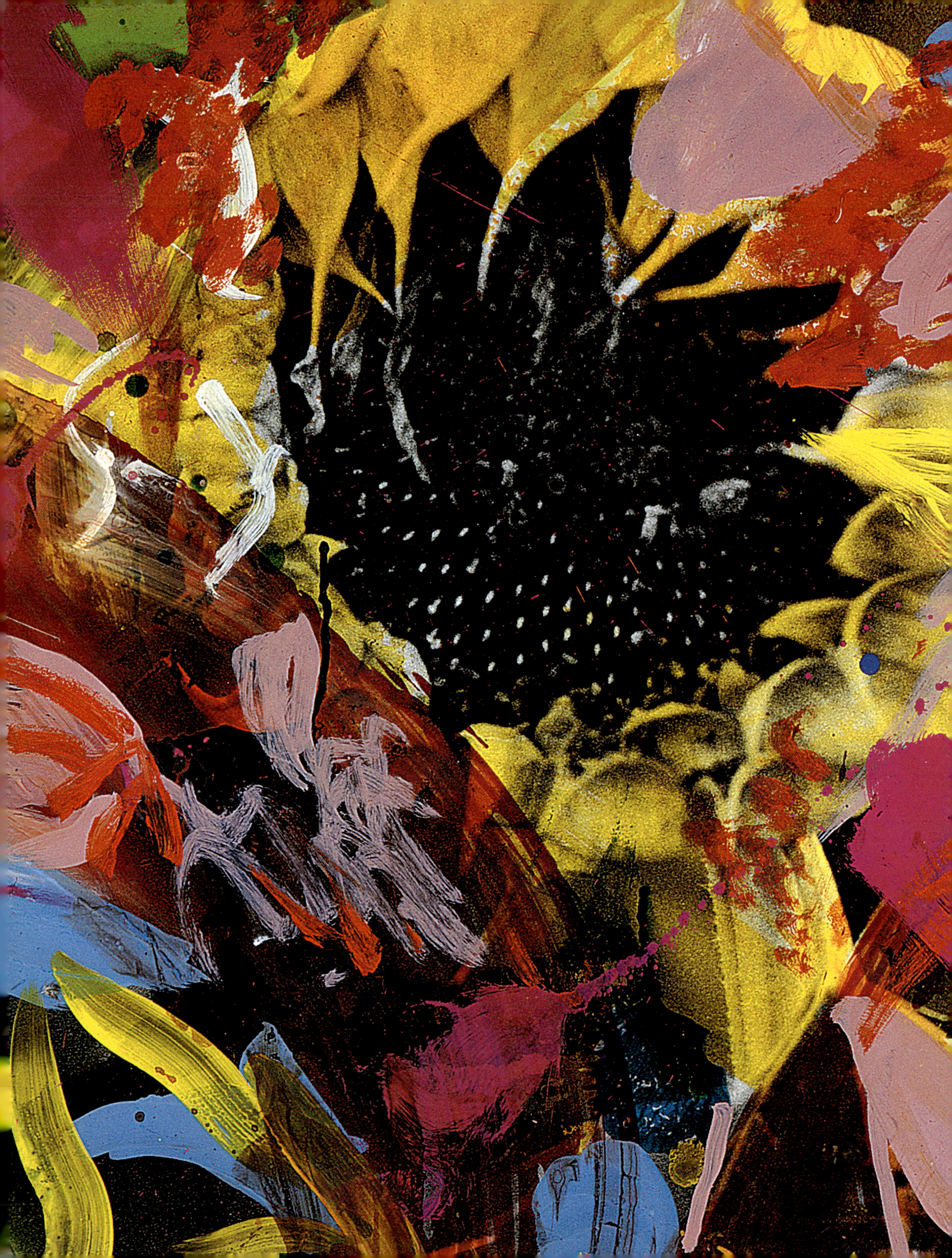

François-Marie Banier è un artista che ha fotografato con intensità inusuale, attraverso il corpo e il viso dei soggetti intenzionalmente e casualmente prescelti, la vita nello splendore della sua bellezza e nella malinconia della sua decadenza.

Non ci eravamo mai incontrati; conoscevo il suo lavoro dai libri e dai cataloghi delle sue mostre.

Dopo un primo breve incontro a Milano, è stato immediato e naturale decidere insieme di ampliare il progetto originale: una mostra antologica alla Triennale più centrata sul suo lavoro fotografico e una mostra alla Fondazione Mudima più focalizzata sul suo lavoro pittorico, che ha prevalentemente assorbito la ricerca dell'artista in questi ultimi anni.

Grandi immagini fotografate, raccontate come in un diario della memoria e reinventate dalla felice sovrapposizione pittorica dell'artista.

Un'occasione, certo rara per la sua qualità visiva, di incontrarsi con un'avventura creativa, ormai quarantennale, mai appagata e alla continua ricerca di nuovi impulsi.

Un'occasione di cui siamo grati all'artista, alla Triennale di Milano e al Centre Culturel Français de Milan, che l'hanno resa possibile.

Gino Di Maggio

Francois-Marie Banier is an artist who has photographed with unusual intensity, through the body and face of persons chosen intentionally or casually, life in the splendor of its beauty and the melancholy of its decadence.

While we had never met, I knew his work from books and exhibition catalogues.

After a brief meeting in Milan the decision to expand the original project was immediate and natural, and we have thus organised an anthological exhibition at the Triennale, which is mainly focused on his photographic work, and a solo show at the Mudima Foundation which principally features his paintings, to which he has dedicated most of his artistic research in recent years.

Large photographic images, recounted as in a diary of memories, have been re-invented by the felicitous superimposition of pictorial elements by the artist.

This is a unique opportunity, due to its visual quality, to familiarise with a creative adventure which has by now lasted forty years, and which the artist still continues, never satisfied, still searching for new inspiration.

We would like to thank the artist, the Milan Triennale and the Centre Cultural Français de Milan for making this initiative possible.

Gino Di Maggio

François-Marie Banier est un artiste qui a photographié, avec une rare intensité, la vie dans toute la plénitude de sa beauté comme dans la mélancolie de sa décadence à travers le corps et le visage de personnages qu'il a choisi ou qu'il a rencontré fortuitement.

Nous ne nous étions jamais rencontrés. Je connaissais son travail par les livres et les catalogues de ses expositions.

Lors d'une première et brève rencontre à Milan, il nous vint à l'idée, tout naturellement et spontanément, d'élargir le projet original : une exposition de ses œuvres photographiques à la Triennale, et une exposition, à la Fondation Mudima, mettant l'accent sur l'œuvre picturale, à laquelle l'artiste a essentiellement consacré sa recherche dans les dernières années.

De grandes images photographiées, racontées comme un journal de la mémoire, et réinventées par l'heureuse superposition de la peinture de l'artiste.

Une occasion, rare pour sa qualité visuelle, de se confronter avec une aventure créative, commencée il y a une quarantaine d'années, jamais assouvie et à la recherche continuelle de nouvelles impulsions. Une occasion dont nous sommes grés à l'artiste, à la Triennale de Milan et au Centre Culturel Français de Milan pour l'avoir rendue possible.

Gino Di Maggio

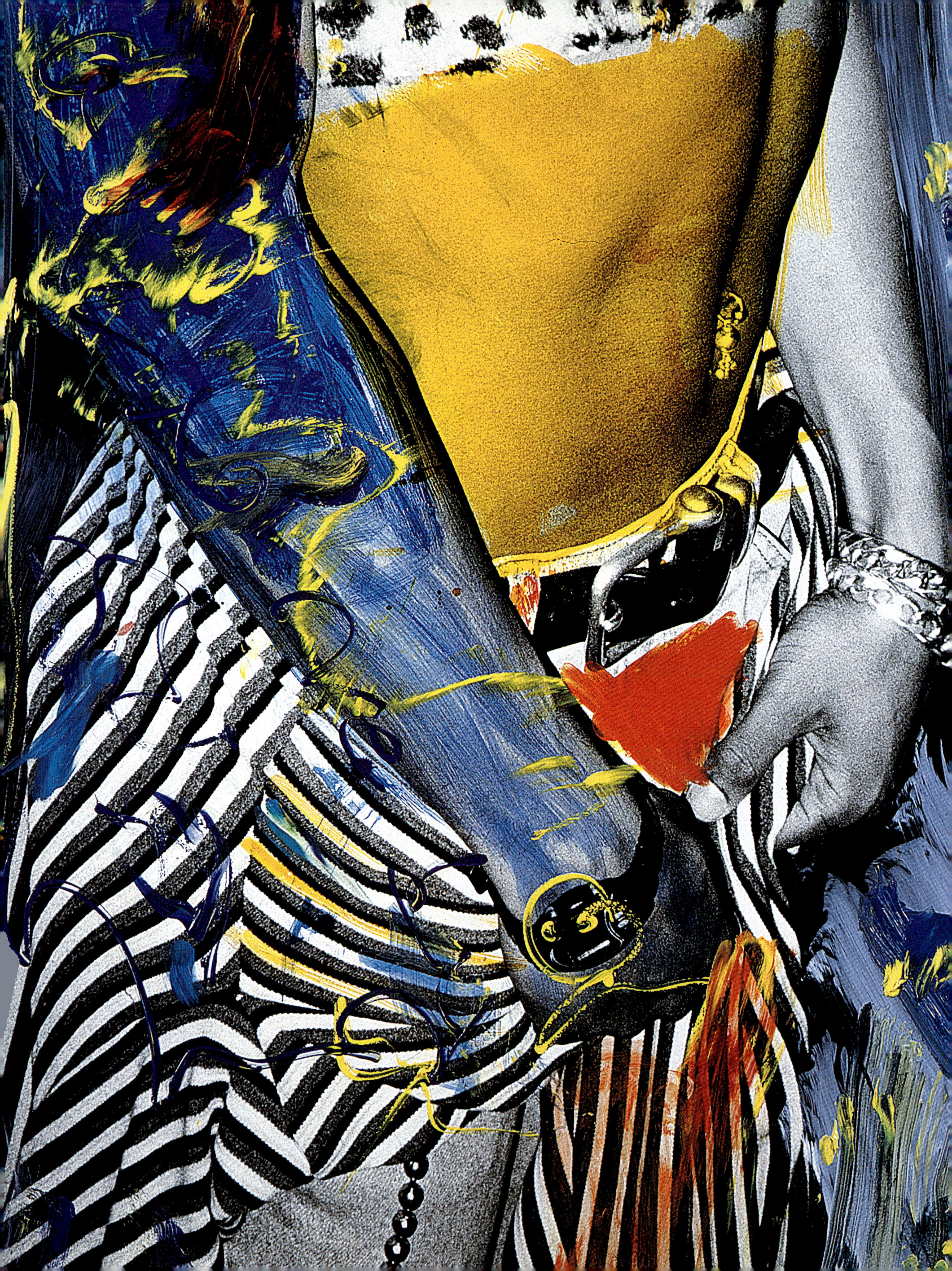

Lo scatto

François-Marie Banier

È da molto tempo prima che io nascessi che è cominciata la gesticolazione. Era d'obbligo vivere, e le risa e le lacrime, e il bailamme intorno a tutte quelle persone impacciate che mi prendevano in braccio trovandolo, a voce alta, bellino quel bimbetto, molto somigliante quel faccino in più, granello di emozione, macchina infernale che poi cresceva e cresceva, si sviluppava mostruosamente, tutto riferito all'esserino che si dibatteva ancora, e secondo la logica dei giorni, andrà a seppellirli tutti prima che ci passi anche "lui". Niente di eterno, tranne a volte il nome inciso sulla lapide. Evocherà forse il nostro onore. Chissà? Ma che dirà lui della dolcezza del vento della sera di questo mese di settembre in cui io vi sorprenderò, forse tra non molto, a cercare con mano febbrile in uno dei cassoni di legno, dipinti di verde, di uno di questi venditori di libri usati che montano di guardia sul lungosenna, quel mio primo romanzo scritto intorno ai vent'anni per tentare, già allora, di correggere il tempo che ha l'incresciosa mania di sfuggirci di mano.

Avevo diciannove anni. La storia è arrivata in fretta. Con lo scorrere della penna. Due adolescenti, affamati d'amore o in cerca di identità – è forse la stessa cosa? – intrappolati dai riti di una società borghese dalle clamorose ridicolaggini. Parlando dei miei romanzi, troverò più facilmente la chiave che regola il quadro, l'obiettivo delle mie macchine fotografiche. Uso volutamente il plurale: lo sguardo – non parliamo dello sguardo interiore – non è un campo visivo tutto diritto, una specchiera senza specchio che uno tiene davanti a sé. Ha mille inclinazioni; parlerò più avanti delle mie inclinazioni.

Ma perché fare aspettare? Non sono così tanto curati i miei personaggi di tutte le città che perlustro come fossero grandi atelier di pittori, come fossero teatri di posa in cui ognuno, costume, veletta, reciterà la sua parte e il destino di qualcun altro. È la legge di questo genere. Salvo che il confronto con questi settori, in cui il falso è il vero, non è giusto. Vi sto facendo perdere tempo, vi prego di scusarmi. Le mie strade, i miei personaggi, le mie gemelle al Jardin du Luxembourg, i gemelli della rue de Rivoli, la donna con la pipa, Carolina di Monaco calva, la coppia Clinton, Johnny Depp, Pascal Greggory e i suoi tre volti, l'imperatore e l'imperatrice del Giappone sono reali. Anche la regina d'Inghilterra è vera.

Fotografare è scrivere in modo definitivo, per l'eternità, un volto, un corpo. Fotografare, ossia trasmettere le sue gioie, i suoi dolori, i suoi interrogativi, la sua forza, la sua singolarità. Non la propria, quella del modello. Meno compare il fotografo, meno egli conta, meglio egli trascrive. Horowitz diceva: "Perché applaudono me? Non sono io. È tutto scritto. È Mozart! Non sono io."

Io non faccio posare: sono sorpreso, sono sempre sorpreso dall'altro. È di lui infatti che si tratta. Io accompagno. *Je suis* in tutti e due i significati: *io sono* dal verbo *être* e *io seguo* dal verbo *suivre*. Io sono/seguo l'altro che amo per il suo modo di muoversi, per il suo pensiero, l'uno e l'altro così particolari.

Ho già detto che in tutti i miei romanzi, dal primo al prossimo, è il falso che mi assilla? Famiglia falsa, società falsa, sentimenti falsi che generano solo drammi veri. È forse perché fino a oggi ho scritto sul vuoto, a proposito del vuoto, che durante questa prova ho avuto bisogno di appoggiarmi al reale, alla vera andatura dei miei solitari lungo le strade, alla storia vera dei miei pochi amici modelli che studio e seguo come lunghi romanzi da tanti anni tra i quarti della loro vita che essi mi danno in pasto.

È l'ammirazione a forzare la mia macchina fotografica. Ammirazione per la forma inedita della figura che tutt'a un tratto mi si erge davanti, montagna mai veduta, domanda senza fine. Solitudine sfidata, prendo l'impronta del tuo dolore, del tuo umorismo e talvolta anche semplicemente della sottomissione alla banalità del tuo destino che non è mai banale. Forme, vi aspetto. Non vi faccio la posta: arrivate così come io sono venuto al mondo, come le parole sulla spiaggia, come quelle macchie di colore che un giorno butto giù sulla carta per far nascere un personaggio in piedi su un sole o sulla testa di un altro. So meno quello che dipingo di quello che fotografo.

La mia pittura non è che me stesso e allora qualsiasi libertà mi è lecita. Qualsiasi escrescenza. Qualsiasi economia. In qualsiasi senso. In qualsiasi momento. Sogno o idea fissa. Una fotografia è una lotta con la verità, con un'emozione, lotta di una frazione di secondo. Ho iniziato questa frase

convinto che dirò che un quadro, un disegno, una foto dipinta è tutta un'altra storia, ma dipingo *vite*, cioè velocemente, così come vedo. Nella parola francese *vite* c'è *vie*, cioè vita. Vita che si rivela come all'improvviso appare una verità a lungo tenuta nascosta, come nasce un amore o muore un sogno.

La chiave di quello che sono dipende probabilmente dalla mia storia, dai miei gusti, dalla mia forza, dalle mie decisioni, ma innanzi tutto c'è un solo scatto: il colpo di fulmine. Come non ho potuto impedirmi di nascere, così non posso impedirmi di scrivere, di disegnare, di voler mostrare, di condividere la bellezza, l'immensa bellezza degli esseri che amo per la loro verità, il loro mistero, e forse per questa complicità che vorrei mantenere per sempre con loro.

Ottobre 1998

The snapshot

François-Marie Banier

The gesticulation started a long time before I was born. Living was an obligation. The laughter and the tears, and all the game around these awkward people: they would take me in their arms, saying loudly how cute this kid is, and look at his face, how resembling it is. It is like an emotion seed, a time bomb bound to grow and grow, monstrously develop from this tiny struggling creature. And according to the logic of life, he will outlive all of them before he eventually dies. Nothing lasts forever except maybe a name carved in the stone. It might stand for our honour. Who knows? And what will he think of the gentle evening September wind in Paris, where I may catch you in a while, plunging a feverish hand into one of those green wooden boxes watched over by the second-hand booksellers on the banks of the Seine. You will probably be looking for that first novel I wrote when I was about twenty. I was already trying to change Time which boringly keeps slipping through our fingers.

I was nineteen. The story came as I was writing: two teenagers yearning for love, for identity — does that mean the same thing? — trapped in the social rites of middle-class triumphant absurdities. Speaking of my novels, I will find it easier to get the key that leads the frame and my cameras. I made it plural on purpose: the look — I don't mean the inner look — is not a straight-as-a-die field, a non-reflecting mirror that you are holding in front of you. The eye knows no measure. It has a thousand possible inclinations; I will deal with my own inclinations later.

Why should I make you wait? My heroes are not that smart. I meet them in any city I walk through, like in a painter's large studio, a set where everyone, very neatly dressed is ready to play his part and someone else's fate. This is the law of style. But it is not relevant to draw a comparison with these domains where falsehood is reality. I made you waste time, and I am sorry for that. My streets, my characters, my twin-sisters in the Jardin du Luxembourg, my twin-brothers in Rue de Rivoli, the woman with the pipe, Caroline de Monaco, bald, the Clintons, Johnny Depp, Pascal Greggory and his three faces, the Emperor and Empress of Japan are real. Even the Queen of England is real.

Taking a picture means writing a face, a body in a definitive eternal way. Taking a picture means communicating one's joys, pains, questions, force, singularity. Not yours, but the model's. The less present, important the photographer is, the better he communicates. Horowitz said: 'Why are they applauding me? I have not done anything! Everything is written here. I am not Mozart'.

I don't make people strike a pose: the model surprises me again and again. He is the important one. I follow, I identify with my model. I like the way he walks, the way he thinks, all so singular.

Did I tell you that throughout all my novels from my first to the forthcoming one, I have been haunted by falsehood? A false family, a false society, false feelings causing real tragedies. Maybe because I wrote over and about emptiness did I find it necessary, during this trial, to lean on reality, on my lonely characters' true appearance along the streets, on the true stories of my few model friends. I have been studying and living with them, like long novels, for so many years now through the different areas of the lives they have served me up. Admiration commands my camera. I feel admiration for the new shape an unexpected silhouette takes, a never-seen-before mountain, an endless question. Defied solitude, I take the print of your pain, humour and sometimes simple submission to the banality of your never banal fate. I am waiting for you, shapes. I am not watching out for you to come: you come like I was born, like words on a beach, like those patches of colour I happen to lay on paper to give birth to a character standing on a sun or maybe it is someone else's head. I know less what I am painting than what I am taking a picture of. My painting is reduced to my self, so I am given complete freedom. Any development is thus possible. Any economy. In any ways. At any moment. Dream or obsession. A photograph is a fight against truth, against an emotion, a fraction-of-a-second fight. When I started writing that sentence, I was convinced I would write that a painting, a drawing, a painted photo is something completely different, but I paint in a very lively way. I can paint as quick as I can see. Life is a fleeting moment. The life that we bring like a long-hidden truth, like the birth of a love or the death of a dream.

The keys to what I am stem from my story, my likes and dislikes, my strength, my resolutions, but most of all, the snapshot is one and only one: the lightning. Just like I could not help being born, I can't help writing, drawing, trying to show and share the great beauty of the beings I like for their truth, their mystery, also maybe for that complicity I would like to keep alive forever.

October 1998

Le déclic

François-Marie Banier

C'est bien avant ma naissance que la gesticulation a commencé, il y avait obligation de vivre, et les rires et les larmes, et le manège autour de ce petit monde maladroit qui me prenait dans ces bras le trouvant, à voix haute, joli ce bambin, très ressemblant ce visage de plus, graine d'émotion, machine infernale qui allait grandir, monstrueusement se développer, rapport à la petite bête qui se débattait encore, et selon la logique des jours, ira les enterrer tous avant d'y passer « soi-même ».

Rien d'éternel, sauf parfois le nom gravé sur la pierre. Il évoquera peut-être notre honneur. Qui sait ? Mais que dira-t-il de la douceur du vent qui du soir de ce mois de septembre à Paris où je vous surprendrai peut-être tout à l'heure la main fébrile dans une des boîtes de bois, peintes en vert, d'un de ces bouquinistes qui montent la garde le long des quais de la Seine à la recherche de ce premier roman que j'ai écrit vers les vingt ans pour tenter déjà de corriger le temps qui a cette fâcheuse manie de nous glisser entre les mains.

J'avais dix-neuf ans. L'histoire est venue bien vite. Au fil de la plume. Deux adolescents en mal d'amour, ou en mal d'identité — est-ce la même chose ? — pris au piège des rites d'une société bourgeoise aux ridicules triomphants. En parlant de mes romans, je trouverai plus facilement la clef qui dirige le cadre, l'objectif de mes appareils photographiques. J'emploie volontairement le pluriel : le regard — ne parlons pas du regard intérieur — n'est pas un champ tiré au cordeau, un miroir sans glace que l'on tient devant soi. Le regard n'a pas de mesure. Il a mille inclinaisons, je parlerai plus tard de mes inclinations.

Mais pourquoi faire attendre ? Ils ne sont pas si coquets mes héros de toute ville que j'arpente comme des grands ateliers de peintres, comme ces plateaux de cinéma où chacun, costume, voilette, va jouer son rôle et le destin de quelqu'un d'autre. C'est la loi du genre. Sauf que la comparaison avec ces domaines où c'est le faux qui est vrai est mauvaise. Je vous fais perdre du temps, je vous prie de m'en excuser. Mes rues, mes personnages, mes jumelles au Jardin du Luxembourg, les jumeaux de la rue de Rivoli, la femme à la pipe, Caroline de Monaco chauve, Johnny Depp, Pascal Greggory et ses trois visages, l'Empereur et l'Impératrice du Japon sont réels. Même la reine d'Angleterre est vraie.

Photographier c'est écrire de façon définitive, pour l'éternité un visage, un corps. Photographier, c'est-à-dire transmettre ses joies, ses douleurs, ses interrogations, sa force, sa singularité. Pas la sienne, celle du modèle. Moins le photographe apparaît, moins il compte, mieux il transcrit. Horowitz disait : «Pourquoi ils m'applaudissent ? Ce n'est pas moi. Tout est écrit. Mozart ! Ce n'est pas moi. »

Je ne fais pas poser : je suis surpris, toujours surpris par l'autre. C'est bien de lui qu'il s'agit. J'accompagne. Je suis. Du verbe être, et du verbe suivre mais d'abord du verbe être. Je suis l'autre que j'aime pour sa démarche, sa pensée l'une et l'autre si singulières.

Ai-je dit que dans tous mes romans, du premier au prochain, c'est le faux qui me hante ? Fausse famille, fausse société, faux sentiments qui n'engendrent que vrais drames. Est-ce parce que j'ai écrit jusqu'à aujourd'hui sur le vide, à propos du vide, que pendant cette épreuve j'ai eu besoin de m'épauler au réel, à la vraie allure de mes solitaires le long des rues, à la vraie histoire de mes quelques amis modèles que j'étudie et suis comme de longs romans depuis tant d'années parmi les quartiers de leur vie qu'ils me jettent en pâture.

C'est l'admiration qui force mon appareil. Admiration pour la forme inédite de la silhouette qui tout à coup se dresse devant moi, montagne jamais vue, question sans fin. Solitude bravée, je prends l'empreinte de ta douleur, de ton humour, et même parfois, simplement de la soumission à la banalité de ton destin qui n'est jamais banal. Formes, je vous attends. Je ne vous guette pas ; vous arrivez comme je suis venu au monde, comme les mots sur la plage, comme ces tâches de couleur qu'un jour je jette sur le papier pour faire naître un personnage debout sur un soleil ou sur la tête d'un autre. Je sais moins ce que je peins que ce que je photographie.

Ma peinture ce n'est que moi, alors toute liberté m'est permise. Toute excroissance. Toute économie. Dans n'importe quel sens. À n'importe quel moment. Rêve ou idée fixe. Une photographie, c'est un combat avec la verité, avec une émotion, combat d'une fraction de seconde ? J'ai commencé cette phrase persuadé que je dirai qu'un tableau, un dessin, une photo peinte est une autre histoire mais je peins aussi vite que je vois. Dans vite en français, il y a vie. Vie que l'on révèle comme soudain apparaît une verité longtemps cachée, comme naît un amour ou meurt un rêve.

Les clefs de ce que je suis tiennent sans doute à mon histoire, mes goûts, ma force, mes résolutions, mais avant tout il y a seul un déclic : le coup de foudre.

Comme je n'ai pas pu m'empêcher de naître, je ne peux m'empêcher d'écrire, de dessiner, de vouloir montrer, de partager la beauté, l'immense beauté des êtres que j'aime pour leur verité, leur mystère, et peut-être pour cette complicité que je voudrais entretenir avec eux pour toujours.

Octobre 1998

Citazioni

François-Marie Banier

La fotografia

Ho sempre braccato l'ignoto carico delle stelle invisibili a occhio nudo, speranze e rimpianti che la fotografia coltiva come altrettante miniere d'oro. Ogni volta a questi anonimi, pieno di sentimenti che mi commuovono, tendo il mio cappello. Il mio cappello è la mia macchina fotografica.

Ognuna delle mie fotografie risponde a un interesse preciso, forse confuso nel momento in cui salto su, ma, con l'andare del tempo, l'ignoto si rivela e il dialogo si sviluppa.

Ogni fotografia esprime un sentimento, partecipa a un mondo, ne scopre un altro.

Il fotografo è quel testimone del caso che passa per strada nel momento di un delitto; vede per l'eternità: in ogni modo dà una risposta. Altri, più letterari, diranno "prospettive". Il mio desiderio è catturare il romanzo della vita di ciascuno.

Così come in ogni frase di Flaubert è presente il senso di tutto il libro, c'è tutto me stesso in ciascuna delle mie fotografie.

Quando scatto una fotografia, non posso prescindere dalla mia situazione. Dalla presenza del bambino che sono stato, dalle persone che ho conosciuto, dalla mia identità al momento dello scatto e da quello che è intorno, che dimentico ma che faccio partecipare in una maniera o in un'altra alla scena.

Una volta Henri Cartier-Bresson mi rimproverò, con tutto il sottile piacere del vecchio maestro, di fare, a ogni scatto, il mio stesso ritratto. Ma non è forse tutta la tragedia del trattato di Versailles che taglia l'Ungheria come burro che si ritrova in ciascuna delle vedute di Kertesz, dottore in malinconia che insegna a generazioni di fotografi a guardare semplicemente dalla finestra lo sciamare dei bambini in un giardinetto pubblico e ci fa riconoscere, nella condensa dei vetri gelati, il corpo di una donna che una nuvola lontana porta via?

Ogni artista è responsabile. Della Storia, dell'Arte e del Mondo. Non so tutto quello che succede nel mondo, ma conosco l'ingiustizia, la tortura.

Testimoniare è un dovere.

La fotografia mi ha scelto. Io non mi rendevo conto di dove andassi a parare in questo mondo, ma adesso so un po' di più, e ogni giorno cerco di saperne di più. Ho preso la fotografia per il collo in un'epoca in cui la scrittura era ancora troppo lenta per me: problemi di sintassi, di concezione del romanzo, la costruzione di un personaggio, il non-personaggio, la non-narrazione, la faccenda del punto di vista, senza parlare poi del punto e virgola!

A proposito della fotografia di Madeleine Castaing

È vero che di lei ho fatto fotografie più tenere, più malinconiche, più comiche di quella nella quale tiene davanti a sé la sua parrucca come la testa sanguinolenta del Battista. È lunga una vita. In questa foto ha più di novant'anni, ma aveva vissuto accanto al giovane Picasso, a Derain, a Soutine — che ella incitò a dipingere solo per lei, per più di vent'anni — e non leggeva in maniera omeopatica *À la recherche du temps perdu…* In poche parole, ella aveva riflettuto sull'arte, sui sentimenti, non si fermava alle apparenze. Questa fotografia è lei ad averla voluta. Costruita, anche. Non le ho mai chiesto perché abbia desiderato lasciare di sé questa immagine così forte. Bisognerebbe rileggere in *Le Sabbat* il ritratto che fa di lei Maurice Sachs o rivedere il film che ha girato su di lei David Rocksavage.

Quella *seduta* prenderà cinque minuti, tre di più della *seduta* per la fotografia della principessa Carolina di Monaco calva. Madeleine Castaing è sdraiata sul letto, in camicia da notte di pizzo. "Hai la tua macchina fotografica? Vieni con me." Bastone in mano, attraversa l'appartamento, ne esce e, a piedi scalzi, si pianta davanti alla porta: "Mettiti di fronte". Si toglie allora la parrucca, gesto che fa davanti a qualcuno per la prima volta dopo quasi un secolo: "Su, via! Scatta!"

Sul retro di quella fotografia scriverà: "François-Marie Banier sta alla fotografia come Goya e Daumier stanno alla pittura."

Quando, nel 1991, Alain Sayag appenderà la foto alla parete del Centre Pompidou, lei verrà a vedersi. Dopo una lunga ispezione, sentirò dire: "Ho un bel coraggio, sai, ma così è, sono io."

I modelli

Ho i miei modelli. Da molto tempo. Silvana Mangano, donna fatale, madre e donna ideale, Pascal Greggory, fratello dei giorni buoni e cattivi, Samuel Beckett, ossessionato dai silenzi, Vladimir Horowitz, la musica fatta uomo, Yves Saint Laurent, poeta ispirato, Isabelle Adjani, una foto ogni secondo, Johnny Depp, Madeleine Castaing, Nathalie Sarraute...

Il senso profondo del mio lavoro non è quello di accumulare ritratti di persone diverse. I miei modelli sono per lo più artisti di cui condivido la vita, amici di cui amo e ammiro l'universo, l'arte e la maniera. Quello che fanno mi colpisce. E a volte anche più. Mi rendo anche conto che la mia complicità con loro – questo non era il caso con Beckett, al cui soliloquio il diritto di accesso era molto limitato – mi costringe a rivelare agli altri un volto, parole, che senza di me non conoscerebbero.

La fotografia dipinta

Dapprima ho scritto sulle mie fotografie. Non tanto per raccontare, quanto perché certe masse di bianco o di nero che avevo trovato all'interno di altre forme avevano a mio avviso un carattere individuale. Hanno una vita loro, come certe sculture di Arp, che a prima vista non si riconosce. In ogni vissuto si insinua qualcosa di fondamentale e di appassionante, come nel caos epico delle scene di ogni pranzo e di ogni cena della mia infanzia, scene di collere degne del pranzo in famiglia di *Amarcord* di Fellini, c'erano brevi momenti di sogno, di verità che, in mezzo a quelle grida, avrebbero dovuto essere salvati. Una poesia, una giustezza, un momento che aveva insomma ragione di essere. In ogni caso qualcosa di diverso, qualcosa di più della logica disperante dell'ordine di vita di una famiglia borghese e rispettabile che seppelliva tutto sotto la cenere delle sue regole assurde e isteriche.

Prendiamo la fotografia *Trois piquets dans la neige à Saint-Pétersbourg*. Contrariamente a Daniel Risset, stampatore dell'epoca alla cui insistenza devo di aver mostrato il mio lavoro di fotografo, trovo noioso il soggetto di questa fotografia. Niente è più simile a una scena di neve di un'altra scena di neve. Tutt'a un tratto, per animare la fotografia, scrivo tra i paletti alcune righe a proposito della mia vita a quell'epoca. Mentre ero convinto che fosse la confidenza ad avere interesse, in realtà sono le righe scritte che tagliano la neve a dimostrarmi come l'intervento del segno grafico possa far slittare la fotografia dentro un altro mondo di forme.

Incoraggiato dalla vita che la mia scrittura conferisce improvvisamente alla stampa, una sera scrivo dall'alto in basso, su una fotografia che rappresenta Vladimir Horowitz al piano, la storia del nostro incontro. Non ho calcolato le masse scritte in bianco, le masse scritte in nero, ha deciso il caso, ma, dietro quel nuovo pentagramma, quel pianista dalla natura misteriosa ritrova tutta la distanza che metteva tra il mondo e sé.

Ogni foto dipinta è come un incontro. Lotta di forme ispirate dal soggetto, dal momento della fotografia e forme con le quali arrivo spontaneamente, come quelle persone che vengono a sedersi a casa vostra e vi tolgono la parola per riempire la vostra vita dei loro amori, delle loro idee, delle loro citazioni, del loro non-senso e, grazie a Dio, talvolta anche delle loro risate. Benché io abbia a mia disposizione tutti i colori, non sono io ad avere l'ultima parola, ma colui che è dietro la fotografia, e colui che guarda.

La pittura

Dipingo molto rapidamente. Bisogna che io sia in forma per dipingere. Allora mi sento come un veggente, piuttosto un medium. Non si doveva parlare solo di fotografia? Non ho alcuna idea da dove e come io cominci un quadro, né del sentimento che mi guida. Il suo punto di partenza nasce dal caso, il quale è fatto, come sapete, di milioni di osservazioni, di pensieri folgoranti, di parole che spesso appaiono tra le pennellate, segni dei mondi che mi si presentano. Urgeva in me il desiderio di mostrare, come faccio oggi grazie alla pittura, la mia idea del mondo, le sue decisioni, che nascono da tutte le parti, il che fa sì che talvolta io dipinga a due mani tutte queste storie che già ci travolgono.

In *Balthazar Fils de Famille* racconto la storia di un ragazzino infelice ma pieno di inventiva. Già in quell'infanzia c'erano persone in strada che mi sorridevano e che mi affascinavano; sono in primo luogo proprio loro che ho voluto serbare.

Il primo colore che uso dipende quasi sempre dal barattolo di pittura che si trova più vicino a una delle mie mani. Quando scrivo o quando pronuncio la parola che mi viene in mente, la scopro io stesso in quel momento. Le forme, stesso fenomeno. Venute da lontano, mi sbocciano tra le dita e la loro metamorfosi avviene a poco a poco. Una linea tracciata ne incrocia un'altra, gioca con il segno di una parola scritta, di una frase che passa. Qui nasce una capigliatura, una montagna, un lago, ritorna una superstizione, un ricordo, un segno di tenerezza. Così si costruisce la storia, scusate, il quadro, la vita.

Quotations

François-Marie Banier

Photography

I have always hunted the unknown person, weighed by stars invisible to the eye, hopes and regrets that photography exploits as if they were gold mines. Every time, I hold out my hat to these anonymous people, full of sentiments because they touch me — my hat is my camera, of course. Every photo I take answers a precise intention that may be confused at first, but with time, the unknown reveals itself and dialogue develops. Every photo expresses a feeling, joins in a world, discovers another one.

The photographer is a casual witness who happens to be walking in the street when a crime is committed: he sees for eternity. In any case, he brings an answer. More literary people might say 'perspectives'. My desire is to catch the life story of every person. As in Flaubert's work, where every sentence contains the whole meaning of the novel, I am entirely present in all my photographs.

When I take a picture, I cannot leave my situation aside. The presence of the child I was, the people I knew, my identity at the moment the image was taken.

Henri Cartier-Bresson once criticised, with the master's delectation, my painting myself in each photo (and in all that surrounds it, which I forget but which I nevertheless make participate in the scene in one way or another). But is this not, perhaps, like the tragedy of the Versailles Treaty, dividing Hungary like mincemeat? It is present in every image by Kertesz, the melancholy master who teaches entire generations of photographers how to just look out of the window at the children's playing in a square, and in the cold window mist, he makes us see a woman taken away by a cloud. Any artist is responsible. For history and Art and for the world. I do not know every single thing happening around the world, but I know injustice and torture. Testifying is a duty.

I was chosen by photography. I did not realise what I was doing in this world, but now I understand a bit more, and seek to know more. I have taken photography by the throat at a time when I thought writing was still too slow: syntax, novel creation problems, character and non-character edification, the non-narration, the point of view business, not to mention the semi-colon!

Madeleine Castaing's picture

It is true I took pictures of her that conveyed more tenderness, more melancholy, more fun than the one where she is holding her wig before her like the bloody head of Giovanni Battista. A lifetime is long. Here, she is more than ninety, but she had lived with the young Picasso, Derain, Soutine — whom she encouraged to paint, only for her, for over twenty years — and she engrossed herself in *A la recherche du temps perdu*... In other words, she had thought about art, feelings and looked beyond appearances. She wanted this photo. She even planned it. I never asked her why she had wanted to leave a so strong image of herself. We should read her portrait again in M. Sachs's *Sabbat*, or see the film again, that David Rocksavage made about her.

The session will last five minutes, three minutes longer than the session for the bald Princess Caroline de Monaco. Madeleine Castaing is lying in her bed, with her lace night-dress. 'Have you got your camera? Follow me.' Holding her cane, she crosses her flat, goes out and barefoot, stands in front of the door. 'Stand facing me.' Then she removes her wig making this gesture in public for the first time in almost a century.

'Come on, take it !'

At the back of this photo, she wrote: 'François-Marie Banier is to photography what Goya and Daumier were to painting.'

In 1991, when Alain Sayag exhibited it at the Centre Pompidou, she came to see herself. After a long inspection I heard her say: 'I have courage, you know, but that's it, that's me.'

The models

I have my models, and I have had them for a long time. Silvana Mangano, a femme fatale, an ideal mother and wife, Pascal Greggory, brother in good and bad days, Samuel Beckett, obsessed by silence, Vladimir Horowitz, an incarnation of music, Yves Saint-Laurent, an inspired poet, Isabelle Adjani, a photograph every second, Johnny Depp, Madeleine Castaing, Nathalie Sarraute... The heart of my work is not to accumulate different people's portraits. Most of my models are artists whose lives I share, friends whose world and know-how I like and admire. What they do touches me. And sometimes even more. I am conscious too how our complicity — it was different with Beckett's moderate easement soliloquy — obliges me to show the other a face, words they would not know without me.

Painting pictures

First I wrote on my pictures. Not so much to tell, but rather because I thought some other shapes, white and black masses had acquired an individual character. They have their own lives, like some of Arp's sculptures that you cannot identify straight away. Something fundamental and fascinating always flows into real life. I remember when I was a child, lunch and dinner scenes were quite like an epic chaos, they were rage scenes like in Fellini's *Amarcord*, from which short moments of dreams and truth should have been saved. A poetry, a precision, an eventually significant moment. Anyway, it was different, richer than the appalling logic way of life of a respectable middle-class family which buried everything under the ashes of its absurd and hysterical rules. Let's have a look at the picture *Trois piquets dans la neige à Saint Pétersbourg*. Unlike Daniel Risset, a remarkable photographer of the period without whose insistence I would never have shown my works, I think the subject of this photo is not original. Nothing is more similar to a snow scene than another snow scene. All of a sudden, to give movement to the photo, I write a few lines between the pickets, telling about my life at the time. When I thought the interest thus emerged from confidence, the written lines, cutting into the snow, were to show me how the stroke intervention could make the photo tip over into another shape world.

The life my writing poured in the print comforted me, so that one night, on a photo showing Vladimir Horowitz sitting at his piano, I started writing the story of our meeting, from top to bottom. I haven't worked out the white written amounts nor the black written amounts: they were born randomly. But with these new stave lines, the mysterious character he is, is fully restored the distance he wanted between the world and himself.

Every painted photo is like a meeting. A battle of forms inspired by the subject, the shot instant, and the shapes I spontaneously arrive at, like these people who drop in, cut you short and fill your life with their love affairs, their opinions, their references, their non-sense and, sometimes, thank God, their laughters. Although I am in possession of all the colours, those who are behind the photograph, and those who watch it, will have the last word.

The painting

I paint very quickly. I need to be in form to paint. Then I feel like I am a clairvoyant, or a medium instead. Aren't we supposed to talk of photography? I have no idea where and how I start a painting. No more can I say of the feeling that leads me. Its starting point emerges from chance, which, as you know, is made of millions of observations, dazzling thoughts, words flashing between brushstrokes, signs of these worlds appearing to me. I urgently wanted to show, like I am doing now through my paintings, my view of the world, its decisions going in all directions, so that it sometimes takes both hands to paint these already-taking-us-away stories. *Balthazar fils de famille* tells the story of a sad but inventive kid. In this childhood painting, I was already interested in the people in the street: they were smiling at me and enchanting me. They are the ones I first wanted to keep. The first colour I use almost always depends on the nearest pot of paint. When I write or speak the word that comes to my mind, I discover it at the same time as... myself. Same thing for the shapes. Deeply inside, they come and take form through my fingers where they progressively change. A line crosses another line, plays with the downstroke of a word, of a passing-by sentence. Here a hair, a mountain, a lake is born; here a superstition, a souvenir, a sign of tenderness returns. This is how the story, I mean the painting, life, is created.

Citations

François-Marie Banier

La photographie

J'ai toujours traqué l'inconnu chargé des étoiles invisibles à l'œil nu, espérances et regrets que la photographie exploite comme autant de mines d'or. Chaque fois, à ces anonymes pleins de sentiments qui me touchent, je tends mon chapeau – mon chapeau c'est mon appareil photo.

Chacune de mes photographies répond à un intérêt précis, confus peut-être au moment ou je bondis, mais au fil du temps l'inconnu se révèle et le dialogue se déroule.

Chaque photographie exprime un sentiment, participe à un monde, en découvre un autre.

Le photographe est ce témoin du hasard qui passe dans la rue au moment du crime : il voit pour l'éternité. En tout cas, il donne une réponse. D'autres, plus littéraires, diront des *perspectives*. Mon désir est de capturer le roman de la vie de chacun.

Comme dans chaque phrase de Flaubert le sens de tout le livre est présent, je suis tout entier dans chacune de mes photographies.

Quand je prends une photographie, je ne peux faire abstraction de ma situation. De la présence de l'enfant que j'ai été, des gens que j'ai connus, de mon identité à l'heure du déclic et de ce qui est autour, que j'oublie mais que je fais participer d'une manière ou d'une autre à la scène.

Une fois Henri Cartier-Bresson m'a reproché, avec la délectation du vieux maître, de faire à chaque cliché, mon propre portrait. Mais n'est-ce pas toute la tragédie du Traité de Versailles qui coupe la Hongrie comme chair à pâté qui se retrouve dans chacune des vues de Kertesz, maître és mélancolie qui apprend à des générations de photographes à simplement regarder par la fenêtre l'éparpillement des enfants dans un square et nous fait reconnaître dans la buée des vitres froides le corps d'une femme qu'un nuage au loin emporte.

Tout artiste est responsable. De l'histoire, et de l'Art, et du Monde. Je ne sais pas tout ce qui se passe dans le monde, mais je connais l'injustice, la torture.

Témoigner est un devoir.

Je ne me rendais pas compte où je mettais les pieds dans ce monde mais maintenant un peu plus et chaque jour je cherche davantage à savoir. J'ai pris la photographie par le col à l'époque où l'écriture était encore trop lente pour moi: problèmes de syntaxe, de conception du roman, l'édification d'un personnage, le non-personnage, la non-narration, l'affaire du point de vue, sans parler du point virgule !

A propos de la photographie de Madeleine Castaing

C'est vrai que j'ai fait d'elle des photographies plus tendres, plus mélancoliques, plus comiques que celle où elle tient devant elle sa perruque comme la tête sanguinolente du Baptiste. C'est long une vie. Là, elle a plus de quatre-vingt-dix ans mais avait passé sa vie auprès de Picasso jeune, de Derain, de Soutine – qu'elle incita à peindre, seulement pour elle, pendant plus de vingt ans – et ce n'était pas de façon homéopathique qu'elle lisait *A la Recherche du temps perdu*… bref, elle avait réfléchi à l'art, aux sentiments, ne s'arrêtait pas aux apparences. Cette photographie, c'est elle qui l'a voulue. Installée même. Je ne lui ai jamais demandé pourquoi elle a désiré laisser d'elle cette image si forte. On devrait relire son portrait dans *Le Sabbat* de Maurice Sachs, ou revoir le film que David Rocksavage a fait d'elle.

Cette séance prendra cinq minutes, trois minutes de plus que la séance de la photographie de la Princesse Caroline de Monaco chauve. Madeleine Castaing est allongée sur son lit, chemise de nuit de dentelles. « Tu as ton appareil ? Suis-moi ». Canne à la main, elle traverse son appartement, en sort, et pieds nus, se poste devant sa porte : « Mets-toi en face ». Elle enlève sa perruque, geste qu'elle fait devant quelqu'un pour la première fois depuis presque un siècle: « Allez vas-y ! Prends ! ».

- Au dos de cette photogrphie, elle écrira : « François-Marie Banier est à la photographie, ce que Goya et Daumier sont à la peinture ».

- Lorsqu'en 1991, Alain Sayag l'accrochera au mur du Centre Pompidou elle viendra se voir. Après une longue inspection,elle dira : « J'ai du courage tu sais, mais c'est ça, c'est moi ».

Les modèles

J'ai mes modèles. Depuis longtemps. Silvana Mangano, femme fatale, mère et femme idéale, Pascal Greggory, frère des bons et mauvais jours, Samuel Beckett, hanté de silence, Vladimir Horowitz, la musique homme, Yves Saint Laurent, poète inspiré, Isabelle Adjani, chaque seconde une photo, Johnny Depp, Nathalie Sarraute... Le cœur de mon travail ce n'est pas d'accumuler des portraits de différentes personnes. La plupart de mes modèles sont des artistes dont je partage la vie, amis dont j'aime et admire l'univers, l'art et la manière. Ce qu'ils font me touche. Et parfois plus. J'ai conscience aussi que ma complicité avec eux, ce n'était pas le cas avec Beckett au soliloque où le droit de passage était très mesuré, m'oblige à révéler aux autres un visage, des paroles, que sans moi ils ne connaîtraient pas.

La photographie peinture

J'ai d'abord écrit sur mes photographies. Pas tant pour raconter, entraîné par l'art de la conversation, que parce que certaines masses de blanc ou de noir trouvées à l'intérieur d'autres formes ont quelquefois autres choses à dire. Elles ont leur vie, comme certaines sculptures de Arp, que l'on n'identifie pas au premier coup d'œil, à moi, à vous de suivre leur prolongement. Se glisse dans tout vécu quelque chose de fondamental et de passionnant comme dans le chaos épique des scènes de chaque déjeuner et de chaque dîner de mon enfance, scènes de colère dignes du repas de *Amarcord* de Fellini. Il y avait de brefs moments de rêve, de vérité qui, au milieu de ces cris, auraient dû être sauvés. Une poésie, une justesse, un moment qui enfin tenait debout. En tout cas quelque chose d'autre, de plus que la logique désespérante de l'ordre de vie d'une famille bourgeoise qui ensevelit tout sous les cendres de règles absurdes qui engendre l'hystérie.

Prenons la photographie *Trois piquets dans la neige à St Pétersbourg*. Contrairement à Daniel Risset, admirable tireur de l'époque à l'insistance de qui je dois d'avoir montré mon travail de photographe, je trouve le sujet de cette photographie ennuyeux. Rien ne ressemble plus à une scène de neige qu'une autre scène de neige. Tout à coup, pour faire bouger la photographie je place entre les piquets, quelques lignes à propos de ma vie à l'époque. Alors que je croyais que c'était la confidence qui avait de l'interêt, en fait ce sont les lignes écrites qui découpent la neige qui vont me montrer comment l'intervention du trait peut faire basculer la photographie dans un autre monde de formes. Encouragé par la vie que mon écriture donne soudain au tirage, un soir j'écris du haut en bas d'une photographie représentant Vladimir Horowitz au piano, l'histoire de notre rencontre, de notre amitié, de nos partages sans calculer les masses écrites en noir, le hasard décidant, mais derrière ces nouvelles lignes de portées, ce pianiste d'essence mystérieuse retrouve toute la distance qu'il mettait entre le monde et lui.

Chaque photo peinte est comme une rencontre. Une lutte de formes qu'inspirent le sujet, le moment de la photographie et celles avec lesquelles j'arrive spontanément, comme ces gens qui s'assoient chez vous, vous coupent la parole pour remplir votre vie de leurs amours, de leurs idées, de leurs citations, de leur non-sens, et grâce à Dieu, parfois, de leurs rires. Bien sûr que ce n'est pas moi qui aurai le dernier mot mais celui qui regarde.

La peinture

Je peins très rapidement. Il faut que je sois en forme pour peindre. Voyant, ou médium, savent-ils ce qu'ils transmettent?. On ne devait pas parler que de photographie ? Je n'ai aucune idée par où et comment je commence un tableau, ni du sentiment qui me conduit. Son point de départ surgit du hasard, lequel est fait, comme vous le savez, de millions d'observations, de pensées fulgurantes, de mots qui souvent apparaissent entre les coups de pinceau, signes des mondes qui se présentent à moi. Il m'était urgent de montrer, comme je le fais aujourd'hui grâce à la peinture, mon idée du monde, ses décisions, qui partent de tous les côtés, ce qui fait que parfois je peins des deux mains toutes ces histoires qui déjà nous emportent.

Je raconte dans *Balthazar Fils de Famille* l'histoire d'un petit garçon malheureux mais inventif. Déjà dans cette enfance, il y avait des gens dans la rue qui me souriaient et qui m'enchantaient, c'est d'abord eux que j'ai voulu garder, que j'avais besoin d'entendre. La première couleur que j'emploie dépend toujours de la place du pot de peinture le plus proche d'une de mes mains à cet endroit. Quand j'écris ou je parle le mot qui me vient à l'esprit je le découvre en même temps que... moi. Les formes, même phénomène. Venues de loin, elles viennent éclore dans mes doigts et là se métamorphosent à mesure. Une ligne tracée en croise une autre, elle joue avec le jambage d'un mot inscrit, d'une phrase qui passe. Ici naît une chevelure, une montagne, un lac, revient une superstition, un souvenir, un signe de tendresse. Ainsi se construit l'histoire, pardon, le tableau, la vie.

L'umanesimo di François-Marie Banier

Un antidoto moderno all'artificialità e alla virtualità dei media del mondo globale

Daniela Palazzoli

Aprire un libro, guardare una mostra di François-Marie Banier è estremamente rinfrescante, un modo per rassicurarsi che anche in questi tempi dominati dalla logica tutta spettacolare ed esteriorizzante dei mass media l'Umanità continua ad aggirarsi nelle strade delle grandi città, e che esistono ancora degli artisti che amano andare a caccia di persone capaci di essere se stesse per catturarle nel momento in cui per un attimo, per un eccesso di emozione o per un attimo di distrazione quando la maschera e le difese sociali cadono, mettono in luce le coincidenze fra una fisionomia, una personalità e un destino. In effetti è molto difficile immaginare *l'umanità* in senso astratto; assai più facile è vederla realizzata in un essere umano particolare: quel lui o lei che all'improvviso in un sorriso, ma anche in una lacrima o in una smorfia, riescono a vivere e a manifestare la promessa che tutto sommato continua a tenerci insieme. Sì, al fondo, dimenticata, dispersa nelle mille occupazioni, preoccupazioni, alienazioni della vita c'è, continua a esistere LEI, la nostra comune matrice di umanità.

Banier fotografa nel solco di questa grande tradizione umanista, e non solo perché il suo occhio-obiettivo dimostra di essere interessato soprattutto a incontrare degli esseri umani. È umanista perché cerca, insegue e fotografa – uno per uno, in una frazione di secondo – degli Individui. Guardiamo i protagonisti delle sue immagini: non sono stereotipi o modelli che ci ricordano più o meno vagamente qualcun altro o qualcun'altra. Ognuno di loro si presenta come un se stesso unico, che nel corso del tempo è riuscito a conquistare – a modellare, a produrre, a conservare e a valorizzare, inalberandola magari inconsapevolmente ma con la decisione e l'orgoglio della perseveranza – la faccia che si merita. Le persone delle sue fotografie sono tutte tipi speciali; e non parlo solo dei personaggi famosi che egli ha incontrato e ripreso nel corso della sua vita, ma anche degli individui anonimi, degli esseri solitari che ha inseguito per la strada; delle persone anziane che avevano iscritto nelle rughe, nell'andatura, nello sguardo le vicende del passato e il loro modo di affrontarlo; e dei bambini che attraverso l'ingenuità e l'innocenza fanno trapelare il carattere, la grinta, la gioia e il dolore, e in fondo il destino a cui vanno incontro. Insomma i ritratti di Banier raffigurano tutti personalità in divenire. Ed è qui, in questa idea della persona, che non è ma diviene, mantenendo una sostanziale fedeltà a se stessa, che si insedia la prima messa a frutto del suo linguaggio: l'istantanea fotografica. Banier, *istantaneista* a causa della scelta del linguaggio attraverso cui ha deciso di comunicare la sua ricerca dell'umanità attraverso l'individuo, trasforma questo vincolo in una qualità. La sua tattica consiste, una volta trovato il soggetto "giusto", nel placcarlo, inseguirlo, tenerlo d'occhio fino al momento in cui riesce a prendere per la gola e a trasportare sulla pellicola la frazione di secondo in cui le vicende brevi o lunghe di un'autobiografia vissuta e sofferta coincidono con l'attimo fuggente, che catalizza una essenza e una personalità. Si tratta di momenti rari, presentiti in una specie di affinità elettiva fra il fotografo e il suo soggetto, la cui ambizione è di sintetizzare una vita nel momento in cui fugge via. Una delle essenze di cui si compongono questi momenti rari è infatti di essere brevi. Come il diapason musicale, non possono essere tenuti a lungo. Resta il ricordo che è già passato. Ma con l'istantanea che riesce a catturarli resta la possibilità di riviverli in una sorta di sintesi che ingloba il passato in questo presente eternizzato.

Banier sente questa sua attività come un dolore, come la celebrazione di un lutto che mira a sconfiggere la morte, pur arrendendosi psicologicamente alla sua ineluttabilità. Per lui fotografare, come anche scrivere, significa essere consapevoli che "non sarà mai più così", che "questo momento è stato, ma che la sua bellezza, la sua pienezza non si ripeterà". Egli arriva a interpretare la propria preferenza per il bianco e nero come un modo di celebrare questo lutto, e a questo proposito cita una bellissima frase di Victor Hugo che, avendo praticato la fotografia soprattutto durante il suo esilio nell'isola di Jersey, sapeva quel che diceva: "anche l'ombra del più bianco dei cigni è nera".

Mi permetto di non essere d'accordo con lui. È vero che, nella misura in cui Banier mira a raffigurare non un "tipo" umano – nel senso della grande tradizione francese, alla Balzac, per intenderci –, ma proprio "quella persona lì", nel momento in cui la sua personalità riesce a esprimere la quintessenza di se stessa, egli sta raccogliendo una testimonianza irripetibile; e dunque inevitabilmente già passata, moritura. Ma al tempo stesso, dentro quell'inquadratura vi è la possibilità di un prolungamento, di una continuazione, di una divinazione non solo della coincidenza fra ciò che è e ciò che è stato, ma anche di ciò che sarà, di quali frutti quell'albero potrà ancora produrre in un tempo che non è quindi solo ciclico – e come tale destinato all'inverno e alla morte di ogni essere umano –, ma che è, in quanto parte di un progetto comune, anche culturale e storico, e quindi passibile di un prolungamento che dà consapevolezza alle nostre vite. Infatti la foto non è solo testo, ma grazie alla sua tradizione è anche contesto, e quindi io – autore, e io osservatore – mi posso permettere di renderla partecipe e di confrontarla con la mia esperienza; di trarre volendo anche delle deduzioni devianti, di esercitare un'immaginazione in divenire rispetto a questi attimi di passato-presente. In pratica posso immaginare un futuro in un regime, non di ineluttabilità, ma di libertà.

Abbiamo parlato di come Banier mette a frutto una delle caratteristiche precipue della fotografia, e cioè l'istantanea. Di elementi fondamentali ne restano altri due: uno consiste nel patto storico e culturale che si è instaurato nel corso del tempo per legare testo e contesto, frammento e insieme, inquadratura e interpretazione del reale. L'altro sta nel carattere analogico della fotografia, che era un tempo un dato di fatto, mentre oggi – con la nascita del digitale – diventa una scelta di campo, e di questo parleremo dopo.

Ogni fotografo di qualità sa che il frammento che egli strappa al reale è destinato prima o poi a collocarsi in un contesto, cioè a venire interpretato e a entrare in una storia. Sostanzialmente di fronte a questa prospettiva egli ha due scelte di base: chiudere lui stesso l'immagine attraverso delle scelte concettuali e/o di stile, oppure lasciarla fluttuare più o meno liberamente, sopportando o provocando una certa apertura che viene offerta all'intervento sia del soggetto che può decidere altre interpretazioni della propria vita, sia del fotografo, che di altri – noi, gli osservatori, i giudici, ma anche nuovi interpreti e potenziali visionari. Un paragone illuminante rispetto al problema apertura-chiusura può essere fatto fra Banier e un altro grande fotografo umanista, Henri Cartier-Bresson. La strategia passato-presente di Banier ha infatti molti punti di contatto col "momento decisivo" di Cartier-Bresson, ma con delle differenze importanti. I grandi scatti di Cartier-Bresson descrivono quasi sempre degli incontri a due, spesso due persone, ma anche due situazioni contrapposte del tipo ricchi e poveri, uomo e animale, laico e religioso e così via. Si tratta spesso di incontri improvvisati dalla vita quotidiana – e talvolta per i protagonisti della fotografia assolutamente casuali – fra due o più persone che per il fatto stesso di trovarsi, magari senza saperlo, nella stessa inquadratura vengono a rivelare le affinità e i contrasti di una condizione umana, culturale e sociale, che non basterebbe un libro a descrivere. Anche nei ritratti di artisti e scrittori dove il protagonista è raffigurato da solo, Cartier-Bresson allude sempre – e conta sul fatto che anche noi lo facciamo – al profilo e alla rilevanza creativa e sociale dei suoi protagonisti. Dietro di loro, dentro il loro aspetto, posa, sguardo, abbigliamento, modo di atteggiarsi si intravede sempre il loro destino culturale. In pratica quei momenti sono sì emozionanti, ma perché chiudono il circuito, rivestendo le persone, e illuminando gli individui alla luce del loro ruolo storico. Lo straordinario equilibrio formale di Cartier-Bresson (le sue inquadrature armoniche basate come sono sulla sezione aurea, il fatto stesso che egli si rifiuti di tagliare le immagini una volta scattate), va inteso sì come un omaggio alla dignità di ciò che egli rappresenta, ma anche come un sigillo vincolante che impedisce ulteriori riletture del messaggio.

Negli scatti-avvenimento di Banier, invece, l'individuo viene spogliato della sua identità sociale per ritrovarsi per così dire nudo e crudo a confrontarsi con se stesso (il suo passato-presente) : l'ambizione di Banier è appunto quella di riuscire a fermare l'essenza più profonda dei suoi protagonisti, il frutto di una vita, in un attimo di compressione muta in cui si trovano riunite nel frammento-istantanea là sua storia, le sue passioni e il destino che lo hanno modellato. È in quell'attimo lì che parla l'umanità – con la "U" maiuscola o minuscola, come vogliamo noi –, nel senso che la ricostruzione del contesto non è più affidata alla conoscenza, o alla composizione dell'immagine, ma all'istinto di ognuno di noi: non al libro, al ruolo eccetera, ma al fatto che noi osservatori ci riconosciamo in quel tipo di umanità. Questo afflato misterioso nasce, non quando sappiamo – o fingiamo di credere – che "l'Umanità" esiste, ma quando riusciamo a viverla, riconoscerla, assaporarla perché la vediamo realizzata e verificata in un essere umano

particolare, di cui riconosciamo all'unisono, addirittura a livello fisiologico e fisionomico, l'essenza e la coerenza delle vibrazioni che ci rendono affini. È difficile rassegnarsi a questa dialettica di universale-particolare – che tanto spesso ci fa soffrire, se vogliamo viverla fino in fondo –, ma è anche inevitabile se vogliamo realizzarci in quell'ideale ormai desueto che consiste nel voler essere e nell'accettare di esercitarci a diventare sempre più "esseri umani".

Per ottenere da noi questa partecipazione – questa interattività empatica – Banier mette in atto una strategia di immagine aperta; vale a dire che egli rinuncia a chiudere le sue fotografie, i suoi bianchi e neri che qualcuno ha definito "crudeli" ma che sono solo sinceri, forse più crudi che cotti, per dirla con le parole di Claude Lévi-Strauss. I suoi soggetti si insediano per lo più al centro della scena per offrirsi come apparizioni emozionanti aperte al dialogo e al confronto. Banier stesso è il primo a invitarci col suo esempio a prolungare dentro e fuori dall'inquadratura la vita dei suoi protagonisti. Le sue fotografie non sono mai finite: mesi e anni dopo egli le riprende, le riguarda, le commenta con scritte che dissemina ovunque, sui corpi e sugli abiti, ma anche nell'ambiente in cui ha colto i suoi interpreti. Alcune note sono osservazioni diaristiche che rievocano episodi del passato vissuti in comune; altre esprimono veri e propri giudizi; altre ancora sono illuminazioni, intuizioni personali proiettate verso il futuro. In ogni caso vi è l'ansia di continuare il dialogo, il desiderio di non chiudere una vita in uno scatto, ma di renderla partecipe di un processo esemplare che si estende in modo da visualizzare una radice umana comune. Attraverso di esso, anche noi ci proiettiamo verso la reiterata messa in opera di una memoria totale, la stessa che faceva dire a Mallarmé: "Un coup de dés jamais n'abolira le hasard." Così come l'Umanità universale esiste solo attraverso la verifica di vere esistenze autentiche, anche la grande fotografia, la scrittura, il romanzo e la pittura si iscrivono nell'ombra della grande opera attraverso rifacimenti e ripensamenti continui – pensiamo all'esempio per eccellenza delle incisioni di Rembrandt, che venivano continuamente ripensate dall'artista attraverso una successione di stati che reinterpretavano il dato biblico attraverso l'esperienza. Questo rende particolarmente interessante confrontare nella mostra le fotografie in bianco e nero di Banier con le sue fotoscritture – le immagini di cui abbiamo parlato in cui egli commenta i suoi scatti –, con le fotopitture in cui interviene a colori sulle istantanee, e coi quadri veri e propri ispirati non a caso ai graffiti e all'*art brut* di Dubuffet. Banier è stato definito come un "grande dilettante", un artista versatile che nel corso del tempo è stato scrittore di romanzi, pittore, disegnatore, attore, e certamente anche uomo di mondo, nel senso che è difficile avere contatti ufficiali così variegati come quelli che ha avuto lui per fotografare protagonisti di mondi così differenti come quelli che egli ha catturato – da Mitterrand a Caroline di Monaco, da Andy Warhol a Vladimir Horowitz, passando attraverso Salvador Dalí, il suo primo mentore, Mick Jagger, Johnny Depp, Yves Saint-Laurent e così via – senza stare sulla stessa scena che li ospita. Da un lato quest'idea del grande dilettante corrisponde all'atteggiamento trasgressivo di chi si oppone a un'idea borghese di professionalità – "preferisco essere considerato un tassista piuttosto che uno *chauffeur*", dice di sé Cartier-Bresson –, ma dall'altro manifesta l'atteggiamento di chi continua le sue fotografie attraverso altri *media* non perché le considera incomplete, ma perché, come Banier, pensa che il mondo ridiventi ogni giorno – il futuro appunto –, e quindi dedica una parte di sé alla continuazione: nel tempo e nello spazio, e in linguaggi diversi dalla fotografia.

Credere in questa metamorfosi senza fine è possibile perché alla base del processo vi è una convinzione di fondo – forse una convinzione magica e primordiale, ma fondante perché scientifica – e cioè che la fotografia, la fotografia classica come la intende Banier, non è un'illusione. Il negativo fotografico tradizionale infatti non è un'immagine virtuale, una trascrizione elettronica di segni che corrispondono a *bit* di informazione che possono essere manipolati e alterati a piacere, come avviene nel digitale, ma è un corrispettivo analogico, un'impronta di un corpo che nel momento in cui viene fotografato è realmente esistente. Esso si iscrive compattamente con tutti i suoi portati fisiologici e fisionomici – rughe, pori e deliziose rotondità inclusi – su un negativo-positivo. Senza quella certezza è evidente che l'idea di umanità di Banier non esiste, poiché essa si fonda su una corrispondenza fra umanità ideale e umanità fisica che la garantisce.

Per chi come noi, contemporanei sospesi e come affogati nell'esaltazione dell'artificialità e della virtualità dei media – che rende ormai impossibile distinguere il vero dal falso, l'autentico dall'artificiale, l'umano dal robot, la donna dalla modella manichino, e persino il reale dal fittizio –, questo tuffo in un linguaggio come la fotografia analogica che registra l'impronta di un essere umano unicum che testimonia di se stesso, ma contemporaneamente anche della nostra idea di umanità, è un bagno rigenerante.

E qui ci fermiamo, e ringraziamo François-Marie Banier, che ci ricorda attraverso le sue immagini come fare a essere e a diventare, nella gioia e nel dolore, esseri più umani.

The humanism of François-Marie Banier

*A modern antidote to the artificiality
and virtuality of the global media society*

Daniela Palazzoli

It is extremely refreshing to open a book, or see an exhibition, by François-Marie Banier; it is a way to reassure oneself that even in these days, dominated by the dazzling and superficial approach of the mass media, *Humanity* still roams the streets of our big cities, and that there are still artists who enjoy to look for persons capable of being themselves, to capture them in the instant in which, for a moment, due to excessive emotions or a temporary distraction, when the mask and the social defenses are dropped, they reveal the coincidences between a physiognomy, a personality and a destiny. In fact, it is very hard to image humanity in an abstract sense; it is much easier to recognise it in a particular human being: a man or woman who suddenly, with a smile, but also with a tear or a grimace, succeeds in feeling and manifesting the promise that, after all, continues to keep us together. Yes, deep down, forgotten, dispersed in the thousand commitments, worries, perplexities of life our common denominator, Humanity still survives.

Banier photographs in the wake of this great humanistic tradition, and not only because his lens focuses first and foremost on human beings. He is a humanist because he seeks, follows and photographs — one by one, in a fraction of a second — Individuals. Let's take a look at the protagonists of his images: they are not stereotypes or models who remind us more or less vaguely of someone else. Each appears as a unique personality, who over the years has managed to conquer — to model, produce, conserve and enhance, and who flaunts, perhaps unconsciously but with the determination and pride of perseverance — the face he deserves. The persons of his photographs are all special; and I am not only referring to the celebrities he has met and photographed during his life, but also to the anonymous individuals, solitary beings he has met in the street: old people whose wrinkles, walk and expression convey the events of their past and the way they face it; and children whose ingenuity and innocence reveal their character, their pluck, their joys and sorrow, and in the final analysis the destiny they are headed for. In a nutshell, all Banier's portraits depict future personalities.

And it is here, in this concept of the person who changes while essentially remaining the same, that the first results of his language have concretised: the snapshot. Banier, having turned snapshot photographer because of the language he has chosen to communicate his humanistic research through the individual, makes this limit a quality. His strategy, once he has found the 'right' subject, consists of tackling it, following it, watching it until the moment arrives in which he manages to take it by the throat and transport the fraction of a second in which the short or long events of a life story, experienced and suffered, coincide with the fleeting moment that catalyses an essence and a personality, to film. These are rare moments, perceived as a kind of elective affinity between photographer and model, aimed at symbolising a life in the moment it vanishes. One of the essential characteristics of these rare moments is the fact of being brief. Like a musical diapason, they cannot be kept for long. What remains is a memory of something that belongs to the past. But the snapshot, which succeeds in capturing them, enables us to re-experience them in a kind of synthesis which incorporates the past in an eternalised present.

Banier experiences this activity of his as a pain, as the celebration of a mourning aimed at defeating death, while psychologically yielding to its inevitability. Photography, like writing, gives him the awareness that 'it will never be like that again', that 'this moment has existed, but its beauty and perfection will never repeat itself'. He interprets his preference for black and white as a way to celebrate this mourning, and in this regard he quotes a wonderful phrase by Victor Hugo who, having practised as a photographer first and foremost during his exile on Jersey, knew what he was talking about: 'even the shade of the whitest swan is black'. I venture to disagree. True, to the extent in which Banier seeks to depict not a human 'type' — that is to say, in the sense of the great French tradition inspired by Balzac — but precisely the person facing him in the moment when his personality succeeds in expressing its quintessence, he receives a testimonial that is unrepeatable and as such inevitably a thing of the past, and moribund. But at the same time, this frame offers the possibility of an extension, a continuation, a divination not only of the coincidence between past and future, and the fruits the tree may yet bear in a time which is therefore not merely cyclic — and as such bound for winter and death like every human being -, but which is part of a common project also from a cultural and historical point of view, and thus capable of an extension which gives our lives awareness. In fact, the photograph is not only text; thanks to its tradition it is also context, and thus I — whether author or spectator — may involve and compare it with my experience; and eventually draw deviant inferences, imagining a future in relation to these past and present moments. In short, I can imagine a future not on the basis of inevitability, but of freedom.

We have spoken of how Banier bases his work on one of the main characteristics of photography, namely its instantaneity. His work features two other fundamental elements: one consists of the historical and cultural pact sealed over the years in order to connect text and context, fragment and aggregate, frame and interpretation of reality. The other is associated with the analogous character of photography, which used to be a fact, but which — with the advent of digital media — has become a choice of field. We will come back to this later.

Every accomplished photographer knows that the fragment he tears from reality will necessarily sooner or later become part of a context, that is to say, it will be interpreted and enter in a history. In the face of this prospect he essentially has two basic choices: to limit the image himself through conceptual and/or style-related choices, or allow it to fluctuate more or less freely, accepting or provoking a certain openness offered both by the model, who may decide to interpret his or her own life in different ways, and by the photographer and others — us, the observers, the critics, but also new interpreters and potential visionaries. An illuminating comparison with respect to the problem of an open versus a closed attitude may be made between Banier and another great photographer of humanity, Henri Cartier-Bresson. In fact, Banier's strategy of confronting past and present is in many aspects related to the 'decisive moment' of Cartier-Bresson, but there are significant differences. Cartier-Bresson's great images almost always depict encounters between two — often two persons, but sometimes two contrasting situations as wealth and poverty, man and animal, lay and religious and so on. These encounters are often casual — and sometimes completely so for the models — meetings between two or more persons who, due to the very fact of being in the same frame, reveal the affinities and differences of a human, cultural and social condition, which a book would not suffice to describe. Also in his portraits of artists and writers, where the protagonists appear alone, Cartier-Bresson always alludes — counting on the fact that we do so too — to the profile and creative and social importance of his models. Behind them, behind their appearance, pose, expression, attire and attitude we always perceive their cultural destiny. True, these moments are fascinating, but because they turn a full circle, dressing the persons again, and illuminating the individuals in the light of their historical role. While the extraordinary formal equilibrium of Cartier-Bresson (attributable to the fact that his harmonious frames are based on the golden section, and that he refuses to cut the images once taken) should be interpreted as a homage to the dignity of what he photographs, it must also be considered a binding seal which impedes a different reading of the message.

In Banier's snapshot-events, on the contrary, the individual is deprived of his social identity; we may say he finds himself, nude and crude, facing himself (his past and present): Banier's ambition is precisely to manage to capture the most profound essence of his protagonists, the results of a lifetime, in a moment of mute compression in which we find united, in the fragment-snapshot, his story, his passions and the destiny which have formed them. It is in that moment that humanity — with or without a capital H, as we prefer — speaks, in the sense that the reconstruction of the context no longer depends on knowledge, or the composition of the image, but on the instinct of each of us: not on the book, on the role and so on, but on the fact that we, the spectators, identify with that kind of humanity. This mysterious harmony is not created when we know — or pretend to believe — that 'Humanity' exists, but when we manage to experience it, recognise it, relish it because we see it accomplished and proven in a particular human being, in which we unanimously recognise, even if on a physiological and physiognomical level, the essence and coherence of vibrations we share. It is hard to reconcile ourselves with this dialectic of universal versus particular — which so often makes us suffer, if we want to experience it all the way — but it is inevitable if we want to identify with the by now obsolete ideal which consists of wanting to be, and accepting to strive to become, more and more 'human beings'.

To elicit this participation on our part — this emphatic interactivity — Banier adopts a strategy based on the open image: in other words, he renounces closing his photographs, his images in black and white that someone have defined 'cruel' but which are only sincere, perhaps crude rather than cooked to quote Claude Lévi-Strauss. More often than not, his models are placed in the centre of the scene, to appear as fascinating apparitions open to dialogue and confrontation. Banier himself is the first to invite us, with his example, to project the life of his models inside and outside the frame. His photographs are never finished: months and years later he picks them up again, looks at them and comments them with texts which he scatters everywhere, on the bodies and the clothes, but also in the background he has placed his models against. Some notes are like comments written in a diary to evoke past moments experienced together, some express true judgements, while others are illuminating, personal intuitions projected towards the future. They all manifest a desire to continue the dialogue, a wish not to limit a life within a snapshot, but to involve it in an exemplary process which is extended, revealing common human roots. Through it, also we project ourselves towards the reiterated staging of a total memory, the very one which made Mallarmé say: 'Un coup de dés jamais n'abolira le hasard'.

In the same way as universal Humanity only exists through the verification of truly authentic existences, also great photography, writing, the novel and painting belong in the shade of the great work through continuous remakes and revisions — we are for instance thinking, par excellence, of Rembrandt's etchings, which were continuously modified by the artist through a succession of states which re-interpreted the biblical fact through experience. This aspect makes it particularly interesting to compare, in the exhibition, Banier's photographs in black and white with his photo-writings — the images we mentioned above, in which he comments his photographs — with his photo-paintings in which he adds colour to his snapshots, and with the paintings proper, inspired, and this comes as no surprise, by graffiti and Dubuffet's art brut. Banier has been defined as a 'great dilettante', a versatile artist who has been, over the years, novelist, painter, drawer, actor, and certainly also man of the world in the sense that it would be hard to obtain such variegated official contacts as he must have had in order to photograph celebrities as different as those he has captured — from Mitterrand to Caroline of Monaco, from Andy Warhol to Vladimir Horowitz, from Salvador Dalí, his first mentor, Mick Jagger, Johnny Depp, Yves Saint-Laurent and so on — without belonging to the same circles. On the one side this idea of the great dilettante corresponds with the transgressive attitude of those who disagree with a bourgeois idea of professionalism — 'I would rather be considered a taxi driver than a chauffeur', Cartier-Bresson once said about himself — but on the other he manifests the attitude of someone who continues working on his photographs with other media, not because he considers them incomplete, but because he, like Banier, thinks that the world is recreated every day — as the future — and thus dedicates a part of himself to the continuation: in time and in space, and in a language different from photography.

We are able to believe in this perpetual metamorphosis because the process is based on a fundamental conviction — perhaps a magic and primordial conviction, but a fundamental one because it is scientific — and more precisely that photography, classical photography as Banier sees it, is not an illusion. In fact, the traditional photographic negative is not a virtual image, an electronic transcription of signs which correspond to bits of information which may be manipulated and altered at will, as in digital media, but an analogous equivalent, an imprint of a body which really exists at the moment it is photographed. It is inscribed, complete with all its physiological and physiognomic traits — including wrinkles, pores and delicious curves — on a negative-positive. Without that certainty Banier's idea of humanity certainly cannot exist, because it is based on a correspondence between ideal humanity and physical humanity which endorses it.

For spectators like us, contemporaries suspended and, so to speak, submerged in the exaltation of artificiality and virtuality of the media — which by now makes it impossible to distinguish truth and falsity, authenticity and artificiality, humans and robots, women and dummies, and even reality and fiction — this encounter with a language like analogous photography, which records the imprint of a unique human being who testifies about himself, but at the same time about our idea of humanity, is a regenerating experience. And here we conclude, and thank François-Marie Banier who reminds us, through his images, what to do in order to be and become, in joy and sorrow, more human beings.

L'humanisme de François-Marie Banier

Un antidote moderne au monde global des médias artificiels et virtuels

Daniela Palazzoli

Ouvrir un livre, regarder une exposition de François-Marie Banier est extrêmement rafraîchissant et sécurisant : même dans cette période dominée par la logique toute spectaculaire et vouée à l'extériorisation des mass médias, l'humanité continue à s'aventurer dans les rues des grandes villes et il existe encore des artistes qui aiment aller à la recherche de personnes capables d'être elles-mêmes, pour les capturer au moment où, pour une fraction de seconde, par excès d'émotion ou dans un instant de distraction, le masque et les défenses sociales tombent, faisant coïncider une physionomie, une personnalité et un destin. En effet si il est difficile d'imaginer l'humanité de façon abstraite, il nous est bien plus facile de la voir se matérialiser dans un être humain singulier ; ce « lui » ou cette « elle » qui, tout à coup, dans un sourire mais aussi dans une larme ou une grimace, réussit à vivre et à manifester la promesse qui, somme toute, continue à nous tenir ensemble. Oui, au plus profond, oubliée, dispersée dans les mille occupations, préoccupations, aliénations de la vie, ELLE est bien là, et continue d'exister, la matrice de notre humanité commune. Banier photographie dans le sillon et pas seulement parce que son œil-objectif s'intéresse surtout à une rencontre avec les êtres humains. C'est un humaniste parce qu'il cherche, poursuit et photographie l'un après l'autre, dans une fraction de seconde, des individus. Observons les protagonistes de ses images : il ne s'agit pas de stéréotypes ou de modèles, nous rappelant plus ou moins vaguement tel ou telle autre. Chacun d'entre eux se présente comme un être unique, qui au fil du temps a réussi à conquérir, à modeler, à produire, à conserver et à valoriser, en l'arborant peut-être inconsciemment, mais avec la décision et l'orgueil propre à la persévérance, la tête qu'il se mérite. Les personnages de ses photographies sont tous des individus singuliers ; et je ne parle pas uniquement des personnages célèbres qu'il a rencontrés et photographié au cours de sa vie, mais aussi des personnes anonymes, des êtres solitaires qu'il est allé chercher dans la rue ; des personnes âgées qui avaient gravé dans leurs rides, dans leur démarche, dans leur regard, les vicissitudes du passé et leur façon de l'affronter ; des enfants qui, dans leur ingénuité et leur innocence, font transparaître le caractère, la moue, la joie et la douleur et, enfin, le destin qui les attend. En bref, les portraits de Banier représentent tous des personnes en devenir.

Et c'est là, dans cette idée de la personne qui n'est pas mais qui devient, tout en restant essentiellement fidèle à elle-même, que s'installe l'expérience acquise du langage : l'instantanée photographique. La qualité de François-Marie Banier, « l'instantanéiste », réside dans le choix du langage à travers lequel il mène sa recherche sur l'humanité par l'analyse de l'individu. Sa tactique consiste, une fois trouvé le « bon » sujet, à le plaquer, le poursuivre, le surveiller jusqu'au moment où il réussit à saisir et à transférer sur la pellicule la fraction de seconde où les événements brefs ou longs d'une autobiographie vécue et soufferte coïncident avec l'instant fugace qui catalyse une essence et une personnalité. Il s'agit de moments rares, pressentis dans une sorte d'affinité élective entre le photographe et son sujet, et dont l'ambition est de synthétiser une vie au moment même où elle s'échappe. L'essence de ces rares instants est dans leurs brièveté. Tout comme le diapason musical qu'on ne peut retenir longtemps. Mais on peut les revivre, au travers de cette synthèse qui phagocyte le passé dans le présent rendu éternel.

Banier vit son art dans la douleur, comme la célébration d'un deuil qui vise à vaincre la mort, tout en s'abandonnant à son aspect inéluctable. Pour lui, photographier, tout comme écrire, signifie être conscient que « cela ne sera jamais plus ainsi », que ce moment a été, mais que sa beauté, sa plénitude ne se répéteront pas. Il finit par interpréter sa propre préférence pour le noir et blanc comme une façon de célébrer ce deuil. Il cite à ce propos une très belle phrase de Victor Hugo qui, ayant pratiqué la photographie durant son éxil sur l'île de Jersey, disait en connaissance de cause: « même l'ombre du plus blanc des cygnes est noire ».

Je me permets de ne pas être d'accord avec lui. Il est vrai que, dans la mesure où François-Marie Banier vise à représenter non pas un « type » humain — au sens de la grande tradition française, comme Balzac précisément — mais bien « cette personne là », au moment même où sa personnalité exprime sa propre quintessence, il saisit un témoignage qui ne peut se reproduire, donc inévitablement déjà passé et voué à la mort. En même temps cependant, il y a dans ce cliché un prolongement possible, une continuation, une divination non seulement de la coïncidence entre ce qui est et ce qui a été, mais aussi de ce qui sera, des fruits que cet arbre pourra encore produire, dans un temps qui n'est donc pas seulement cyclique — et en tant que tel destiné à l'hiver et à la mort de tout être humain —, mais qui est, parce qu'appartenant à un projet commun culturel et historique, passible d'un prolongement qui rend nos vies conscientes. En effet, la photographie n'est pas simplement texte, mais, grâce à sa tradition, elle est aussi contexte et par conséquent moi — l'auteur et moi — l'observateur, je peux me permettre de l'intégrer et de la confronter à mon expérience, de tirer aussi, pourquoi pas, des déductions déviantes, d'exercer une imagination en devenir par rapport à ces instants de passé-présent. Pratiquement, je peux imaginer un futur dans un régime de

liberté et non pas d'inéluctabilité.

Nous avons dit comment Banier exploite une des caractéristiques principales de la photographie, à savoir l'instantanée. Il reste deux éléments fondamentaux : l'un se trouve dans le pacte historique et culturel qui s'est installé au fil des années pour lier le texte et le contexte, le fragment et le tout, le cadrage et l'interprétation du réel. L'autre est dans le caractère analogique de la photographie, qui fut à une époque un fait acquis et qui, de nos jours — avec l'apparition du digital — devient un choix très net dont nous parlerons plus loin.

Chaque photographe qualifié sait que le fragment qu'il arrache au réel est destiné, tôt ou tard, à se situer dans un contexte, c'est-à-dire à être interprété et entrer dans une histoire.

Face à une telle perspective, il a opéré essentiellement deux choix principaux : enfermer l'image à travers des options conceptuelles et/ou de style, ou la laisser flotter plus ou moins librement, accompagnant ou provoquant l'intervention du sujet, qui peut décider d'autres interprétations de sa vie, du photographe mais aussi à d'autres, comme nous, les observateurs, les juges mais aussi les nouveaux interprètes et potentiels visionnaires. On peut établir une comparaison, pour mieux nous préciser le problème de l'ouverture-fermeture, entre François-Marie Banier et un autre grand photographe humaniste : Henri Cartier-Bresson. Si la stratégie passé-présent de Banier a des points communs avec le « moment décisif » de Cartier-Bresson, les différences restent. Les grands clichés de Cartier-Bresson décrivent presque toujours des rencontres à deux, souvent deux personnages mais aussi deux situations opposés, du genre riches et pauvres, homme et animal, laïque et religieux et ainsi de suite.

Il s'agit souvent de rencontres improvisées de la vie quotidienne et parfois, pour les protagonistes de la photographies, absolument fortuites entre deux ou plusieurs personnes qui, par le fait même de se rencontrer, peut-être sans le savoir, dans le même cadrage, révèlent les affinités et les contrastes propres à la condition humaine, culturelle et sociale, qu'un livre ne suffirait pas à décrire. Egalement dans les portraits des artistes et des écrivains, où le protagoniste est seul, Cartier-Bresson fait toujours allusion et il compte sur le fait que nous ferons de même au profil et à l'importance créative et sociale de ses protagonistes. Derrière eux, dans leur aspect, dans la pose, le regard, l'habillement, la façon de se tenir, se profile toujours leur destin culturel. En réalité, ces moments sont certes émotionnants, mais parce qu'ils ferment le circuit en habillant à nouveau les personnes et en présentant les individus à la lumière de leur rôle historique. L'extraordinaire équilibre formel de Cartier-Bresson (ses cadrages harmoniques ainsi basés sur la section dorée, le fait même qu'il refuse de redécouper ses images une fois la photographie faite) doit être compris comme un hommage à la dignité de ce qu'il représente mais aussi comme sceau qui interdit des relectures ultérieures du message.

Dans les clichés-évènements de Banier au contraire, l'individu est dépouillé de son identité sociale pour se trouver pour ainsi dire nu et cru, confronté avec lui-même (son passé-présent): l'ambition de François Marie Banier est justement de réussir à saisir l'essence la plus profonde de ses personnages, le fruit d'une vie, l'espace d'une compression silencieuse où se trouvent réunies, dans le fragment-instantané, son histoire, ses passions et le destin qui l'ont façonné. C'est à cet instant là que parle l'humanité avec un H majuscule ou minuscule, au choix dans le sens où la reconstruction du contexte n'est plus confiée à la connaissance ou à la composition de l'image mais à l'instinct de chacun de nous : non pas au livre, au rôle, etc., mais au fait que nous nous reconnaissons dans ce type d'humanité. Cette inspiration mystérieuse vient non pas lorsque nous savons ou faisons semblant de croire que « l'Humanité » existe, mais lorsque nous réussissons à la vivre, à la reconnaître, à la savourer parce qu'elle se réalise et matérialise dans un être humain singulier, chez qui nous reconnaissons, à l'unanimité et pratiquement à un niveau physiologique et physionomique, l'essence et la cohérence des vibrations qui nous les rendent semblables. Il nous est difficile d'accepter cette dialectique de l'universel-singulier qui nous fait si souvent souffrir, si nous voulons la vivre pleinement, mais elle est cependant incontournable si nous voulons nous réaliser dans cet idéal désormais désuet qui consiste à vouloir être et à accepter de s'exercer pour devenir toujours « plus humains ».

Afin d'obtenir de nous cette participation cette interactivité empathique Banier met en oeuvre une stratégie d'image ouverte. Cela signifie qu'il renonce à enfermer ses photographies, ses blancs et ses noirs, qu'on a défini « cruels » mais qui ne sont que sincères, peut-être plus crus que cuits, pour reprendre les mots de Claude Lévi-Strauss. La plupart de ses sujets s'installent au centre de la scène, apparitions émouvantes, ouvertes au dialogue et à la confrontation. Banier est le premier, nous montrant l'exemple, à nous inviter à prolonger, dans et hors du cadre, la vie de ses personnages. Ses photographies ne sont jamais terminées: des mois et des années après, il les reprend, les regarde, les commente par des écrits disséminés ici et là, sur les corps et les vêtements, sur l'environnement où il a saisi ses interprètes. Certaines annotations sont comme les observations d'un journal de bord, évocation d'épisodes d'un passé vécu en commun ; d'autres expriment de véritables jugements ; d'autres encore sont des illuminations, des intuitions personnelles projetées vers le futur. Il y a en tout état de cause le besoin angoissé de poursuivre le dialogue, le désir de ne pas clore une vie dans un cliché, de la rendre complice d'un processus exemplaire qui évolue pour donner forme à une racine humaine commune. A travers celle-ci, nous nous projetons, à notre tour, vers la mise-en-œuvre réitérée d'une mémoire totale, celle-là même qui faisait dire à Mallarmé : « Un coup de dés jamais n'abolira le hasard ».

Ainsi, étant donné que l'humanité n'existe qu'après confirmation donnée par de réelles et authentiques existences, la grande photographie, l'écriture, le roman et la peinture s'inscrivent dans l'ombre de l'œuvre majeure à travers des remaniements et des réflexions continuelles — pensons à l'exemple par excellence des gravures de Rembrandt que l'artiste retouchait en une succession de strates, réinterprétant le fait biblique à travers l'expérience. Il est ainsi très intéressant de confronter les photographie en noir et blanc de Banier et ses photos-écritures — les images dont nous avons parlé dans lesquelles il commente ses clichés — avec les photos-peintures sur lesquelles il intervient avec des couleurs sur les instantanées, et avec les tableaux inspirés, et ce n'est pas un hasard, aux graffiti et à l'*art brut* de Dubuffet. D'aucuns ont défini Banier un « grand amateur», un artiste éclectique qui, au fil des années, a été auteur de romans, peintre, dessinateur, acteur, et sans aucun doute un homme du monde, dans le sens où il est extrêmement difficile d'avoir des contacts aussi variés que les siens. Il a en effet photographié des protagonistes de milieux très

différents — de Mitterrand à Caroline de Monaco, de Andy Warhol à Vladimir Horowitz, sans oublier Salvador Dalí, son premier mentor, Mick Jagger, Johnny Depp, Yves Saint-Laurent et ainsi de suite — sans pour autant appartenir à la scène qui est la leur. Cette idée de grand amateur correspond d'une part à l'attitude transgressive de celui qui s'oppose à une idée bourgeoise de la profession — « je préfère être considéré un chauffeur de taxi plutôt qu'un *chauffeur* » dit de lui-même Cartier-Bresson —, et révèle d'autre part l'attitude de celui qui continue ses photographies à travers d'autres médias, non pas parce qu'il les considère incomplètes mais parce qu'il pense, comme Banier, que le monde est chaque jour en devenir — le futur justement. Il consacre donc une partie de lui-même à la continuation : dans le temps et dans l'espace, dans différents langages de la photographie. Croire en cette métamorphose sans fin est chose possible car il y a, à la base du processus, une conviction profonde — peut-être une conviction magique et primordiale, mais essentielle puisque scientifique : la photographie, la photographie classique telle que l'entend François-Marie Banier, n'est pas une illusion. En effet, le négatif photographique traditionnel n'est pas une image virtuelle, une transcription électronique des signes, comme des *bit* d'information qu'il est possible de manipuler et d'altérer à volonté, comme c'est le cas du digital, mais est un correspondant analogique, une empreinte dans un corps qui, au moment où il est photographié, existe vraiment. Il s'imprime d'emblée avec tous ses apports physiologiques et sa physionomie — rides, pores, y compris ses délicieuses rondeurs — dans un négatif-positif. Sans cette certitude, il est évident que, pour Banier, l'idée d'humanité n'existe pas, puisqu'elle se fonde sur une correspondance entre humanité idéale et humanité physique qui la certifie.

Pour qui, comme nous, contemporains suspendus et noyés dans l'exaltation du monde artificiel et virtuel des médias — qui rend désormais impossible la distinction entre le vrai et le faux, l'authentique et l'artificiel, l'humain et le robot, la femme et le mannequin de cire, et même entre le réel et la fiction —, ce plongeon dans le langage de la photographie analogique qui enregistre l'empreinte d'un être humain unique, témoin de sa propre existence et en même temps de notre idée d'humanité, est un bain régénérateur.

Nous terminons ici et remercions François-Marie Banier qui nous rappelle, par ses images, comment nous devons faire pour être et devenir, dans la joie et la douleur, des êtres humains.

François-Marie Banier
il primitivo

Dominique Stella

Tutto ha inizio nell'atelier, luogo segreto, nascosto, celato in fondo a un cortile; del resto non è un atelier, ma un luogo di vita, di lavoro, di scrittura, di pittura; tutto vi si mescola e vi si accatasta. Ogni porta si apre su fotografie accumulate, quadri schizzati, lavori in corso o terminati, innumerevoli abbozzi appoggiati a terra, in attesa di essere ripresi successivamente. La prima impressione è lo stupore, una sensazione di proliferazione, di abbondanza, di sommersione: così mi è apparso questo universo in occasione della mia prima visita.

Questo per dare un'idea dell'ambiente di vita e spiegare tutto il fermento, gli odori di oli da cui nascono le opere. L'artista si impadronisce della tela o della fotografia, la elabora, l'abbandona, vi ritorna. Fabbricazione al tempo stesso lenta, ma anche folgorante nel gesto. È così che nascono le opere dipinte, tele o foto dipinte. Quanto alle fotografie, esse si inventano altrove, nelle strade, nelle piazze, nei paesaggi... a contatto con sensazioni esterne, con persone, con l'aria. La pittura nasce nell'isolamento, alla luce di una lampada elettrica che illumina lo spazio. L'artista si confronta con se stesso, ci restituisce, attraverso i suoi quadri, le immagini di questo dialogo solitario.

Quanto al fotografo, lui ci parla degli altri, si fa da parte, come se non volesse rivelare nulla di sé, usando l'immagine degli altri, dietro i quali si nasconde, per evitare di parlare di sé oppure per rivelare alcuni frammenti di se stesso per volti interposti. Gli Altri costituiscono il suo nutrimento, il suo "banchetto". Riconosce la sua colpevolezza, giacché asserisce: "Le persone sono per me delle droghe... io divoro le persone." Ma se la fotografia è un'arte di giocare a nascondino con la verità, e con se stesso, la pittura al contrario è un gioco di rivelazione e di messa a nudo.

François-Marie Banier non vi sfugge.

Del fotografo, tutti hanno riconosciuto il talento, l'intuizione e la notevole sensibilità nel catturare le immagini che in lui è predominante. Hector Bianciotti, nel testo scritto in occasione dell'esposizione "Private Heroes", mostra di "François-Marie Banier" alla Kunstverein di Stoccarda[1], riconosce questo talento di appropriazione: "L'esposizione del Centre Pompidou nel 1991 segnò per me la scoperta di un fotografo che fin dall'infanzia cercava di appropriarsi di tutto ciò che gli capitava sotto gli occhi, di tutto ciò che lo affascinava". Questo istinto di "predatore", che cerca e riconosce la preda, dà alle sue foto una forza vitale unica, tanto più intensa in quanto le vittime sono consenzienti. Ecco perché i ritratti delle personalità che egli fotografa non sono mai immagini di star stereotipate e congelate nel loro ruolo, ma sono al contrario immagini familiari: egli sorprende Françoise Sagan sul letto in una camera d'albergo, Kate Moss e Johnny Depp al tavolo della prima colazione, Samuel Beckett che cammina su una spiaggia... Tutte queste foto hanno il carattere della semplicità, dell'istantanea che coglie l'amico nella sua intimità e nel suo abbandono. A questo proposito, François-Marie Banier fa notare: "La maggior parte dei miei modelli sono artisti di cui condivido la vita, amici il cui universo io amo e ammiro... Mi rendo anche conto che la mia complicità con loro mi costringe a rivelare agli altri un volto, parole che, senza di me, non conoscerebbero."

Questa complicità e questo consenso sono all'origine delle fotografie, delle istantanee si potrebbe dire, che rivelano forza e coraggio da parte del modello e grande talento da parte dell'autore. Penso alla fotografia di Madeleine Castaing, a quelle di Madeleine Renault e Jean-Louis

Barrault, o anche al ritratto di Nathalie Sarraute del 1998. Al di là dell'arte, dell'estetica, queste fotografie sono una testimonianza di istanti di vita, istanti di persone che sono invecchiate e che offrono alla vista, allo sguardo a volte avido e commosso del fotografo, le stigmate dell'età e della vecchiaia. Grande prova di fiducia da parte loro, ma essi conoscono bene l'emozione di François-Marie Banier davanti al loro abbandono, conoscono la fotografia di quella donna che cammina faticosamente, ripiegata su se stessa, in rue du Bac a Parigi, o di quel vecchio che attraversa Bond Street a Londra. "Fotografare è scrivere in modo definitivo, per l'eternità, un volto, un corpo"[2] dice François-Marie Banier, che da tempo conduce una vera e propria lotta contro il Tempo, come se con il Tempo avesse un conto in sospeso. Egli scrive: "Strangolare il tempo che passa. Afferrare alla gola il tempo indifferente alle nostre pene, ai nostri desideri, indifferente alla fuga del tempo. Prendere, pescare nella folla profili, ombre, questa resistenza al tempo già intaccato, quegli alberi che camminano prima di non riuscire più a reggersi, a ricordarsi, arcate che per il momento stanno in piedi, tutto ciò sta a me. Quelle fiamme invecchiate, ancora forti, commoventi, ora mai più sole e per sempre in piedi".[3].

Prima di tutto c'è la gioia, la felicità, poi vengono il ricordo, la nostalgia, poi la crudeltà del tempo che passa e l'interrogativo sulla metamorfosi dei volti.

François-Marie Banier capta i momenti in cui il tempo, fermato, fissa in un istante l'armonia, la delicatezza dei giovani visi che diventeranno più tardi quelle facce marcate, solcate dalle tracce che le ore, i giorni e gli anni, scorrendo, vi hanno lasciato. Questa osservazione attenta, ma nient'affatto compiacente, che François-Marie Banier conduce da anni assomiglia a un tentativo ostinato di misura e decifrazione, come se egli ricercasse le regole segrete che reggono la legge del tempo che passa. Proust tentava di risalire nel tempo attraverso il ricordo delle sensazioni, François-Marie Banier tenta di decodificarlo attraverso il processo della fotografia. Yves Saint-Laurent, Nathalie Sarraute, Françoise Sagan, Silvana Mangano... hanno prestato i loro volti a questa periodica analisi, lasciando serie di immagini che descrivono sequenze di vita, il cui susseguirsi rappresenta un lasso di tempo. La vita sarebbe come una successione di scatti... o piuttosto quegli scatti non sarebbero forse un mezzo di capire la vita? François-Marie Banier fotografo o scrittore cerca di fissare le intuizioni di un momento in cui sembra emergere un qualche mistero della vita: "Fotografare" dice, "per salvare, prima che svanisca, quel poco che si capisce di visibile, anche se a volte si sente dire: 'Non era così.'"[4] È così che si scopre la bellezza e l'ammirevole forza che alcuni personaggi hanno dentro di loro. Nathalie Sarraute, per esempio, si è prestata più volte al gioco del fotografo che la cerca e la rappresenta, spesso seduta, persino nel suo letto. Ma che donna ammirevole, monolito degno di un ritratto di Bacon o di Lucian Freud, in quella fotografia del 1998! Forse è in quella fotografia che ella è più "formidabilmente umana", secondo l'espressione di François-Marie Banier, che precisa: "Quel qualcosa di indefinibile e formidabilmente umano che sfugge alla penna, come al pennello più realista. Curiosamente, questo indescrivibile, il fotografo lo riprende."[5] Il talento di François-Marie Banier fotografo è eccezionalmente intuitivo, la luce, la composizione, sono elementi dello scenario, catturare il soggetto ne è sempre il vero fine, catturare l'istante in cui "l'immagine aziona la macchina fotografica"[6]. Questa cattura si verifica nel caso

[1] Articolo di Hector Bianciotti pubblicato in "Le Monde" il 2 gennaio 1999, scritto in occasione dell'esposizione di François-Marie Banier: "Private Heroes, photographies, photopeintures, peintures" alla Kunstverein di Stoccarda, 27 novembre 1998 - 17 gennaio 1999.
[2] Citazione tratta dal testo *Déclic* nel catalogo dell'esposizione "François-Marie Banier", Pinacoteca Do Estado, Sao Paulo, giugno-agosto 1999.
[3] Stralcio dal testo di François-Marie Banier *La vie de la photo*, catalogo dell'esposizione "François-Marie Banier" alla Pinacoteca Do Estado, Sao Paulo, giugno-agosto 1999.
[4] *Ibidem*
[5] *Ibidem*.

di personalità o di esseri anonimi, incontrati all'angolo di una strada, oppure incrociati in un giardino: Un parco, una montagna, un gruppo di case... Tutto è pretesto e "tutto dipende dal momento in cui si preme lo scatto"[7]. La strada è il terreno di caccia preferito da François-Marie Banier, che setaccia i viali di Parigi, come quelli di Londra o di Sarajevo, armato di macchina fotografica, sempre pronto a un incontro e a lasciarsi sedurre dall'altro.

La fotografia è innanzi tutto l'altro, è anche "la lotta con la verità, con un'emozione", secondo la formula di François-Marie Banier, ma non è mai, o quasi mai, il confronto con se stesso, né con la vera libertà. È probabilmente questa dipendenza dal modello, questa eventualità del possibile legata all'altro, questa frustrazione di libertà che hanno portato François-Marie Banier alla pittura: "La mia pittura non è che me stesso e allora qualsiasi libertà mi è lecita"[8]. La pittura è anche un atto più inconscio e più attento al caso, nel quale l'artista si abbandona e si immerge. Questo abbandono, che non è affatto abituale nei fotografi, appare in François-Marie Banier, come una vendetta che si compie nella liberazione delle forme e dei colori. Egli dipinge le sue fotografie come dipinge tele vergini; il suo modo di esprimersi è lo stesso: dipinge spinto da una necessità impellente. "Dipingo sull'orlo della morte. Come forzato da qualcos'altro. Con una pressione. Una pulsione. Con un'urgenza che non padroneggio e non controllo."[9] La sua pittura non incorpora alcun dato istituzionale, è libera da qualsiasi contingenza di rappresentazione e assomiglia più a una scrittura visiva capace di trascrivere quello che la mente costruisce davanti allo spettacolo della vita, offerto dalla fotografia. A tal punto che la scrittura libera e proliferante invade la composizione dei quadri, raccontando molteplici storie, mille racconti possibili che prendono forma all'interno di costruzioni colorate. È una pittura che irrompe, fatta di segni, di tracce, di slanci gestuali, di pulsioni vitali che disegnano sulla tela personaggi infantili, deserti colorati, storie che fanno ridere o piangere...

Alcuni, nel nostro secolo, hanno rivendicato questa libertà di creare un linguaggio-immagine e penso che François-Marie Banier appartenga a quel gruppo di artisti che, come Dubuffet, facevano nascere dalla loro pittura un vocabolario pittorico portatore di sensazioni, di emozioni, d'suggestioni. Opere come *C'est toujours le même problème*, *Partageai même ma femme* o *Aime-moi* si "nutrono delle iscrizioni, dei tracciati istintivi della mano umana", come diceva Dubuffet, per rendere "l'opera più commovente". Il rapporto spontaneo, fisico dell'artista con la materia e con la tela predomina sulla riflessione e sul pensiero. Le opere di François-Marie Banier sono il frutto dell'imperfezione di ciò che vive e agisce, della spontaneità, del movimento, della pulsione. Egli inventa, come il fanciullo, il disegno come se fosse il primo disegnatore, come se l'arte non fosse una ricerca di perfezione, ma l'espressione di una volontà di affermazione di sé fondata sulla ribellione e il saccheggio. Ribellione di fronte alle immagini prefabbricate dalla fotografia. François-Marie Banier le invade, le distrugge, irrispettoso dei modelli che esse riproducono; reinventa Isabelle Adjani, ritocca Mick Jagger, o Ray Charles... tante foto, altrettanti soggetti da dipingere. Il risultato è unico e sorprendente; da questa esuberanza nascono dei *Tournesols*, girasoli di una luminosità che nessuna fotografia può rendere. Al tempo stesso più vero del reale, ma anche lontano dal reale immaginabile, tale è questo linguaggio, che ha lo scopo non di rappresentare

[6] *Ibidem.*
[7] *Ibidem.*
[8] Citazione tratta da *Déclic*, nel catalogo dell'esposizione "François-Marie Banier", Pinacoteca Do Estado, Sao Paulo, giugno-agosto 1999.
[9] Citazione tratta da *Peindre*, testo di François-Marie Banier" in *ibidem.*

l'oggetto (così come è stato fotografato o immaginato), ma di far vedere la sensazione, il sentire che il soggetto può trasmettere. Sono paesaggi mentali come la *Plage de Copacabana*, in cui l'aria e la nostalgia sono suggeriti da alcune tracce blu, segni rudimentali che disegnano lo spazio e il tempo.

François-Marie Banier, tuttavia, contrariamente ai suoi predecessori invaghiti di libertà, che trasgredivano divieti e chiamavano in causa sistemi (con riferimento al Dubuffet precedentemente citato), non si atteggia a difensore di nessuna dottrina. Non è pittore come lo era Dubuffet, un po' teorico e rivendicatore di un'indipendenza davanti a dogmi e teorie, a volte accademici. No, François-Marie Banier è pittore, semplicemente, in tutta spontaneità, emozione, sensazione. Il suo linguaggio è primitivo, dipende dal segno, senza una precisa simbologia, se non quella della trasmissione del sentito e delle impressioni. Si dedica al tracciato più sommario, cancella, smembra, analizza i corpi e le forme rudimentali che inventa, stiracchia le lettere, le frasi che invadono la tela, come se tutti questi elementi non fossero che materiale di base per un'altra storia, quella di un cosmo più grande e più universale che riguarderebbe qualcos'altro e non la storia dell'uomo... quella del magma da cui scaturisce la vita. Talvolta qualche interrogativo nasce anche da questo caos attraverso i titoli come *So you believe in human beings*, come dal rifiuto di essere o di riconoscersi in questi disegni scarabocchiati. Alcune storie

di uomini, *Les quatre agresseurs du Gendarme Mobel, Des yeux de braise*, alcune storie di universo, *Soleil rouge*, alcune storie di colore, *Bleu sans mots, Traces sur fond jaune et orange...* Il tutto: una voglia di vita.

Infine, non si possono vedere queste fotografie dipinte senza pensare all'arte del riciclaggio e dello sviamento di cui certi cartellonisti come Raymond Hains o Mimmo Rotella sono all'origine. Le fotografie strappate alla loro funzione primaria sono recuperate come oggetti, supporti e pretesti per un altro linguaggio. C'è una filiazione tra la *Marilyn Monroe* di Rotella e *Naomi Campbell* di François-Marie Banier: esse simboleggiano due epoche. Effigi lacerate, idoli detronizzati, che segnano l'una la contestazione di un momento che rinnegava in un certo senso i suoi simboli sublimandoli, e l'altra che si afferma di più nel riconoscimento di questi modelli banalizzandoli.

L'universo di François-Marie Banier è molteplice e contrastato. Dal realismo fittizio che offrono al nostro sguardo le fotografie, alla rappresentazione dell'immaterialità delle emozioni che egli getta sulla tela, François-Marie Banier ci fa viaggiare, incontrare essere anonimi o mostri sacri, percorrere territori sconosciuti. Lo si segue volentieri nel labirinto di queste fantasticherie tra mito e realtà, tra gioia e dolore, gioventù e vecchiaia. Vi si passeggia nei più grandi contrasti, abbordando assoluti contrari, quasi smarriti tra "l'Apocalisse" e "l'innocenza", per citare le parole di Hector Bianciotti[10].

[10] Citazione tratta dal testo *Des Nouvelles de l'Apocalypse* di Hector Bianciotti, in "Le Monde", 2 gennaio 1999.

François-Marie Banier
the primitive

Dominique Stella

It begins in the studio, that secret place, hidden, concealed in a yard. And it's not just a studio: it is a place for life, work, writing, painting a place where everything mixes up, piles up. Each door opens on piles of photo, painting sketches, works in progress or completed, innumerable drafts, lying on the floor, waiting for the next working session. The first impression is astonishment, a feeling of proliferation, abundance, submersion: this is how I felt when I entered this universe for the first time.

Just to outline the environment, and expose the swarming, the oil smells that create the works. The artist seizes the canvas or the photo, elaborates it, leaves it, comes back to it. The construction is slow, but the gesture is lightning. This is how the paintings, canvases or painted photos are born. As for the photographs, they are taken elsewhere, in the streets, squares, landscapes... with outdoor sensations, people, air. The painting is born from isolation, in the light of a headlamp. In this space, the artist is confronted with himself and through his paintings, he restores the images of this soliloquy.

Whereas the photographer tells us about the others, he steps aside, as if he doesn't want to reveal anything about himself, he hides behind the others' images to avoid speaking of himself or to only show snatches of himself through the others' faces. The others are his meal, his 'feast'. He confesses his culpability when he says 'I am addicted to people. I devour people'. If photography is an art of playing hide and seek with truth and one's self, on the contrary, painting is a revealing and stripping game. François-Marie Banier is not an exception to this rule.

He has been recognised as a talented, intuitive photographer with this remarkable sense of catching the instant that is so characteristic of his photography. In his text written for François-Marie Banier's exhibition at the Kunstverein of Stuttgart 'Private heroes', Hector Bianciotti acknowledges this talent for appropriation: 'The 1991 exhibition at the Centre Pompidou was the revelation of a photographer who, since his childhood, had been trying to appropriate everything within his look, all that fascinated him'.[1] This is why the pictures he takes of personalities are never stereotypes imprisoned in their role, but familiar pictures. He catches Françoise Sagan, lying on her hotel bed, Kate Moss and Johnny Depp sitting at their breakfast table, Samuel Beckett walking on the beach. All these photos bear the nature of simplicity, and of when you catch a friend in a moment of intimacy and abandon. Regarding this, François-Marie Banier underlines: 'Most of my models are artists and I share their lives, they are friends whose world I like and admire... I am aware that our complicity forces me to reveal a face, words they would not know without me'.

This complicity and consent have given birth to photographs, snapshots revealing on the one hand, the model's strength and courage, and on the other hand, the artist's talent. The photo of Madeleine Castaing, those of Madeleine Renaud and Jean-Louis Barrault or the 1998 portrait of Nathalie Sarraute come to my mind. Beyond Art and aesthetics, these photos express life instants, instants of persons who have grown old and show the marks of old age to the photographer's eyes filled with avid emotion. They trust him a lot, but they know François-Marie Banier's emotion so well, when they open up to him, they know this bent woman trudging along rue du Bac in Paris, or this old man crossing Bond Street in London. 'Taking pictures means writing a face, a body in a definitive eternal way'[2], says François-Marie

Banier who has been at war with Time for so many years, as if he had a score to settle with it. He writes: 'Strangling the passing time. Grabbing time by the throat for ignoring our pains, our desires, for ignoring the passing of time. In the crowd, taking, catching profiles, shadows, this started resistance, the trees walking as long as they can stand, remember, standing arches, attached to me for the moment. These old flames are still strong, moving, never alone any more, and standing for ever'.[3]

First come joy, happiness, then come souvenirs, nostalgia, and then the cruelty of the passing time and the questioning about the changing faces. François-Marie Banier catches the instants when time, stopped, strikes in an instant the harmonious delicate young faces bound to become those craggy faces furrowed by the passing or hours, day and years. François-Marie Banier has been working on this attentive but not complacent observation for years. He seems to be obstinate in an attempt to measure and decode the passing time, in search of its secret rules. Proust was trying to go back in time through the sensation memories, François-Marie Banier tries to decode it through the process of photography. Yves Saint-Laurent, Nathalie Sarraute, Françoise Sagan, Silvana Mangano... lent their faces to this periodic analysis, leaving behind lots of pictures that characterise life sequences, becoming a period of time in their succession. Life would be shot put together... or aren't these shots a means to understand life. François-Marie Banier, as a photographer as well as when he writes is trying to set down the intuitions of a moment when some mystery of life seems to be popping up. 'Taking pictures, he says, to save the few things we understand in what we see from vanishing, even if some may say: that's not the way it was'.[4] Thus, the inner

beauty and remarkable force of some characters is revealed. For instance, Nathalie Sarraute fell in more than once with the artist's game. He tries to find her and often represents her sitting, in her bed. But what a wonderful woman she is in this 1998 photo, monolith worthy of a portrait by Bacon or Lucian Freud. This may be the picture in which she is the most 'wonderfully human', as François-Marie Banier puts it: 'This indefinable and wonderfully human something defying the pen as well as the most realistic brush. Curiously, the photographer is able to catch up with this indescribable aspect'.[5]

François-Marie Banier as a talented photographer is incredibly intuitive, the light, the composition build up the setting; catching the subject is always the true finality, catching the moment 'when the image leads the camera'.[6] He tries to catch personalities as well as anonymous people he meets on a street corner, or in a garden. A park, a mountain, a block of houses... Everything becomes a pretext and 'everything depends on the moment when you take the shot'.[7] The street is François-Marie Banier's favourite hunting-ground, and he travels across the avenues of Paris or London or Sarajevo with his camera, always ready for an encounter and to get taken away by the other. Photography is first and foremost the other, it is also 'the fight with truth, with emotion', as François-Marie Banier says, but it never means being confronted with one's self — or so little, nor with true freedom. The model dependence, the possible eventuality related to the other, the liberty frustration probably led François-Marie Banier to painting: ' My painting is just me, so I can do everything'.[8] Painting is also a more unconscious act, more attentive to chance, to which the artist gives himself up deeper and deeper. This

[1] Hector Bianciotti, about the exhibition 'Private Heroes, photographies, photopeintures, peintures, Kunstverein, Stuttgart, 27 November 1998 - 17 January 1999, in *Le Monde*, 2 January 1999.
[2] From 'Le Déclic', in *François-Marie Banier*, exhibition catalogue, Pinacoteca Do Estado, São Paulo, June–August 1999.
[3] From 'La vie de la photo', in *François-Marie Banier*, exhibition catalogue, Pinacoteca Do Estado, São Paulo, June–August 1999.
[4] *Ibidem.*
[5] *Ibidem.*
[6] *Ibidem.*
[7] *Ibidem.*
[8] From 'Déclic', in the *François-Marie Banier* exhibition catalogue, Pinacoteca Do Estado, São Paulo, June–August 1999.
[9] From 'Peindre' by François-Marie Banier, in ibidem.

rather unusual expansion for a photograph appears in François-Marie Banier's work, like the accomplishment of a revenge through releasing shapes and colours. He paints his photographs like he paints blank canvases; he expresses himself the same way: urgently. 'I paint on the brink of death. As if I were forced by something else. Under pressure. Urge. An urge I can't restrain nor control'[9]. His painting has no room for any institutional particulars, it is free of any representative contingency, and looks more like a visual writing that can translate what the mind builds up out of what photography shows in every day life. To such an extent that the free proliferating writing swarms into the paintings' composition, telling many stories, a thousand possible stories taking shape within colourful constructions. His painting bursts out, in signs, strokes, rushing gestures, vital urge that form childlike characters, coloured deserts, stories to laugh or cry upon…

Since the beginning of our century, some have claimed for this freedom to create a picture language and I think François-Marie Banier is one of these artists who like Dubuffet created a pictorial language out of their works, conveying sensations, emotions and suggestions. To be more touching, works such as *C'est toujours le même problème*, *Partageai même ma femme* or *Aime-moi* need 'inscriptions, instinctive lines by the human hand', as Dubuffet said. Reflection and thought are predominated by the spontaneous and physical relationship between the material and the canvas. François-Marie Banier's works are the result of the imperfection of the living and acting, of spontaneity, movement, urge. Like a child, he invents the drawing as if he were the first drawer, as if art were not a search for perfection but the expression of a will to assert oneself based on rebellion and destruction. Rebellion against the pre-built pictures of photography. François-Marie Banier invades them, destroys them, unrespectful of the models they reproduce, he reinvents Isabelle Adjani, he touches up Mick Jagger or Ray Charles… many photos, many subjects to be painted. The result is unique and surprising: out of this exuberance come Sunflowers, whose luminosity no photo can render. At the same time more real than reality, but as far from reality as we can imagine, this is the language born not to represent the object (as it was pictured or imagined) but to show the sensation, the feeling the subject can communicate. Mental landscapes like La Plage de Copacabana, where air and nostalgy are suggested through a few blue strokes, basic signs representing space and time.

But unlike his freedom enamoured predecessors, who broke taboos and challenged systems (see Dubuffet's quotation), François-Marie Banier doesn't pretend to defend any doctrine. Unlike Dubuffet, he is not a painter who means to theorise and claim for a certain independence facing dogmas and theories that may sometimes be too academic. No, François-Marie Banier is simply a painter, with all his spontaneity, emotion, sensation. The language he speaks is a primitive kind, with signs without a precise symbolic but that of communicating feelings and impressions.

His stroke is very simple. He crosses, breaks up, dissects the bodies and rudimentary shapes he invents, he stretches the letters, the sentences that swarm over the painting, as if all these elements were nothing but some basic material designed for another story, the story of a larger, more universal cosmos that would concern something else than Man's story… the story of the life generating magma. Titles such as *So you believe in human beings*, sometimes raise questions out of this chaos, like refusals to be or to recognise oneself in these hastily sketched drawings. Stories about men, *Les quatre agresseurs du Gendarme Mobel*, *Des yeux de braise*, stories about the universe, *Soleil rouge*, stories about colours, *Bleu sans mots*, *Traces sur fond jaune et orange*... The whole work expresses an appetite for life. Looking at these photos, we can't help thinking of trash art, and the misappropriation some affichistes, like Raymond Hains or Mimmo Rotella, initiated. These photos, torn from their initial function become subjects, supports and pretexts for another language. The link between Rotella's Marilyn Monroe and François-Marie Banier's Naomi Campbell is that they symbolise two different periods. Torn effigies, ousted idols, one being the contesting of a period, which symbols she rejected, in a way, by magnifying them. The other asserts herself in the recognition of those models, by making them common-place.

François-Marie Banier's world is multiple and contrasted. From realistic fiction that his photos show to the representation of immaterial emotions he throws over the painting, he makes us travel, meet anonymous beings or giants, cross unknown lands. We're willing to follow him through this dream labyrinth, in between myth and reality, joy and pain, youth and old age. We wander, among the biggest contrasts ever, dealing with absolute opposites, almost lost between 'Apocalypse' and 'Innocence',[10] as Hector Bianciotti says.

[10] Hector Bianciotti, about the exhibition 'Private Heroes, photographies, photopeintures, peintures, Kunstverein, Stuttgart, 27 November 1998 - 17 January 1999, in *Le Monde*, 2 January 1999.

François-Marie Banier
le primitif

Dominique Stella

Tout commence dans l'atelier, lieu secret, caché, enfoui au fond d'une cours ; ce n'est d'ailleurs pas un atelier mais un lieu de vie, de travail, d'écriture, de peinture ; tout s'y mélange et s'entasse. Chaque porte s'ouvre sur des photos accumulées, des tableaux esquissés, des œuvres en cours ou achevées, innombrables ébauches à même le sol, en attente de la prochaine séance de travail. La première impression est l'étonnement, une sensation de prolifération, d'abondance, de submersion : c'est ainsi que m'est apparu cet univers lors de ma première visite.

Ceci pour esquisser le lieu de vie, et expliquer le grouillement, les odeurs d'huiles d'où naissent les œuvres. L'artiste s'empare de la toile ou de la photo, l'élabore, l'abandonne, y revient. Fabrication à la fois lente, mais aussi fulgurante dans le geste. C'est ainsi que naissent les œuvres peintes, toiles ou photos peintes. Les photographies, quant à elles s'inventent ailleurs, dans les rues, les squares, les paysages... au contact des sensations extérieures, des gens, de l'air. La peinture naît dans l'isolement, à la lumière d'un phare électrique qui illumine l'espace. L'artiste s'y confronte avec lui-même, il nous restitue, à travers ses tableaux les images de ce dialogue solitaire.

Le photographe, quant à lui, nous parle des autres, il se dérobe, comme s'il ne voulait rien révéler de lui, usant de l'image des autres, derrière lesquels il se cache, pour éviter de parler de lui-même ou pour révéler quelques bribes de lui-même par visages interposés. Les Autres constituent sa nourriture, son « festin ». Il reconnaît sa culpabilité puisqu'il affirme : « Les gens sont des drogues pour moi... je dévore les gens ». Mais si la photographie est un art de cache-cache avec la vérité, et avec soi-même, la peinture est au contraire un jeu de révélation et de mise à nue. François-

Marie Banier n'y échappe pas.

Du photographe, tous ont reconnu le talent, l'intuition et le remarquable sens de la capture qui prédomine chez lui. Hector Bianciotti, dans le texte qu'il écrivit pour « Private Heroes », exposition de François-Marie Banier à la Kunstverein de Stuttgart[1], reconnaît ce talent d'appropriation: « L'exposition du Centre Pompidou en 1991, fut pour moi la révélation d'un photographe qui depuis l'enfance cherchait à s'approprier tout ce qui était à la portée de son regard, tout ce qui le fascinait ». Cet instinct de « prédateur », qui cherche et reconnaît sa proie donne à ses photos une force de vie, unique, d'autant plus intense que les victimes sont souvent consentantes. C'est pourquoi les portraits de personnalités qu'il photographie ne sont jamais des images de stars stéréotypées et figées dans leur rôle, ce sont au contraire des images familières : il surprend Françoise Sagan, sur son lit dans sa chambre d'hôtel, Kate Moss et Johnny Depp prenant leur petit déjeuner, Samuel Beckett marchant sur la plage... Toutes ces photos ont le caractère de la simplicité, et de l'instant qui capte l'ami dans son intimité et dans son abandon. A ce propos François-Marie Banier souligne : « La plupart de mes modèles sont des artistes dont je partage la vie, amis dont j'aime et admire l'univers... J'ai conscience aussi que ma complicité avec eux m'oblige à révéler aux autres, un visage, des paroles, que sans moi ils ne connaîtraient pas ».

Cette complicité et ce consentement sont à l'origine de photographies, d'instantanés pourrait-on dire, qui révèlent force et courage de la part du modèle et grand talent de la part de l'auteur. Je pense à la photo de Madeleine Castaing, à celle de Madeleine Renaud et Jean-Louis Barrault ou bien encore au portrait de Nathalie Sarraute de 1998.

Au-delà de l'art, et de l'esthétique, ces photos sont un témoignage d'instants de vie, instants de personnes qui ont vieilli et offrent à voir, au regard à la fois avide et ému du photographe, les stigmates de l'âge et de la vieillesse. Grande preuve de confiance de leur part, mais ils connaissent bien l'émotion de François-Marie Banier devant leur abandon, ils connaissent la photo de cette femme qui marche péniblement, recourbée sur elle-même, rue du Bac à Paris, ou ce vieil homme qui traverse Bond Street à Londres. « Photographier c'est écrire de façon définitive, pour l'éternité un visage, un corps »[2] dit François-Marie Banier qui, depuis longtemps mène une véritable bagarre contre le Temps, comme s'il avait un compte à régler avec lui. Il écrit : « Étrangler le temps qui s'écoule. Saisir à la gorge le temps étranger à nos peines, à nos désirs, étranger à la fuite du temps. Prendre, pêcher dans la foule profils, ombres, cette résistance au temps entamé, ces arbres qui marchent avant de ne plus pouvoir se soutenir, se souvenir, arches qui pour l'instant tiennent, ne tiennent qu'à moi. Ces flammes âgées, encore fortes, touchantes, plus jamais seules maintenant, et pour toujours debout »[3].

D'abord il y a la joie, le bonheur, ensuite viennent le souvenir, la nostalgie, puis la cruauté du temps qui passe et l'interrogation sur la métamorphose des visages. François-Marie Banier capte les moments où le temps, arrêté, fige en un instant l'harmonie, la délicatesse des jeunes visages qui deviendront plus tard ces faces burinées, sillonnées par les traces que les heures, les jours et les années y ont laissé en s'écoulant. Cette observation attentive, mais nullement complaisante que François-Marie Banier mène depuis des années, ressemble à une tentative obstinée de mesure et de déchiffrage, comme s'il recherchait les régles

secrètes qui régissent la loi du temps qui passe. Proust tentait de remonter le temps par le souvenir des sensations, François-Marie Banier essaye de le décoder par le processus de la photographie.

Yves Saint-Laurent, Nathalie Sarraute, Françoise Sagan, Silvana Mangano... ont prêté leurs visages à cette périodique analyse, laissant des séries d'images qui définissent des séquences de vie, dont la succession représente un laps de temps. La vie serait comme un enchaînement de déclics... ou bien encore ces déclics ne seraient-ils pas, plutôt, un moyen de comprendre la vie. François-Marie Banier photographe ou écrivain cherche à fixer les intuitions d'un moment où semble surgir quelque mystère de la vie: « Photographier », dit-il, « pour sauver de l'évanouissement le peu que l'on comprend du visible, même si on entend parfois : « Ce n'était pas comme ça » »[4]. C'est ainsi que l'on découvre la beauté et l'admirable force que certains personnages contiennent en eux-même. Nathalie Sarraute, par exemple, plusieurs fois s'est prêtée au jeu du photographe qui la cherche et la représente, souvent assise, dans son lit même. Mais quelle admirable femme, monolithe digne d'un portrait de Bacon ou Lucien Freud, dans cette photographie de 1988 ! Peut-être est-ce dans cette image qu'elle est le « plus formidablement » humaine selon l'expression de François-Marie Banier, qui précise : « Ce quelque chose d'indéfinissable et formidablement humain qui échappe à la plume, comme au pinceau le plus réaliste. Curieusement cet indescriptible le photographe le rattrape »[5]. Le talent de François-Marie Banier est terriblement intuitif, la lumière, la composition, sont des élèments du décor, la capture du sujet en est toujours la véritable finalité, la capture de l'instant où « l'image commande l'appareil »[6]. Cette

[1] Article d'Hector Bianciotti paru dans *Le Monde* le 2 janvier 1999, qu'il écrivit à l'occasion de l'exposition de François-Marie Banier « Private Heroes : photographies, photopeintures, peintures » à la Kunstverein de Stuttgart, 27 novembre 1998 - 17 janvier 1999.

[2] Citation extraite du texte *Le Déclic*, in cat. de l'exposition « François-Maris Banier », Pinacoteca Do Estado, São Paulo, juin-août 1999.

[3] Extrait du texte de François-Marie Banier, *La vie de la photo*, cat. de l'exposition « François-Marie Banier », Pinacoteca Do Estado, São Paulo, juin-août 1999.
[4] *Ibidem*.
[5] *Ibidem*.

capture s'opère aussi bien sur des personalités que sur des êtres anonymes, rencontrés au détour d'une rue, ou croisés dans un jardin. Un parc, une montagne, un groupe de maisons... Tout est prétexte et « tout dépend du moment où on appuie sur la gâchette »[7]. La rue est le terrain de chasse privilégié de François-Marie Banier, qui sillonne les avenues de Paris, comme celles de Londres ou de Sarajevo, armé de son appareil photo, prêt à une rencontre et à se laisser séduire par l'autre. La photographie, c'est d'abord l'autre, c'est aussi « le combat avec la verité, une émotion », selon la formule de François-Marie Banier, mais ce n'est jamais la confrontation avec soi-même, ou si peu, ni avec la vraie liberté. Ce sont probablement cette dépendance du modèle, cette éventualité du possible liée à l'autre, cette frustration de liberté qui ont conduit François-Marie Banier à la peinture : « Ma peinture, ce n'est que moi, alors toute liberté m'est permise »[8]. La peinture est aussi un acte plus inconscient et plus attentif au hasard, dans lequel l'artiste s'abandonne et s'enfonce. Cet abandon qui n'est guère coutumier des photographes apparaît chez François-Marie Banier telle une vengeance qui s'accomplit dans la libération des formes et des couleurs. Il peint ses photographies comme il peint des toiles vierges, son mode d'expression est le même : il peint dans l'urgence : « Je peins au bord de la mort. Comme forcé par autre chose. Avec une pression. Une pulsion. Avec une urgence que je maîtrise, ni ne contrôle »[9]. Sa peinture n'intègre aucune donnée institutionnelle, elle est dégagée de toute contingence de représentation, et ressemble davantage à une écriture visuelle capable de transcrire ce que l'esprit construit face au spectacle de la vie, donné par la photographie. A tel point que l'écriture libre et proliférante envahie la composition des tableaux, racontant des histoires multiples, mille récits possibles s'ébauchant à l'intérieur de constructions colorées. C'est une peinture en irruption, faites de signes, de traces, d'élans gestuels, de pulsions vitales qui dessinent sur la toile des personnages enfantins, des déserts colorés, des histoires à rire ou à pleurer... Quelques uns, dans notre siècle ont revendiqué cette liberté de créer une langue-image et je pense que François-Marie Banier appartient à ce groupe d'artistes qui tel Dubuffet faisaient naître de leur peinture un vocabulaire pictural porteur de sensations, d'émotions, et de suggestions. Des œuvres comme *C'est toujours le même problème*, *Partageai même ma femme* ou *Aime-moi* se « nourrissent des inscriptions, des tracés instinctifs de la main humaine » comme disait Dubuffet afin de rendre « l'ouvrage plus émouvant ». Le rapport spontané, physique de l'artiste avec la matière et avec la toile prédomine sur la réflexion et la pensée. Les œuvres de François-Marie Banier sont le fruit de l'imperfection de ce qui vit et agit, de la spontanéité, du mouvement, de la pulsion. Il invente tel l'enfant, le dessin comme s'il était le premier dessinateur, comme si l'art n'était pas une recherche de perfection, mais l'expression d'une volonté d'affirmation et de soi fondée sur la rébellion et le saccage.

Rébellion face aux images pré-fabriquées par la photographie. François-Marie Banier les envahit, les détruit, irrespectueux des modèles qu'elles reproduisent, il réinvente Isabelle Adjani, il retouche Mick Jagger ou Ray Charles... autant de photos, autant de sujets à peindre. Le résultat est unique et surprenant, de cette exubérance naissent des *Tournesols* d'une luminosité qu'aucune photographie ne peut rendre. A la fois plus vrai que le réel, mais aussi éloigné du réel que l'on puisse l'imaginer, tel est ce langage qui a pour but non

[6] *Ibidem.*
[7] *Ibidem.*

[8] Citation extraite de Déclic, texte de François-Marie Banier, in cat. de l'exposition « François-Marie Banier », Pinacoteca Do Estado, São Paulo, juin-aôut 1999.
[9] Citation extraite de *Peindre*, texte de François-Marie Banier in *ibidem.*

pas de figurer l'objet (tel qu'il a été photographié ou imaginé) mais de donner à voir la sensation, le ressentir que peut transmettre le sujet.

Ce sont des paysages mentaux comme la *Plage de Copacabana*, où l'air et la nostalgie sont suggérés par quelques traces bleues, signes rudimentaires qui dessinent l'espace et le temps. Mais contrairement à ses prédécesseurs épris de liberté, qui transgressaient des interdits et mettaient en cause des systèmes (en référence à Dubuffet cité précédemment), François-Marie Banier ne se veut défenseur d'aucune doctrine. Il n'est pas peintre comme l'était Dubuffet, un peu théoricien et revendicateur d'une indépendance face à des dogmes et des théories, quelques fois académiques. Non, François-Marie Banier est peintre, simplement, en toute spontanéité, en toute émotion, en toute sensation.

Son langage est primitif, il relève du signe, sans symbolique précise, sinon celle de la transmission du ressenti et des impressions. Il s'adonne aux tracés les plus sommaires, barre, disloque, dissèque les corps et les formes rudimentaires qu'il invente, étire les lettres, les phrases qui envahissent la toile, comme si tous ces éléments n'étaient qu'un matériel de base pour une autre histoire, celle d'un cosmos plus grand et plus universel qui concernerait autre chose que l'histoire de l'homme... celle du magma d'où jaillit la vie. Parfois, quelque questionnement surgit aussi de ce chaos à travers les titres comme *So you believe in human beings*, comme des refus d'être ou de se reconnaître dans ces dessins griffonés. Quelques histoires d'hommes, *Les quatre agresseurs du Gendarme Mobel*, *Des yeux de braise*, quelques histoires d'univers, *Soleil rouge*, quelques histoires de couleur, *Bleu sans mots*, *Traces sur fond jaune et orange...* Le tout : une envie de vie.

Enfin on ne peut pas voir ces photos peintes sans penser à l'art du recyclage, et du détournement dont certains affichistes, comme Raymond Hains ou Mimmo Rotella sont à l'origine. Les photos arrachées à leur fonction première sont récupérées comme objets, supports et prétextes à un autre langage. Il y a une filiation entre la *Marilyn Monroe* de Rotella et *Naomi Campbell*, de François-Marie Banier, elles symbolisent deux époques. Effigies lacérées, idôles détrônées, marquant l'une la contestation d'un moment, qui reniait en quelque sorte ses symboles en les sublimant et l'autre qui s'affirme davantage dans la reconnaissance de ces modèles en les banalisant.

L'univers de François-Marie Banier est multiple et contrasté. Du réalisme fictif que nous offrent à voir les photographies, à la représentation de l'immatérialité des émotions que François-Marie Banier jette sur la toile, il nous fait voyager, rencontrer des êtres anonymes ou monstres sacrés, parcourir des territoires inconnus. On le suit volontiers dans le labyrinthe de ces rêveries entre mythe et réalité, entre joie et douleur, jeunesse et vieillesse. On s'y promène dans les plus grands contrastes, abordant les absolus contraires, presqu'égarés entre « l'Apocalypse » et « l'Innocence »[10] selon les termes d'Hector Bianciotti.

1 Article d'Hector Bianciotti paru dans *Le Monde* le 2 janvier 1999, qu'il écrivit à l'occasion de l'exposition de François-Marie Banier « Private Heroes : photographies, photopeintures, peintures » à la Kunstverein de Stuttgart, 27 novembre 1998 17 janvier 1999.

OPERE/ WORKS/ ŒUVRES

Silvana Mangano
Paris, décembre 1981
photographie
120 x 85 cm

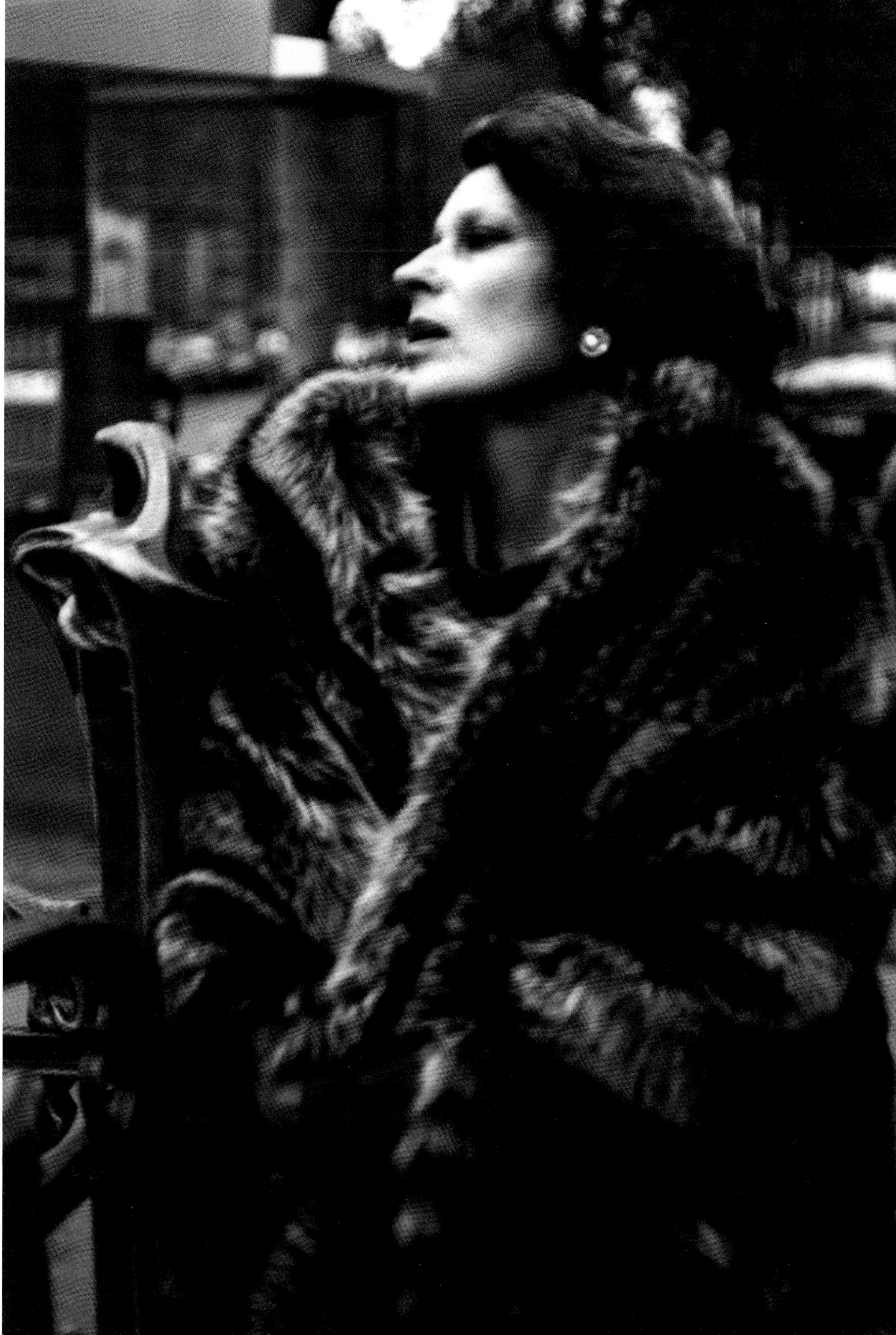

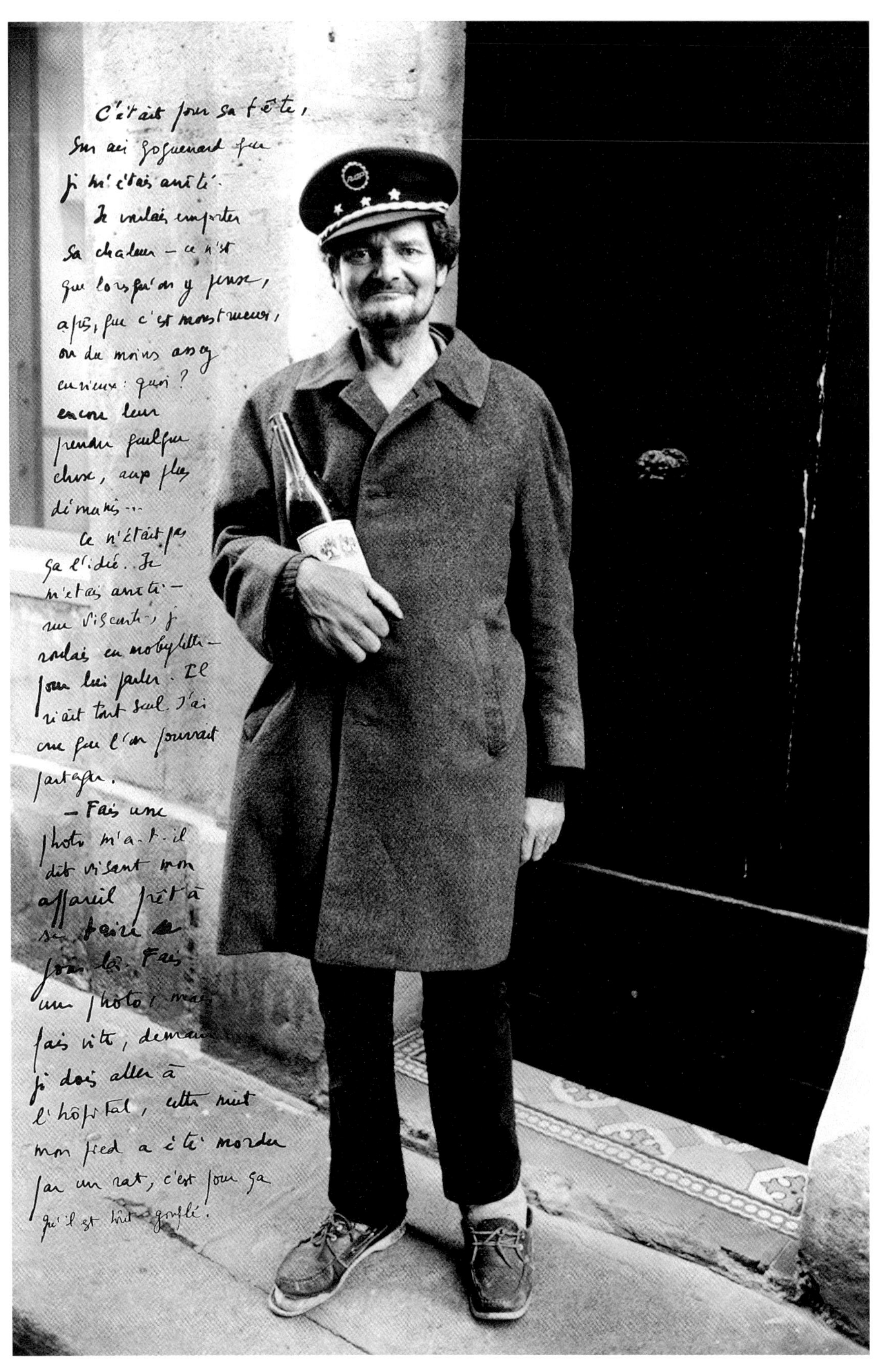

Rue Visconti
Paris, septembre 1988
photographie écrite
60 x 50 cm

Avenue de Marigny
Paris, 1968
photographie écrite
40 x 30 cm

Johnny Depp chez Jars
Paris, décembre 1997
photographie
110 x 160 cm

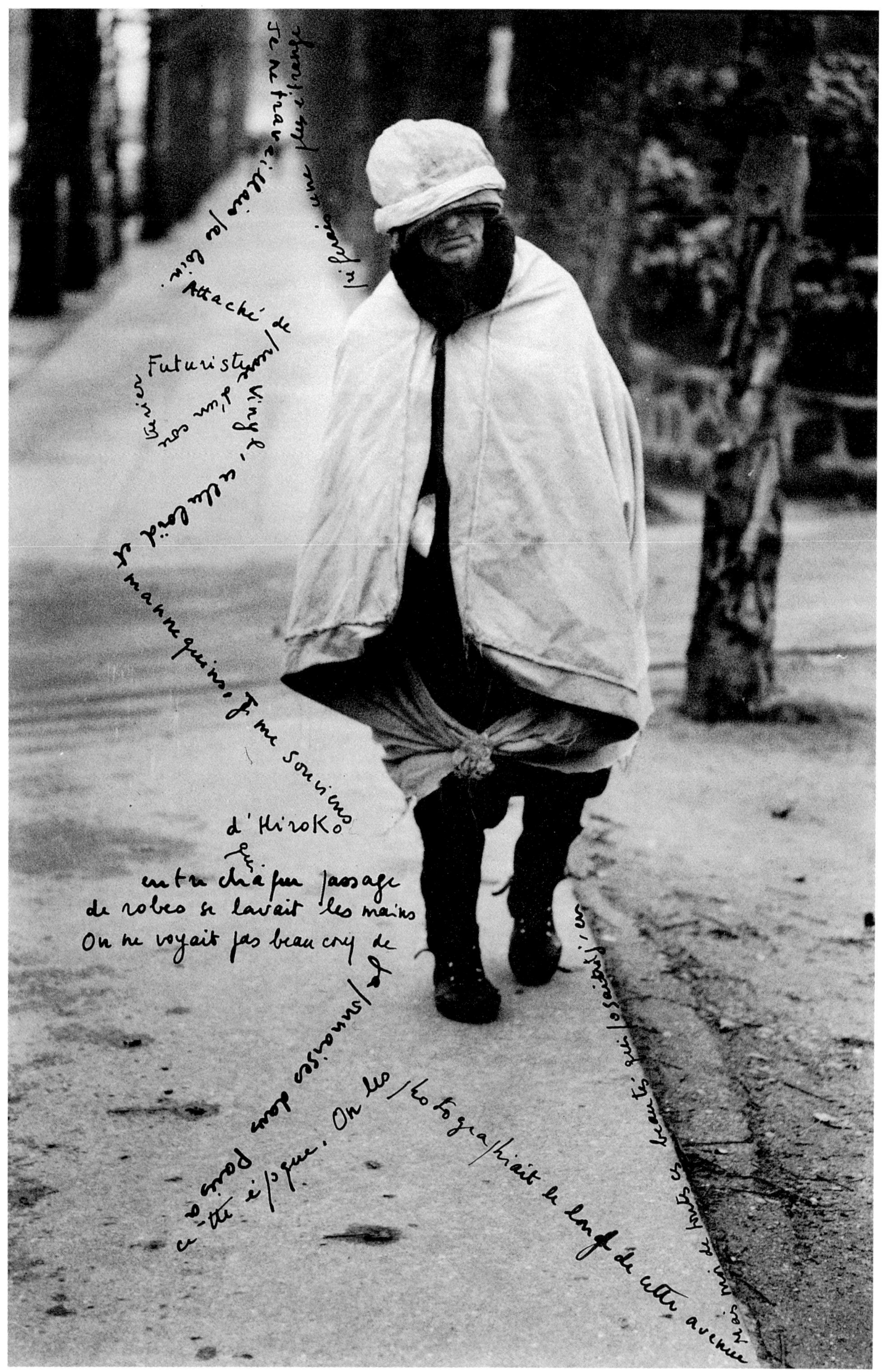

d'Hiroko
qui
entre chaque passage
de robes se lavait les mains
On ne voyait pas beaucoup de

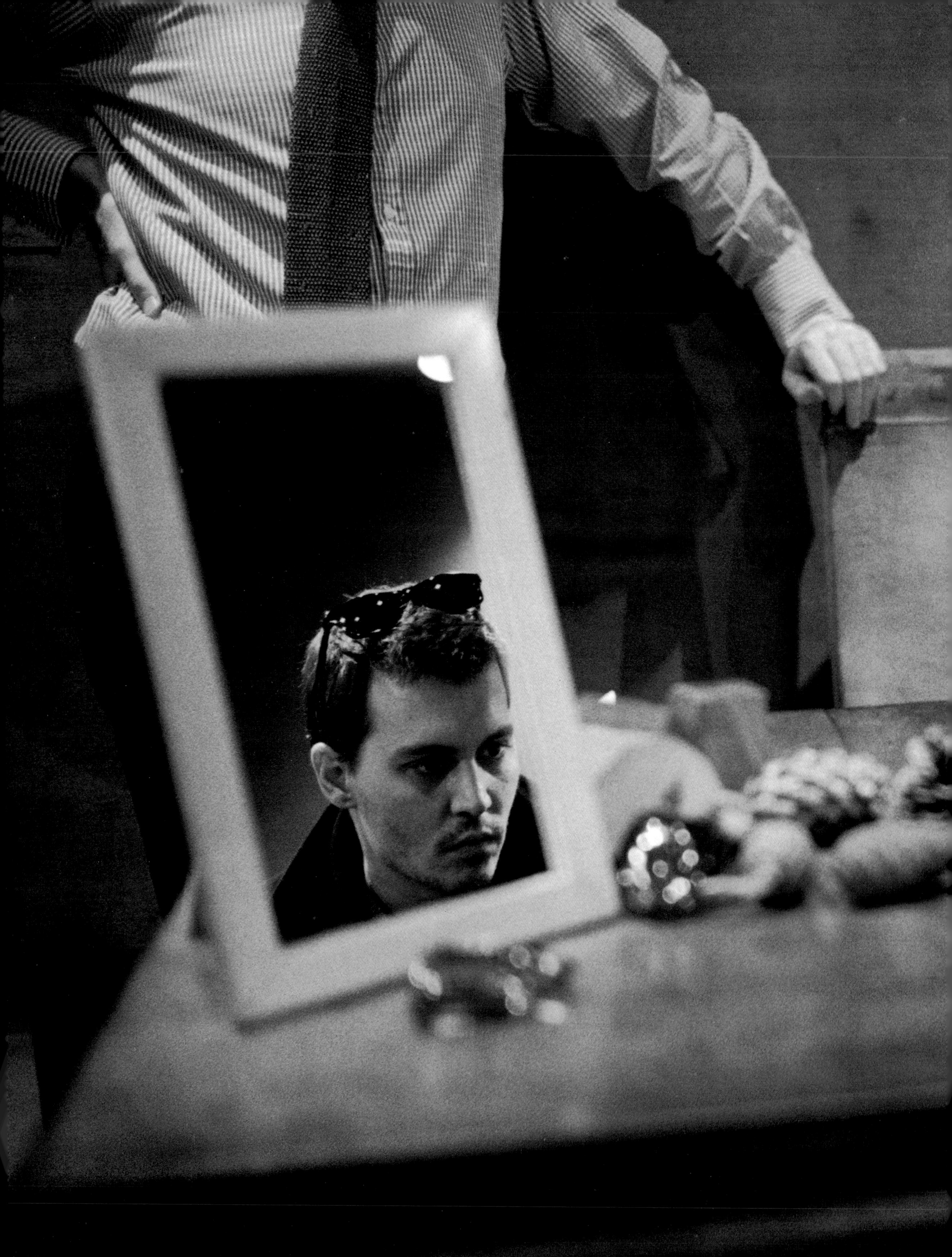

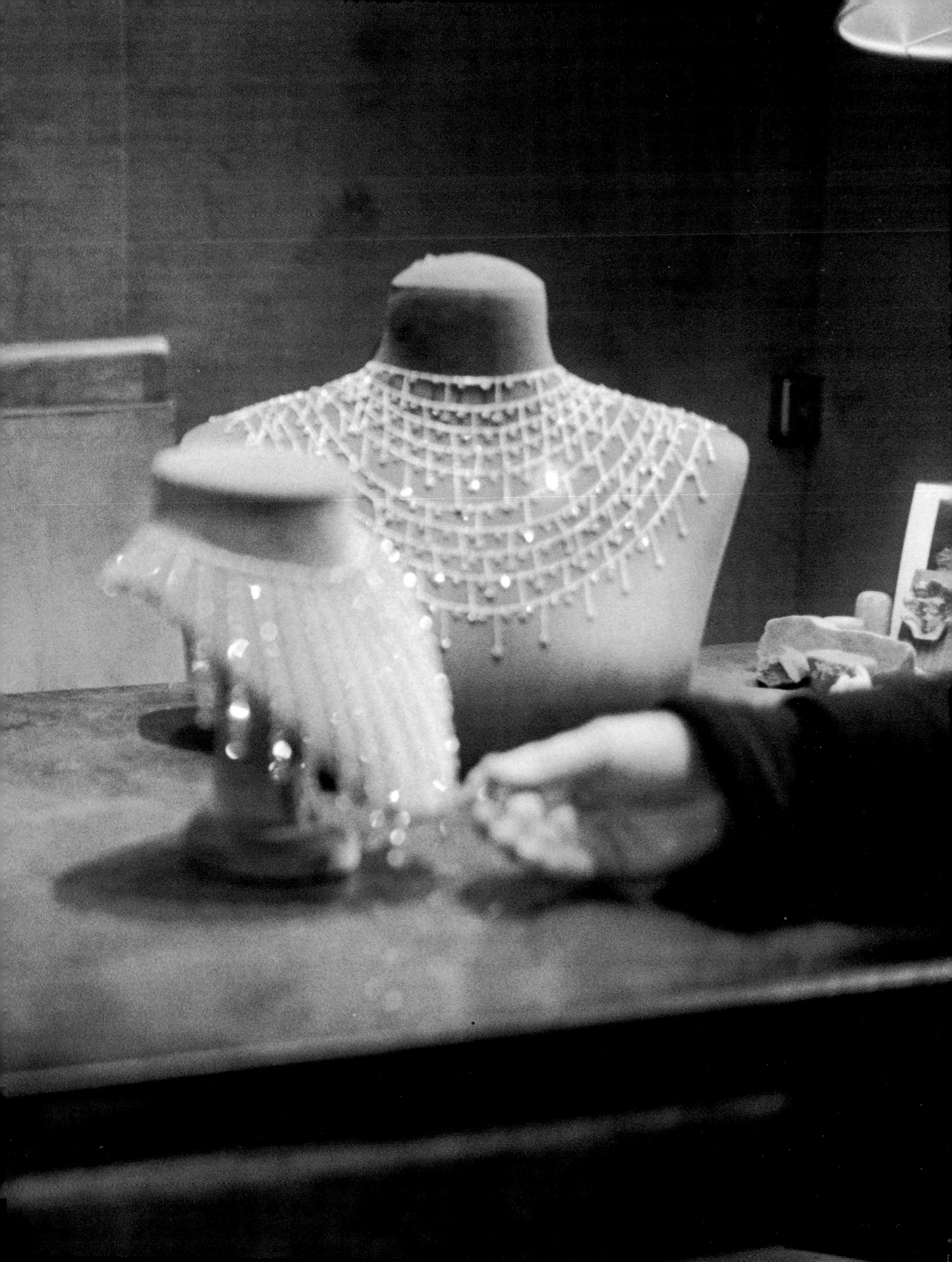

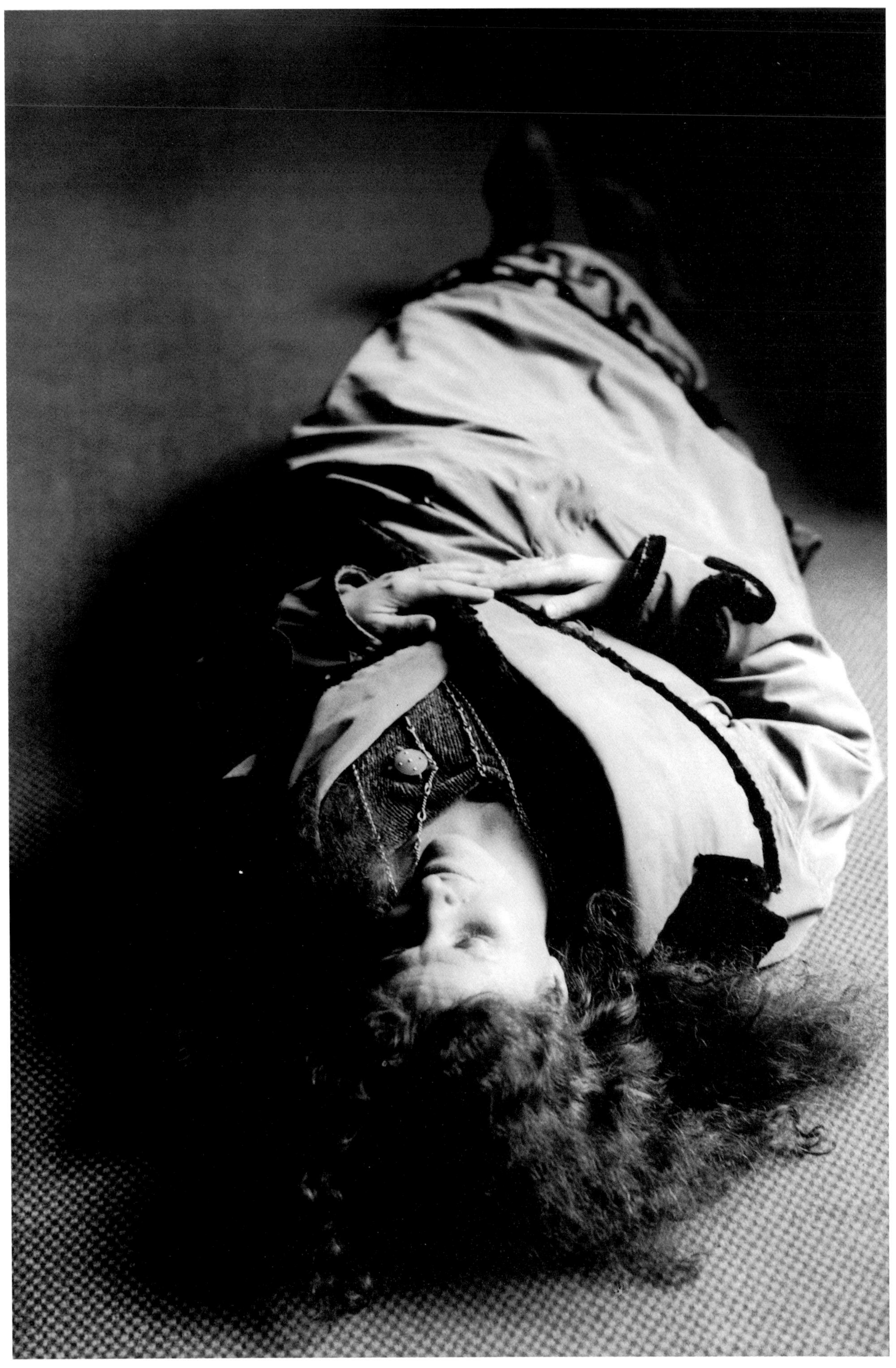

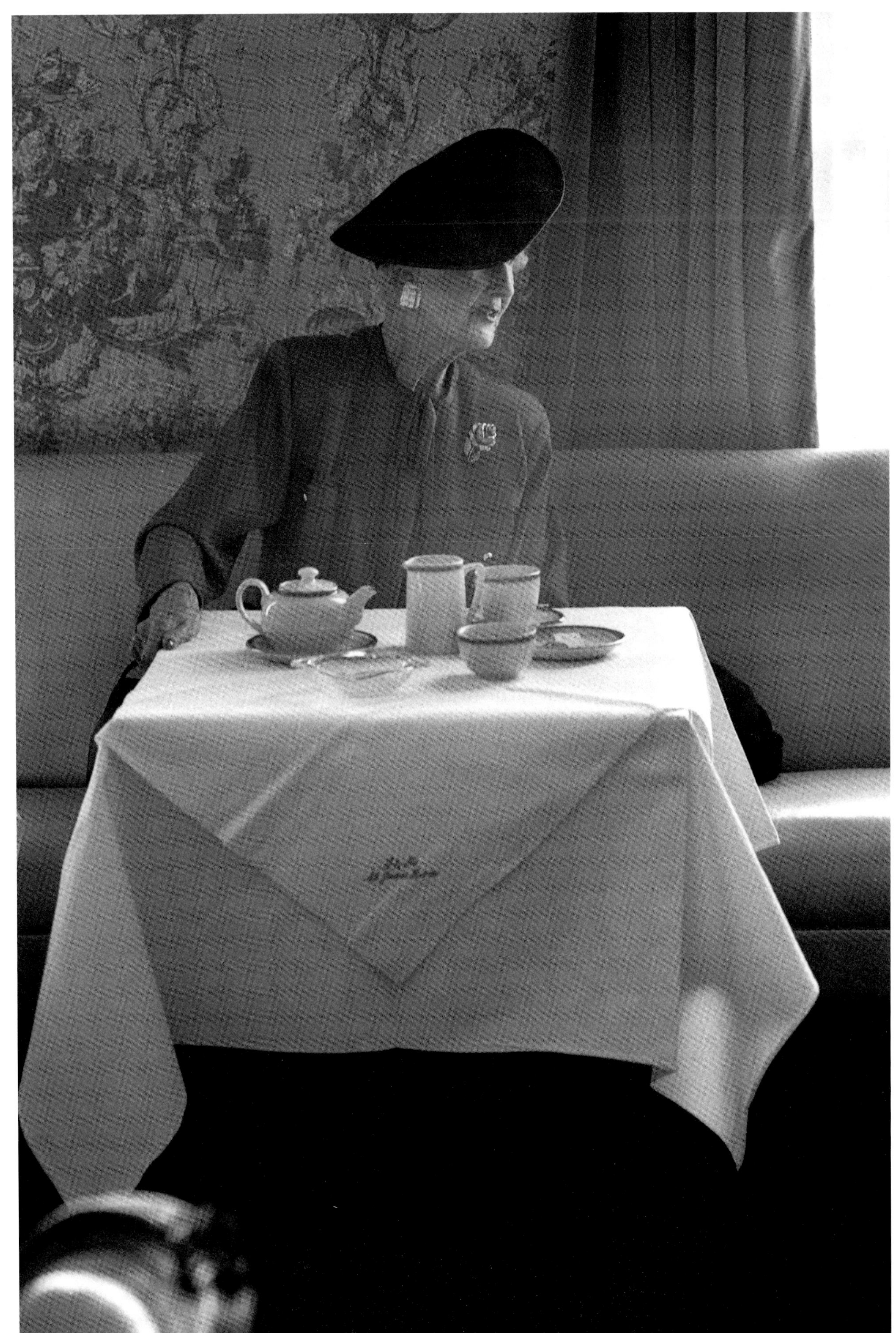

Nicole Wisniak
Saint-Pétersbourg
mai 1992
photographie
160 x 110cm

Fortnum and Mason
Londres, septembre
1987
photographie
60 x 50 cm

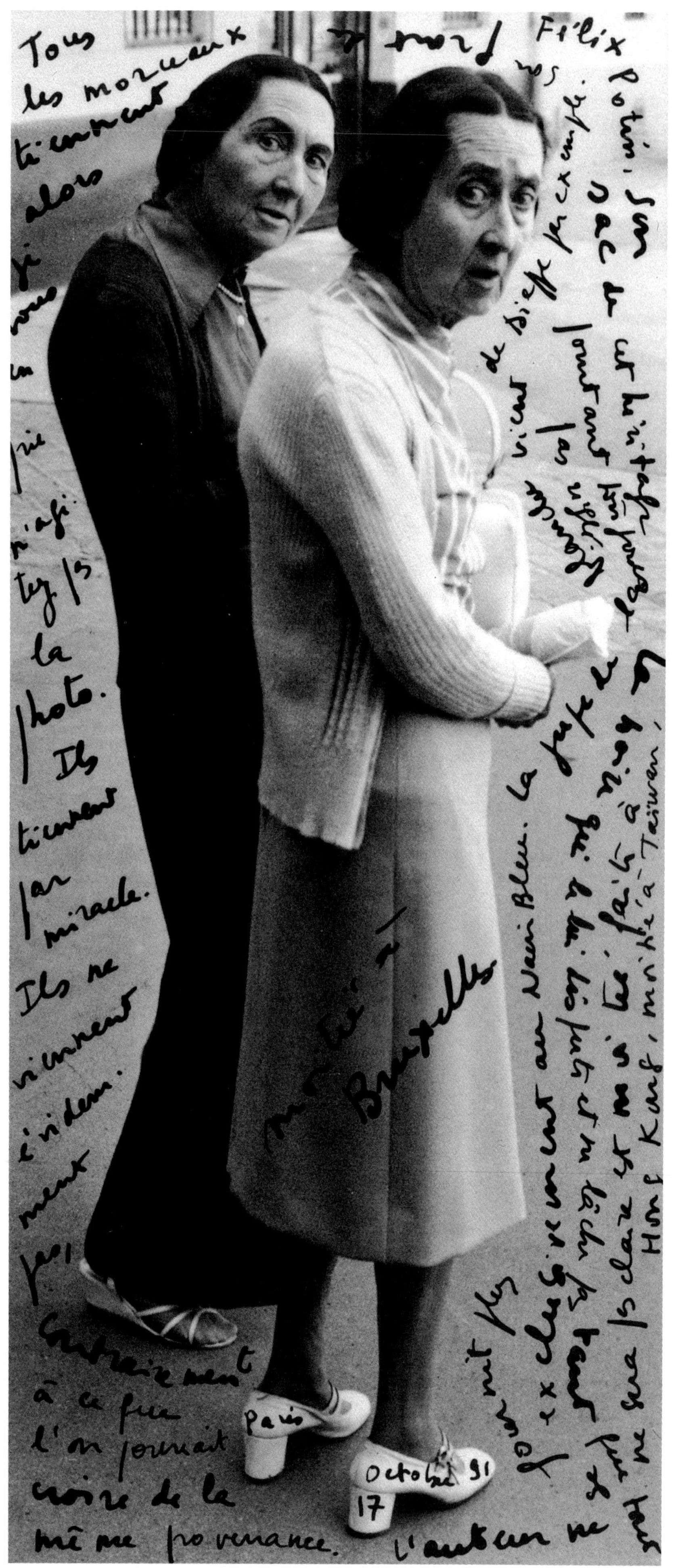

Les jumelles
Paris, 1979
photographie écrite
40 x 30 cm

48, rue de Vaugirard
Paris, janvier 1997
photographie
160 x 110 cm

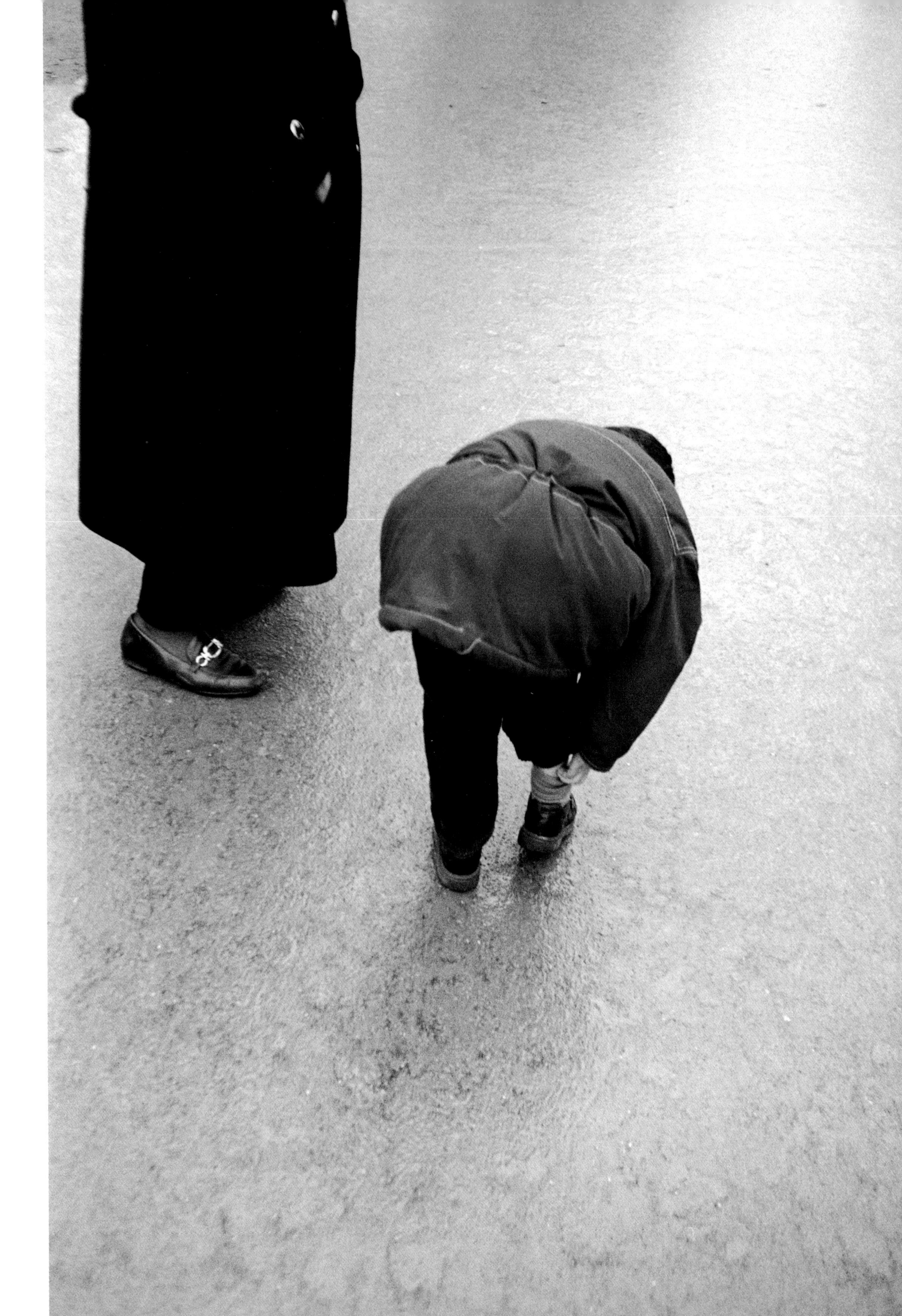

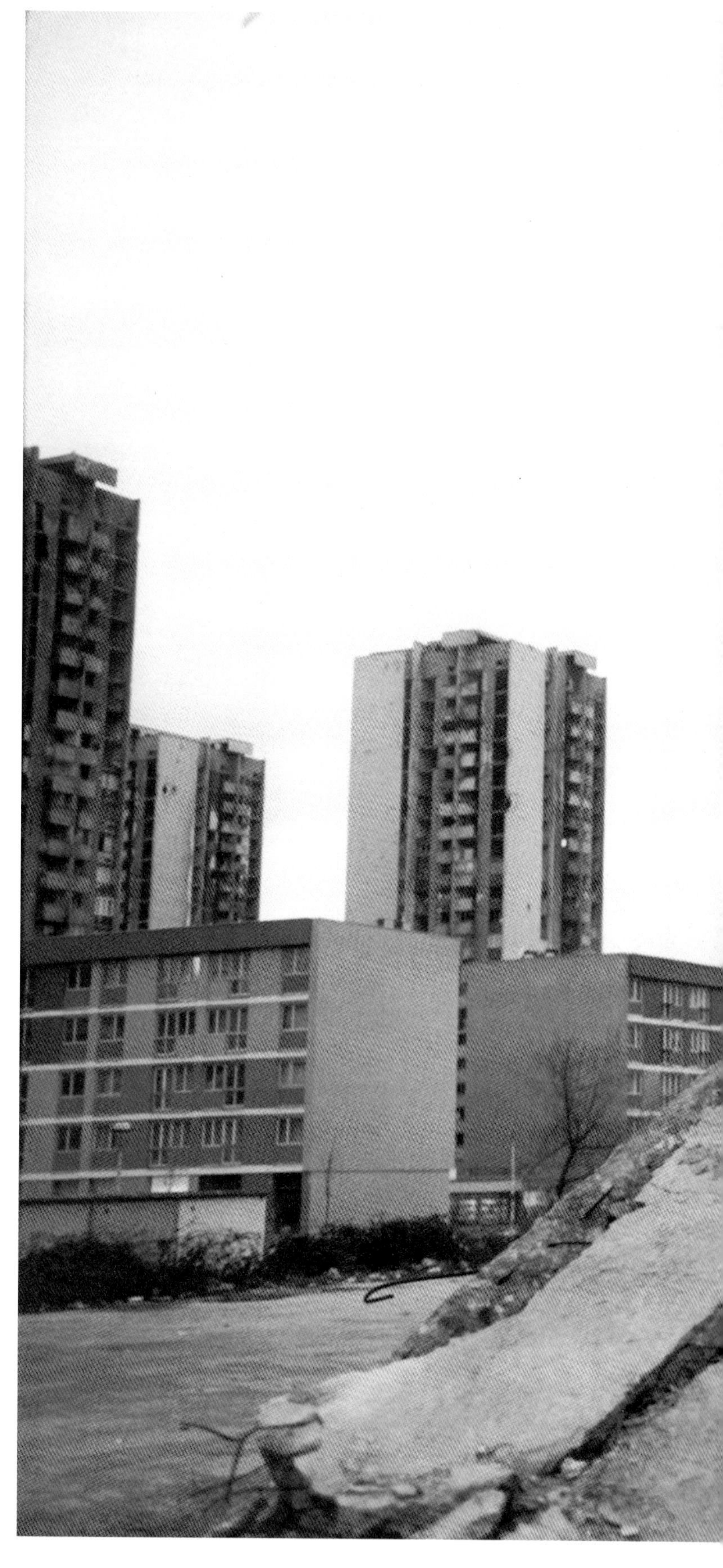

Sarajevo
décembre 1997
photographie
110 x 160 cm

Virna Lisi
Saint-Quentin,
juin 1993
photographie
50 x 60 cm

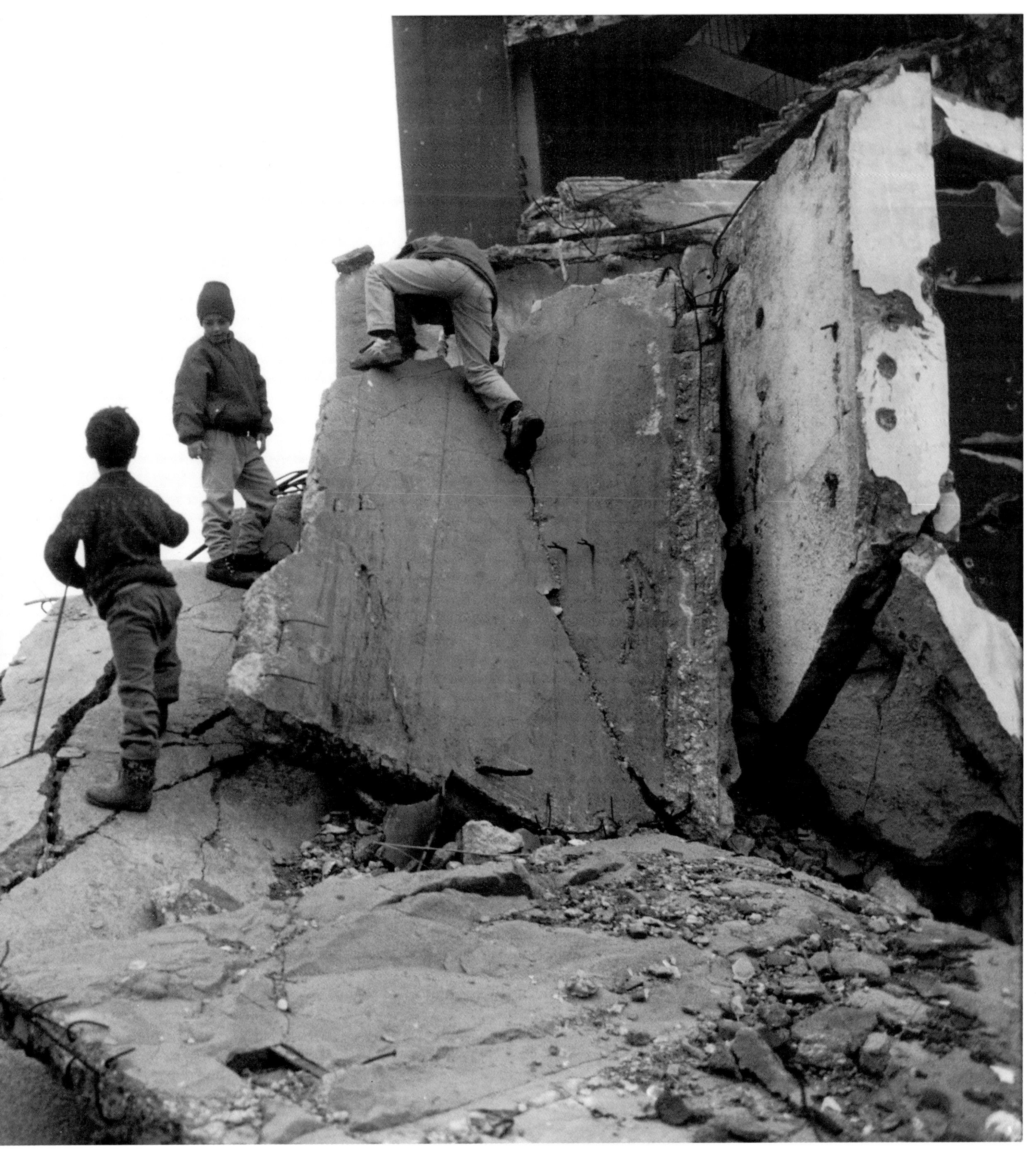

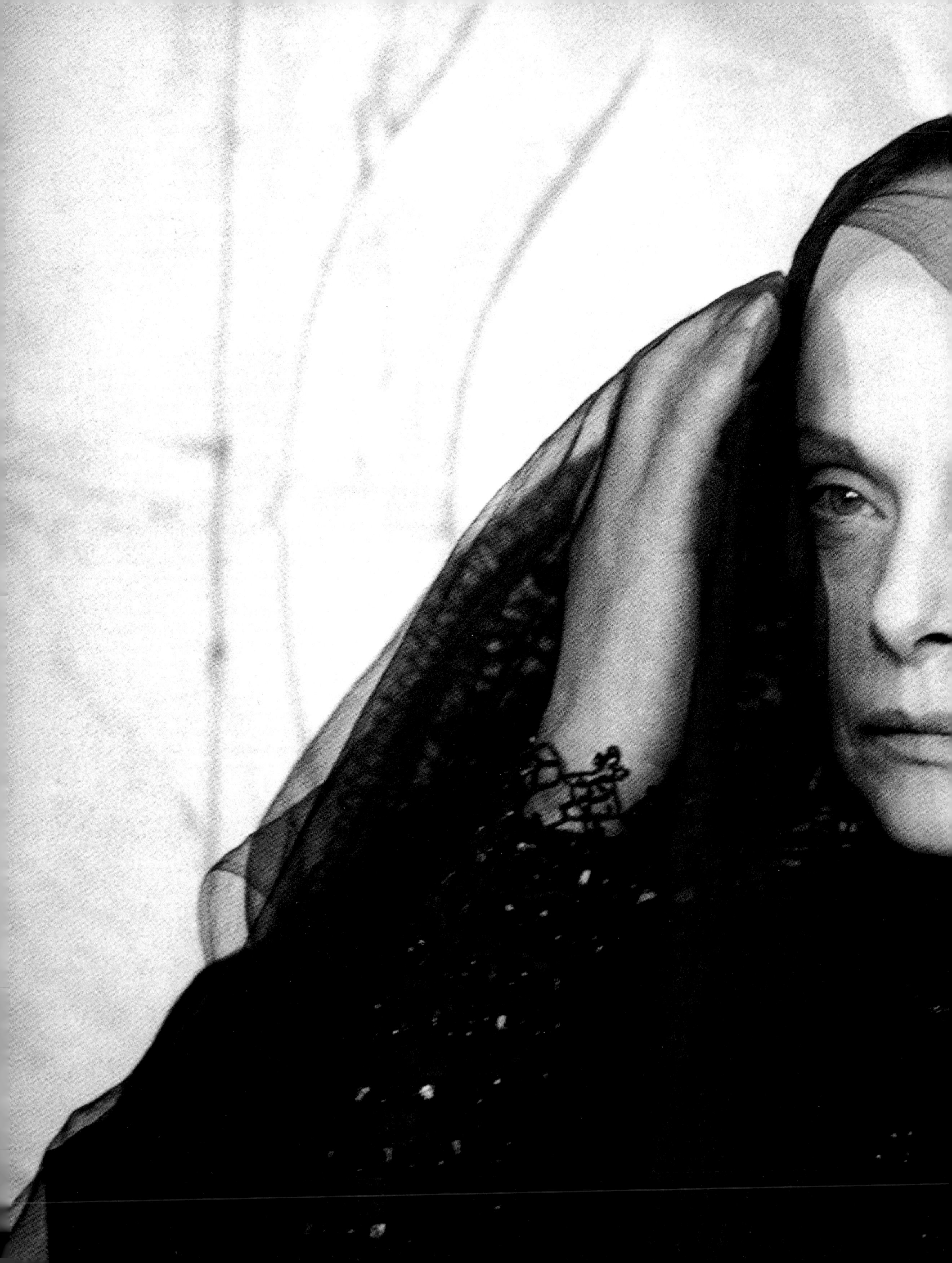

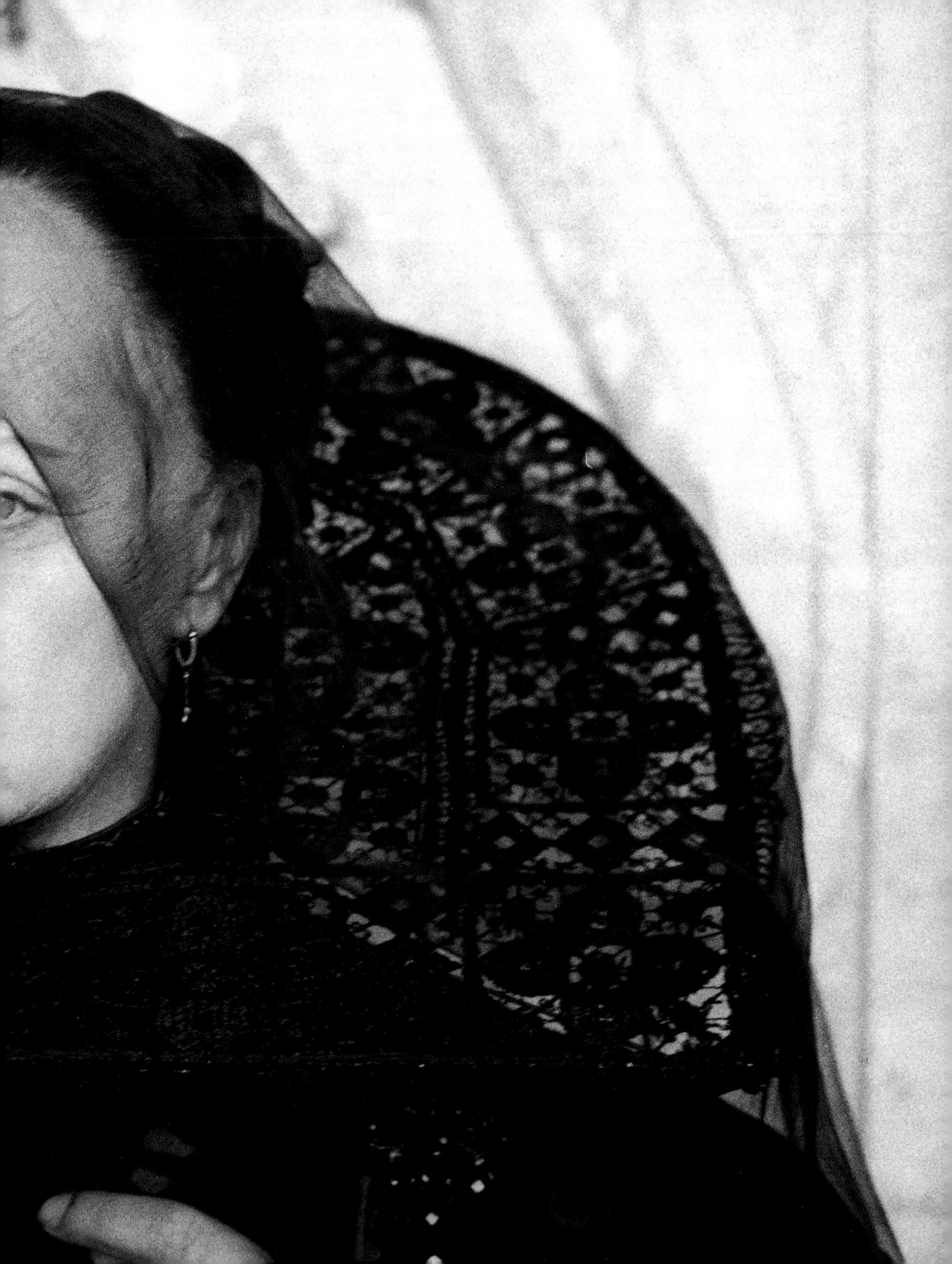

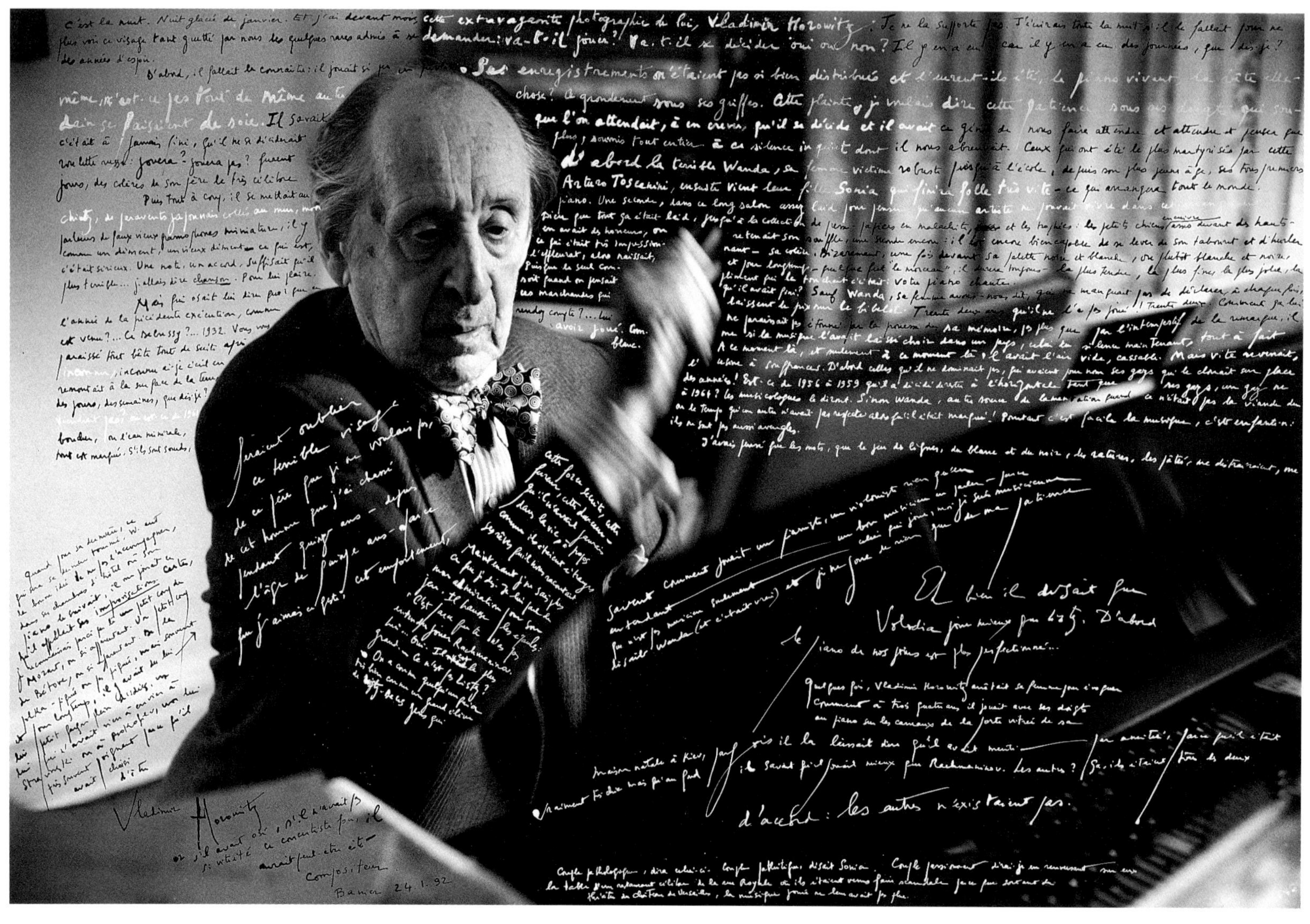

Vladimir Horowitz
24 janvier 1992
photographie écrite
85 x 120 cm
(collection David
Rocksavage)

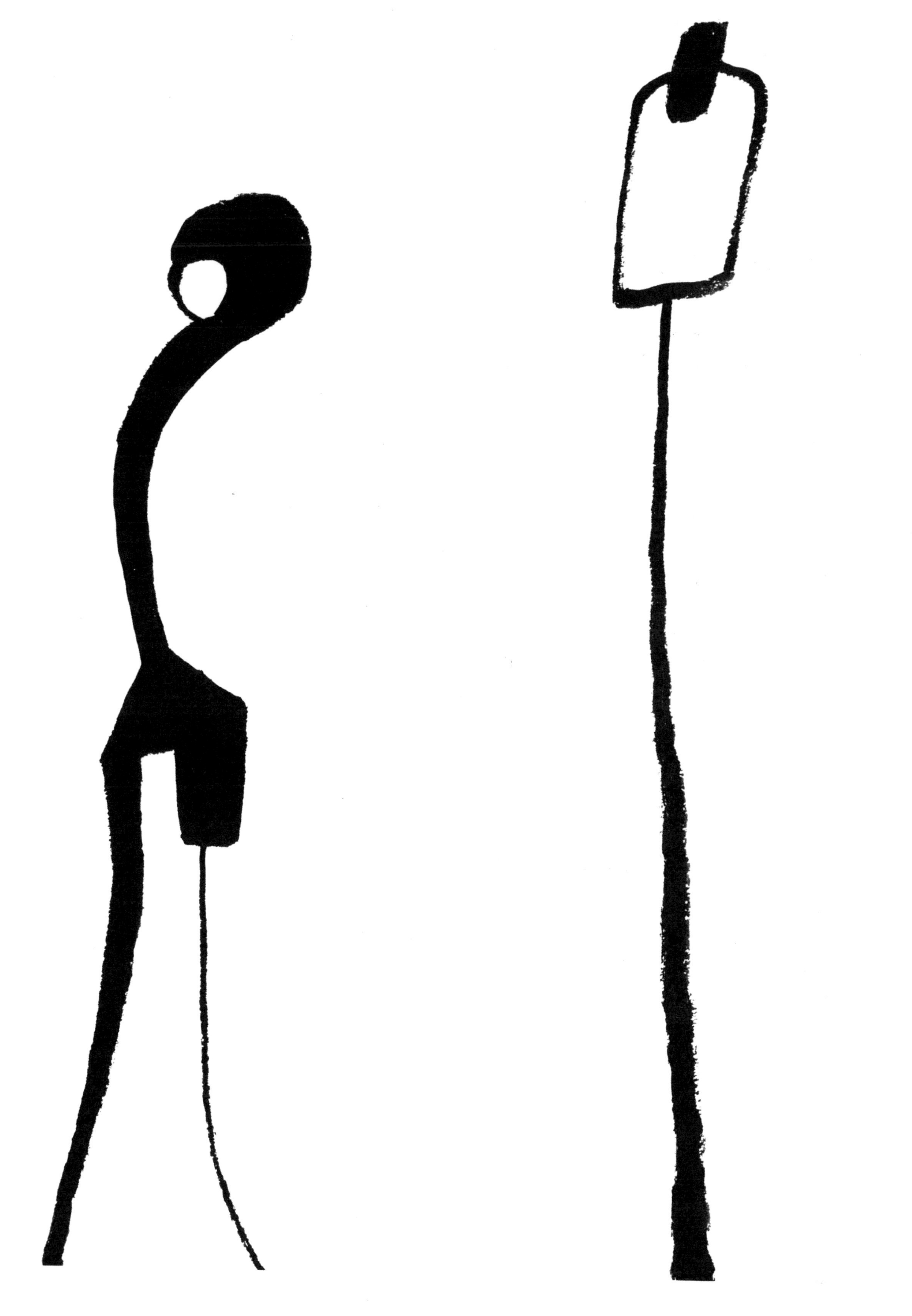

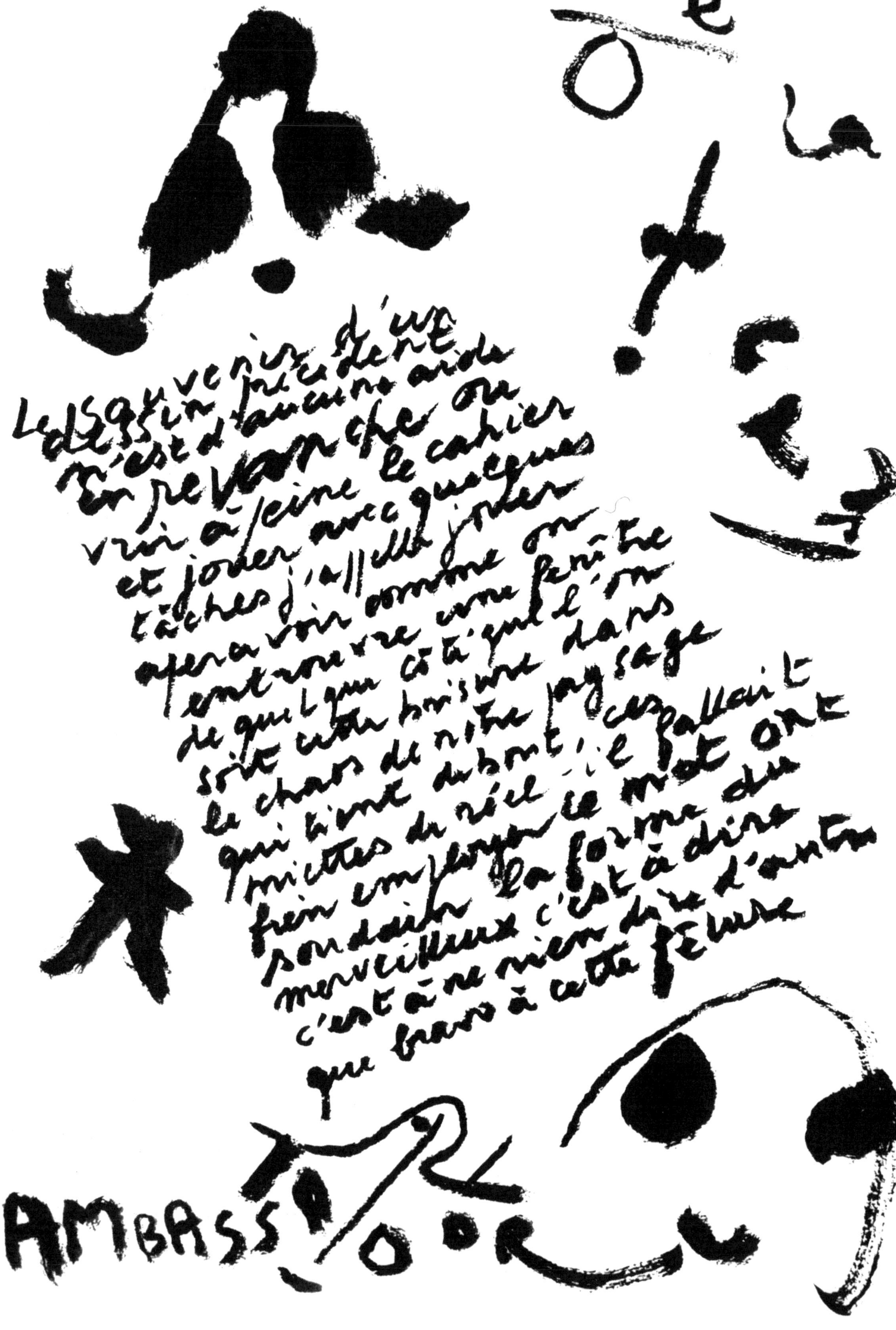

Le dessin vient de ne
m'est d'aucune aide
En revanche ou
vrir à peine le cahier
et jouer avec quelques
tâches j'ai elle pinter
apercevoir comme on
entrouvre une fenêtre
de quelqu côté qu'il on
soit cette brisure dans
le chaos de notre paysage
qui tient debout il ça pallait
miettes du réel ce mot
fein employon ce mot ONE
soudain la forme du
merveilleux c'est à dire
c'est à ne rien dire d'autre
que france à cette fêlure

AMBASS

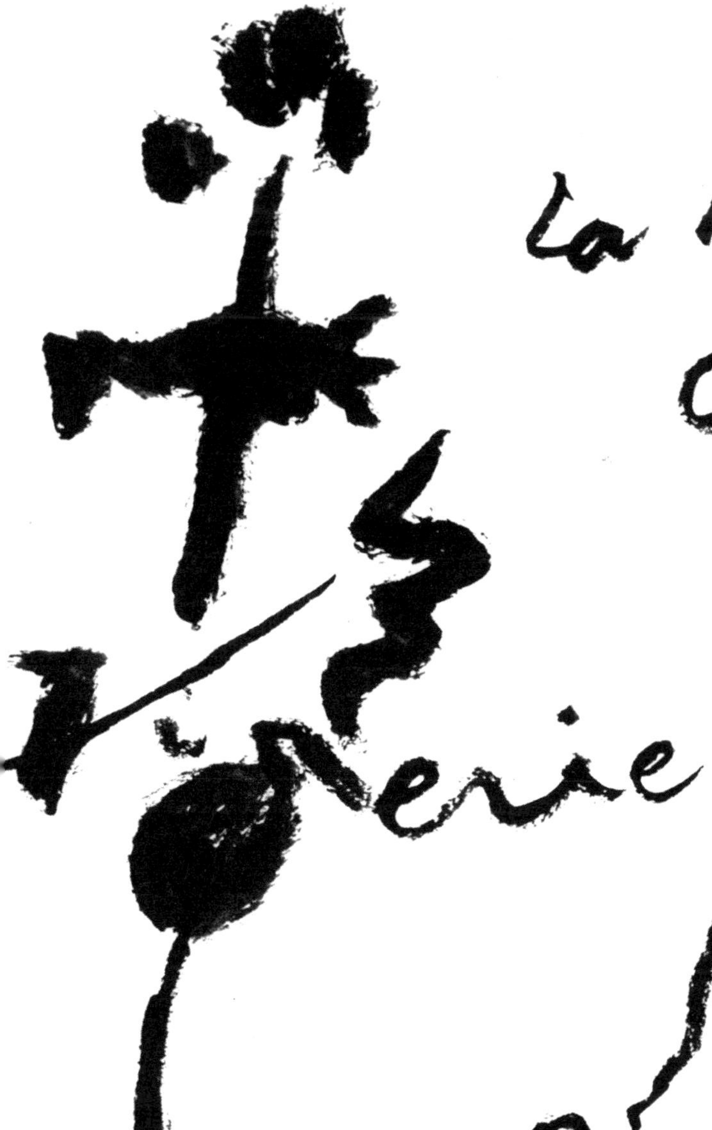

La Mondialisation
du
Corps Humain

...erie

le grand P.D.G
de la
SASSOR
united X

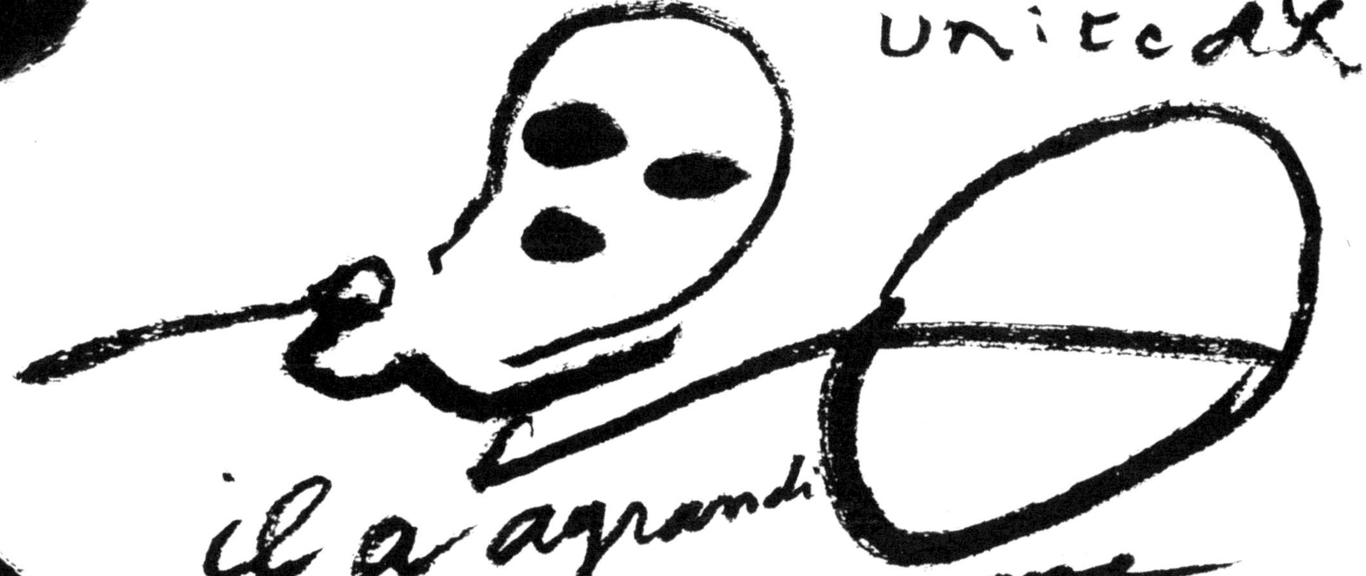

il a agrandi
sa main comme
son affaire. Certes il
n'a plus de doigt mais
uni avec tous les doigts
avec lesquels il a fusionné
quel bagage cte main

or
ne dit
pas ce
qu'ils
font
Banier
25.9.99

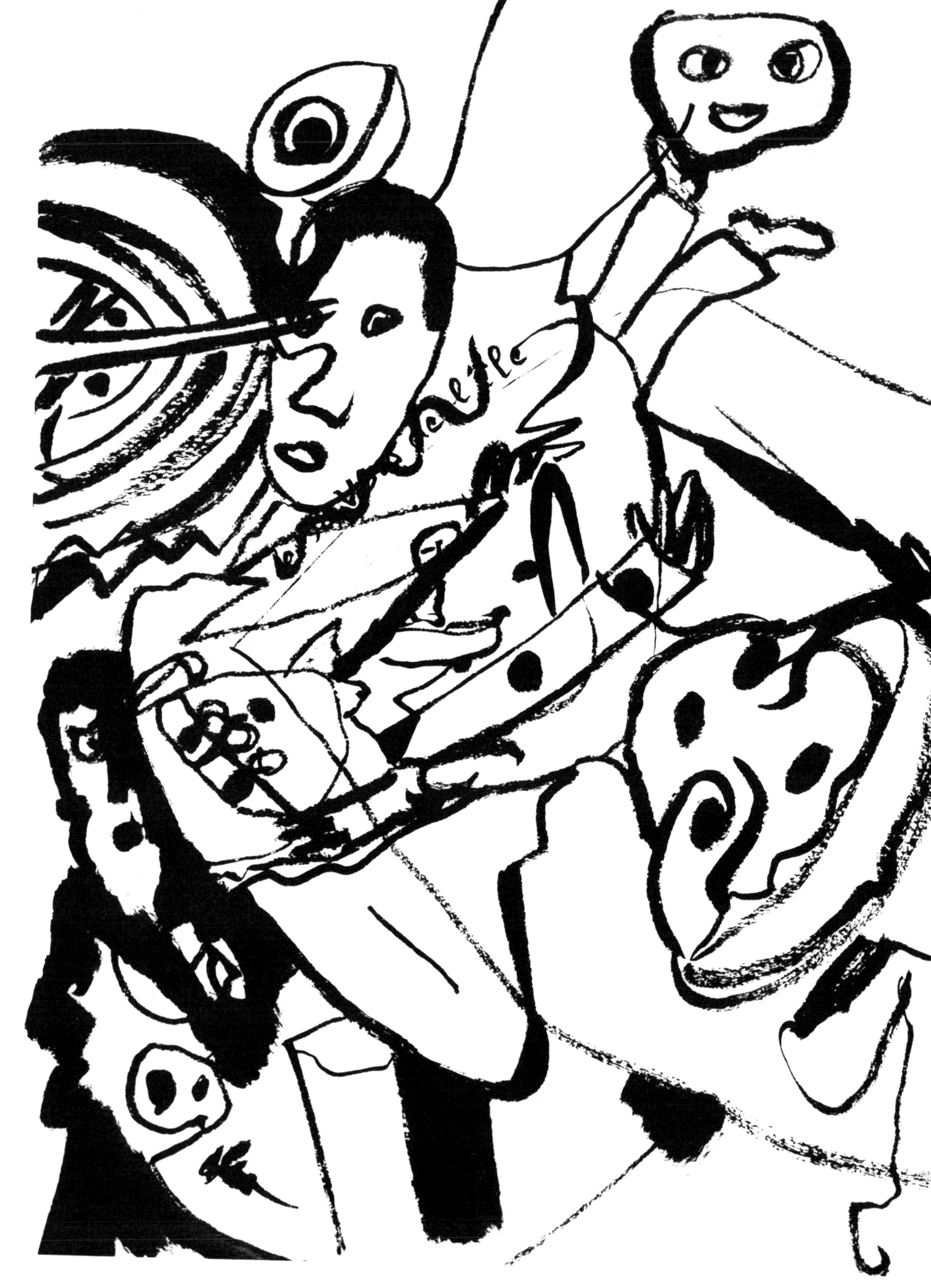

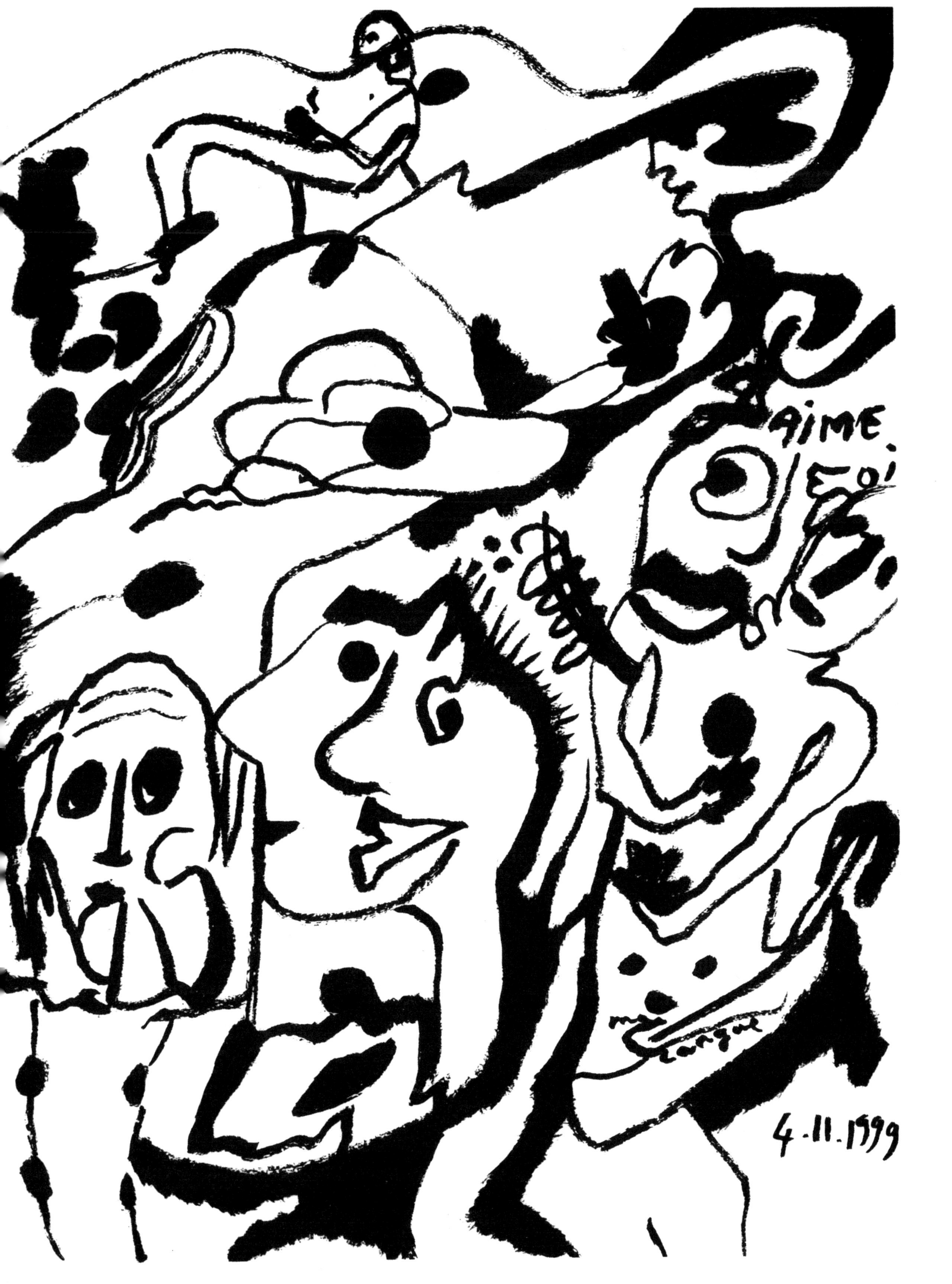
aime
toi
4.11.1999

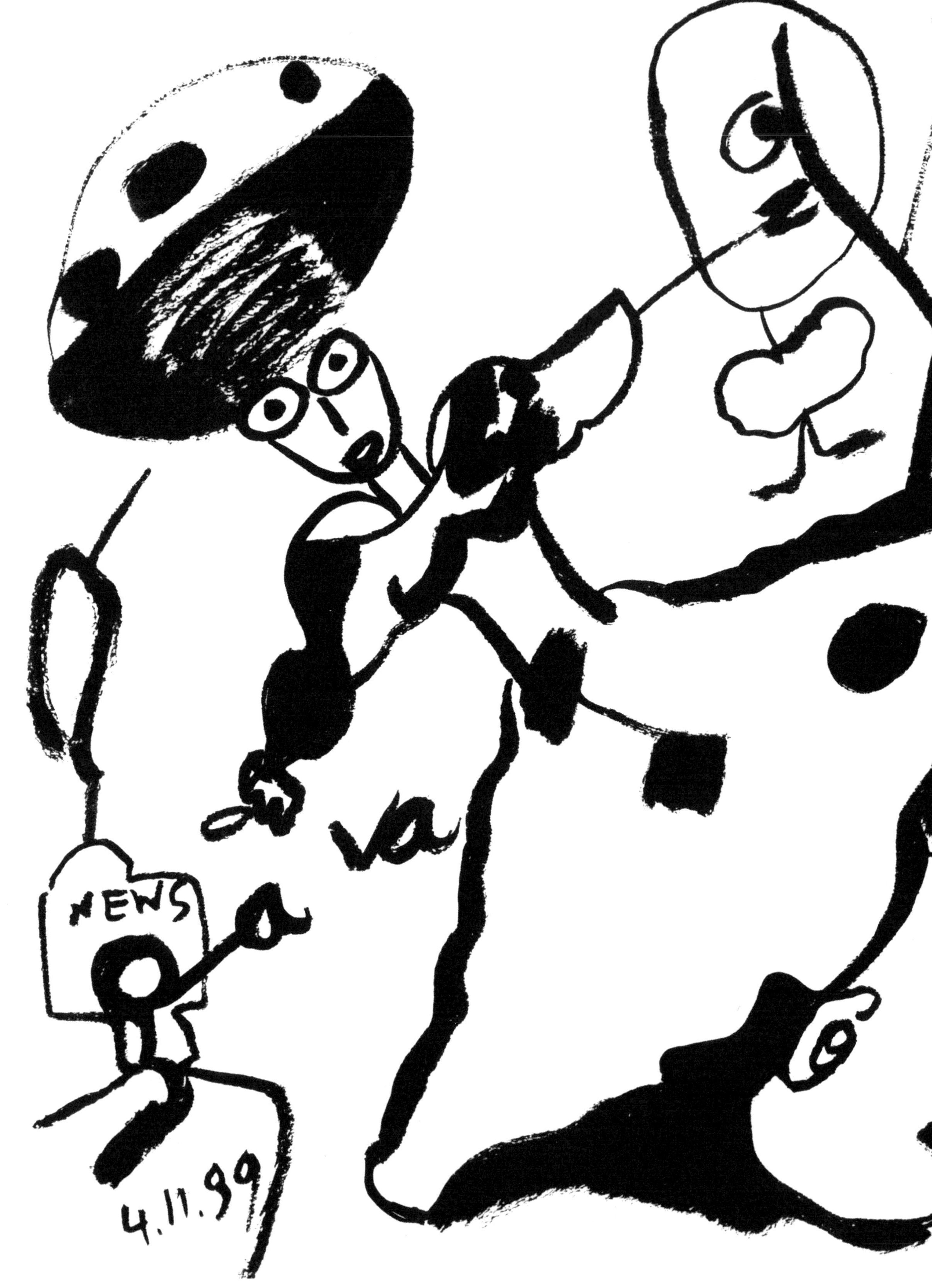

NEWS
va
a
4.11.99

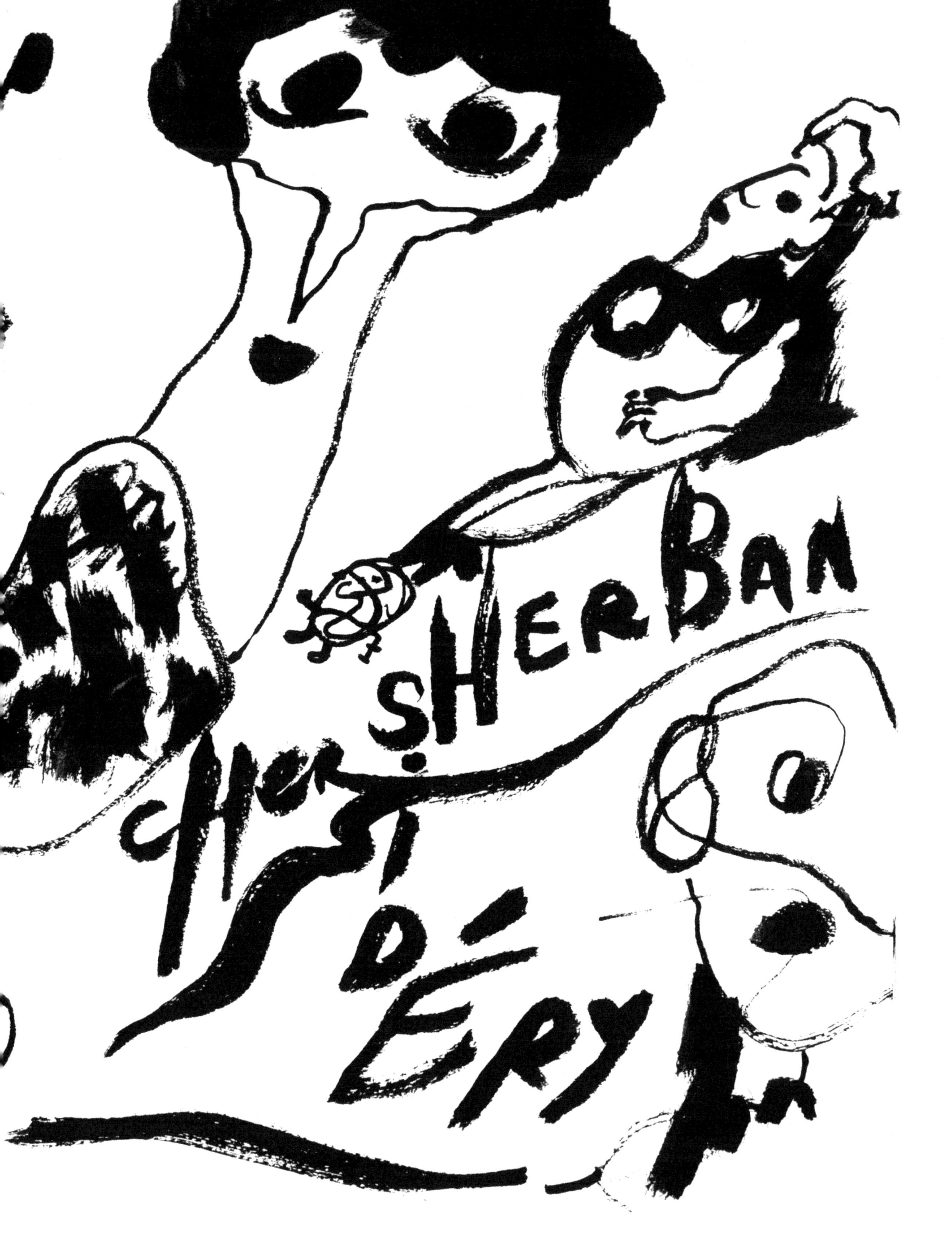

SHERBAN
CHERI
DÉRY

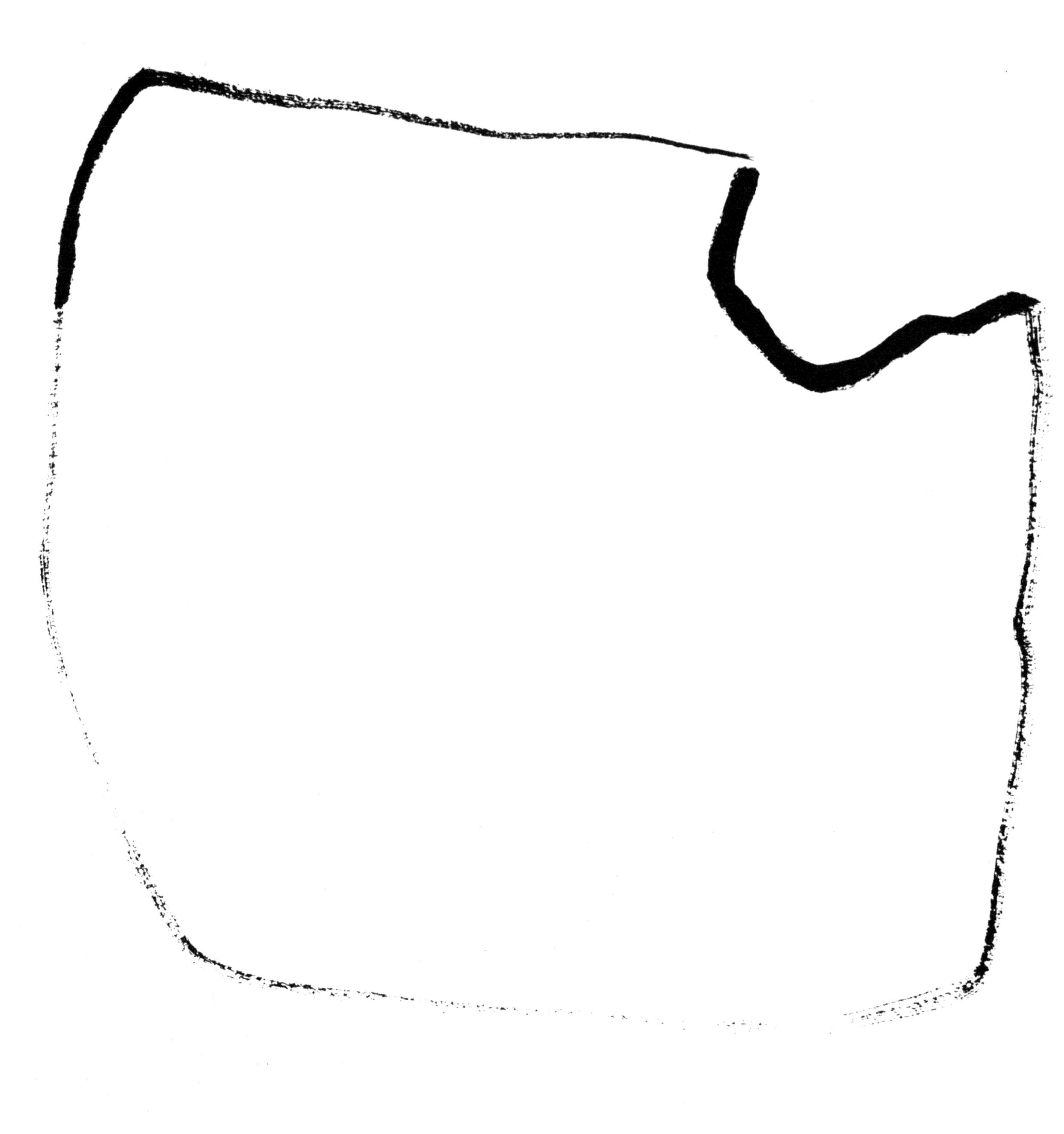

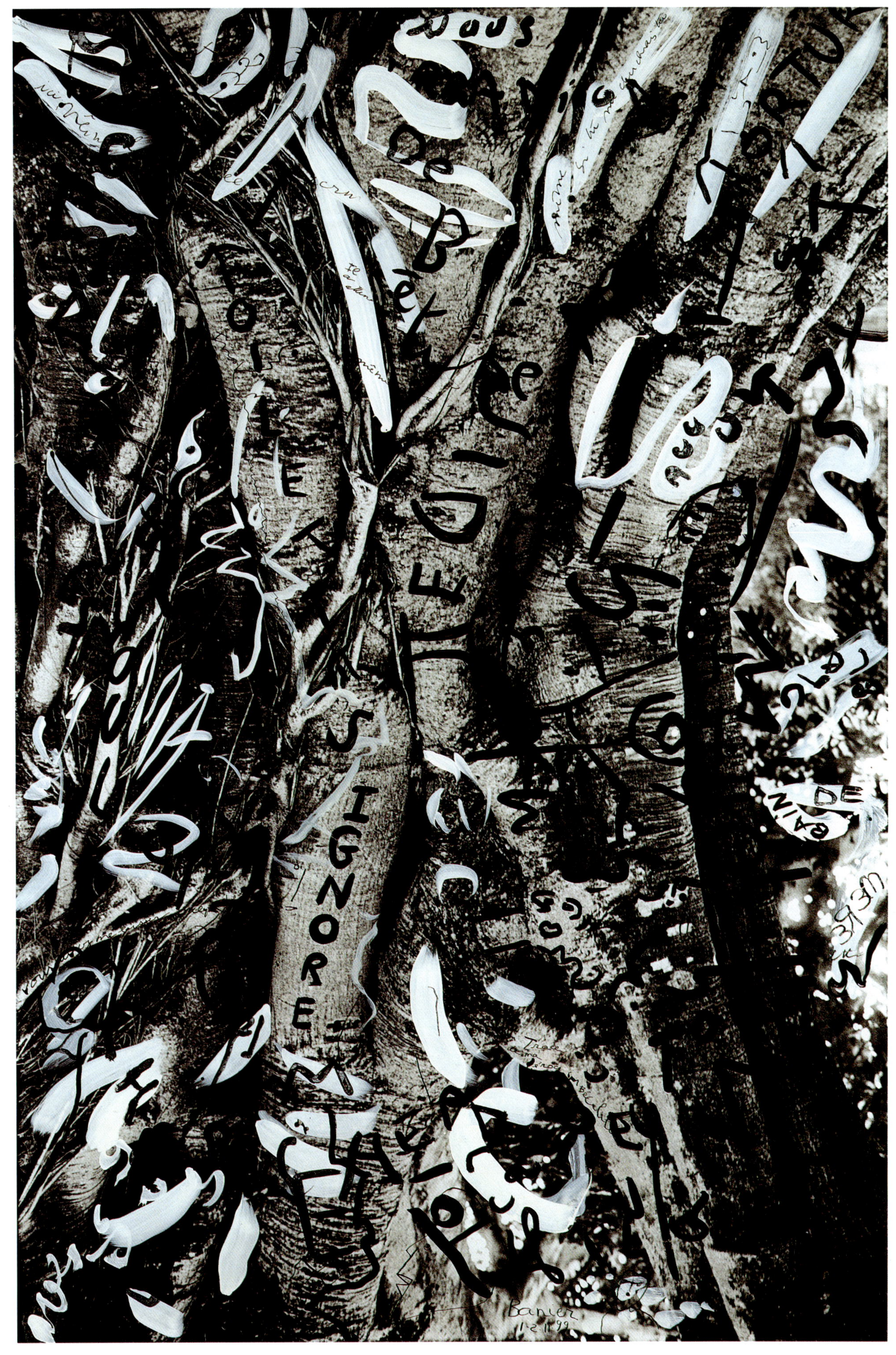

Tronc d'arbre
photographie peinte,
160 x 110 cm

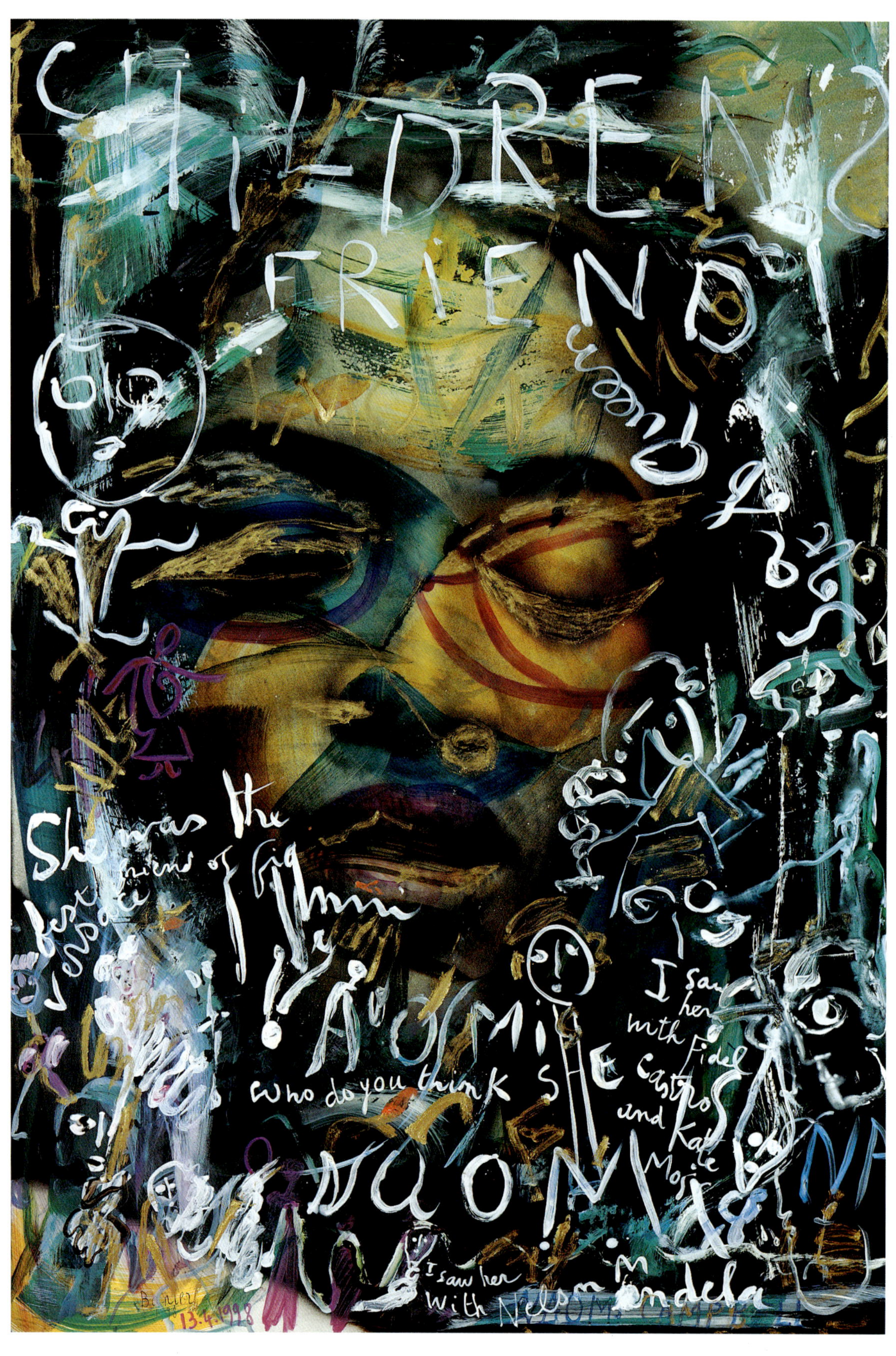

Naomi Campbell 1
avril 1998
photographie peinte
160 x 110 cm

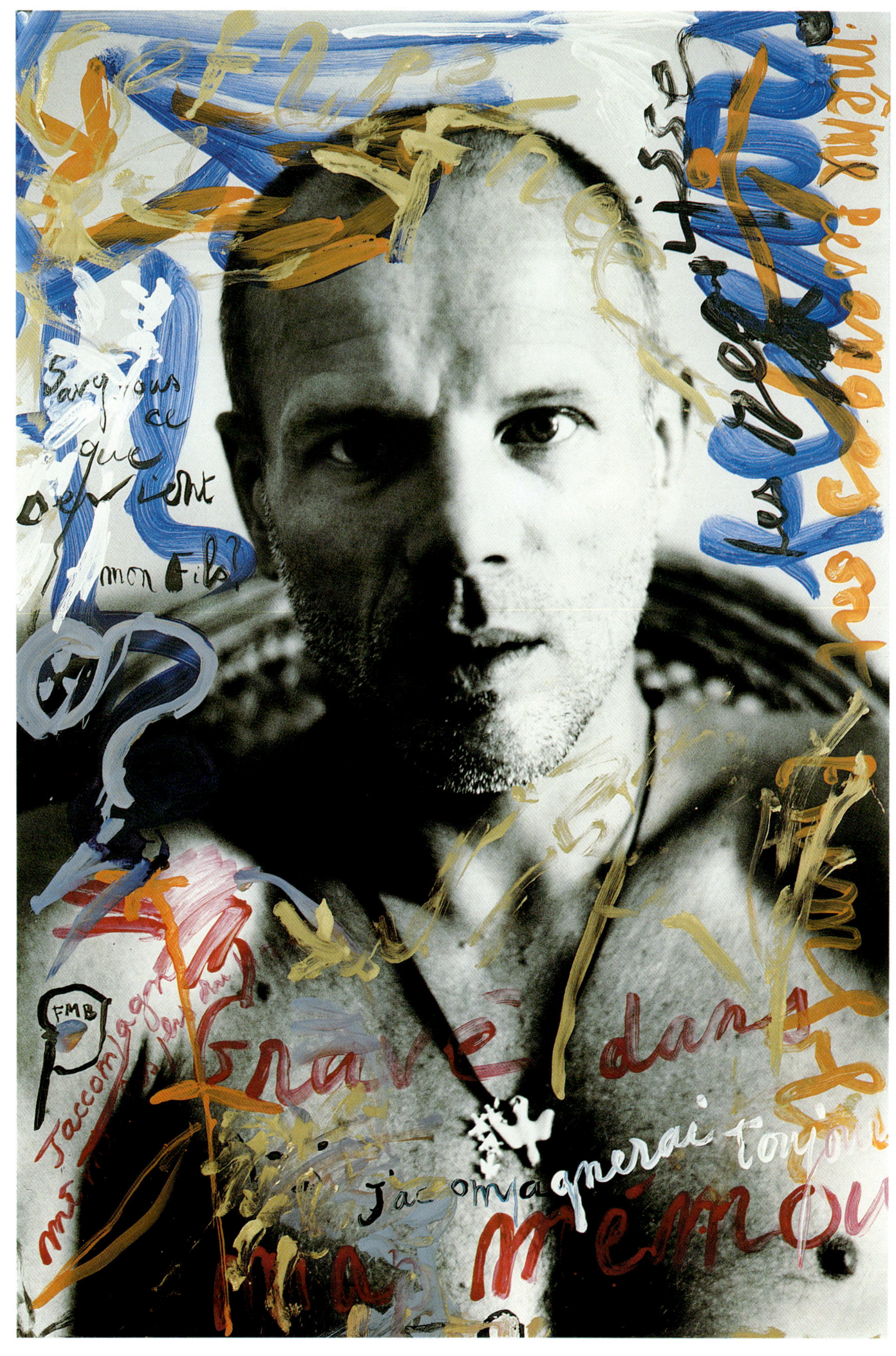

Pascal Greggory I
avril 1998
photographie peinte
160 x 110 cm

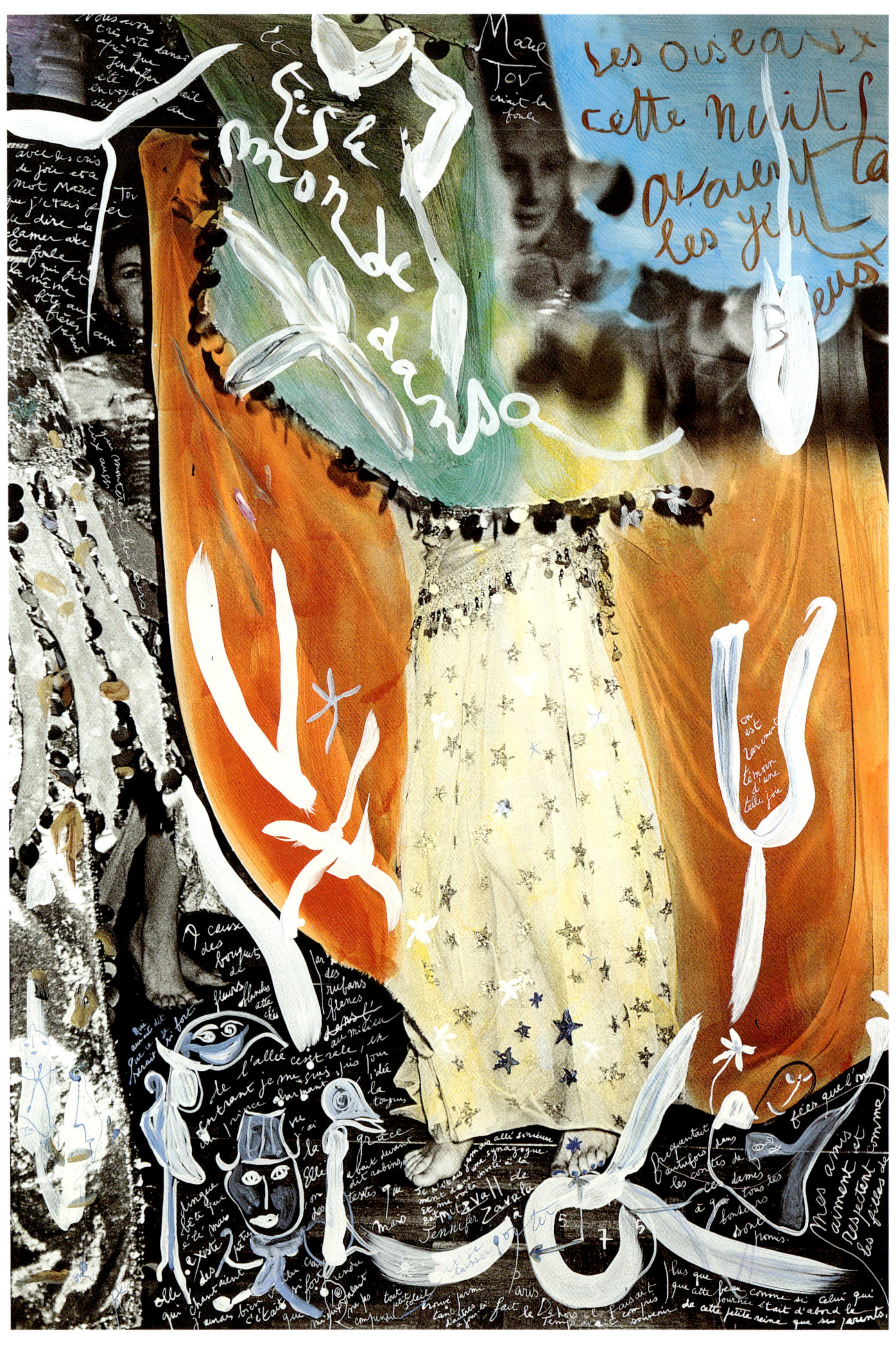

Jennifer Zavala
mars 1998
photographie peinte
160 x 110 cm

Rue Royale
Paris, septembre 1997
photographie peinte
160 x 110 cm

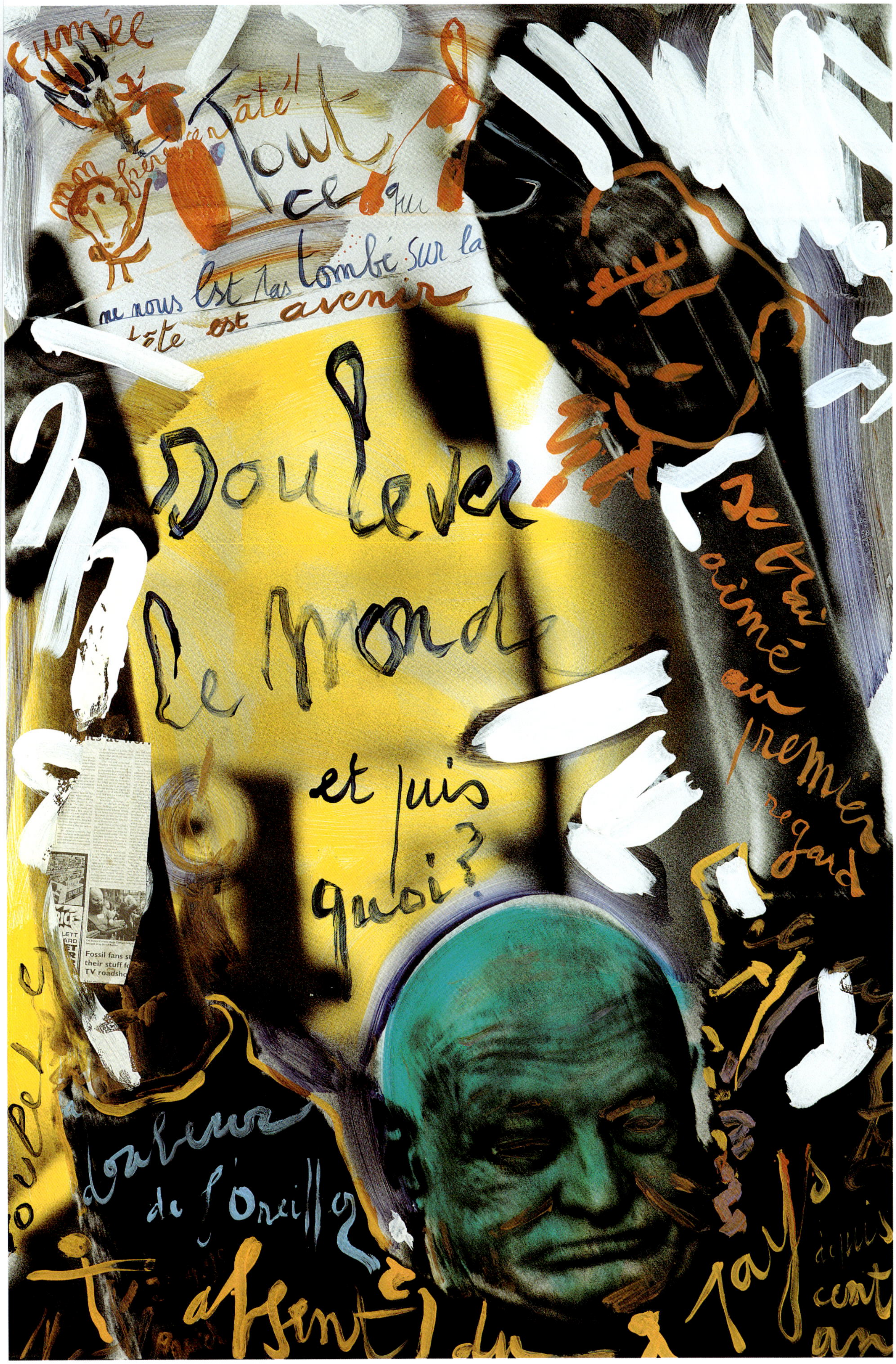
Fumée
Tout ce qui
Soulever
le monde
et puis
quoi?
aimé au premier regard
douleur de l'oreille
absent du pays
depuis cent ans

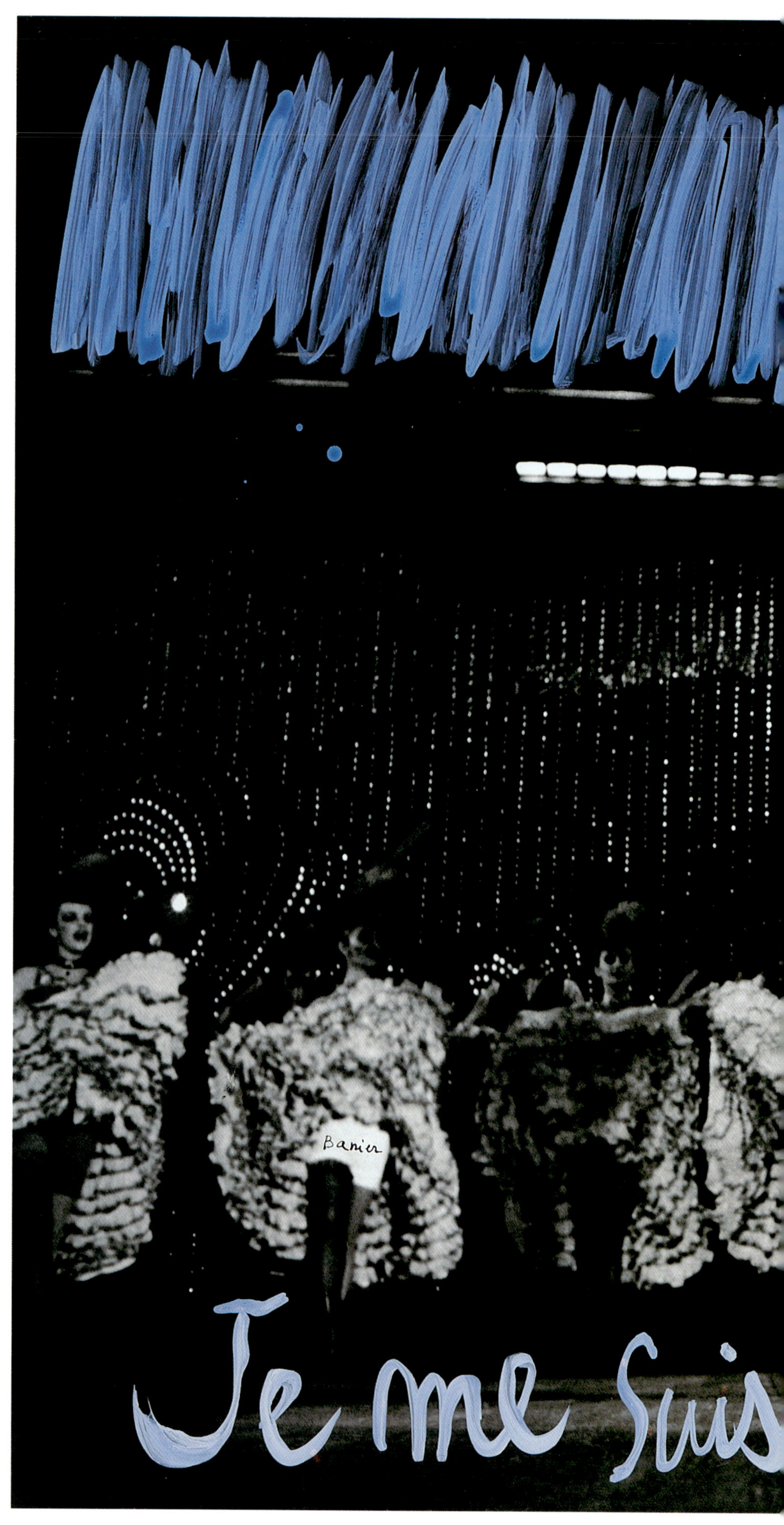

Moulin Rouge I
octobre 1997
photographie peinte
110 x 160
(collection privée)

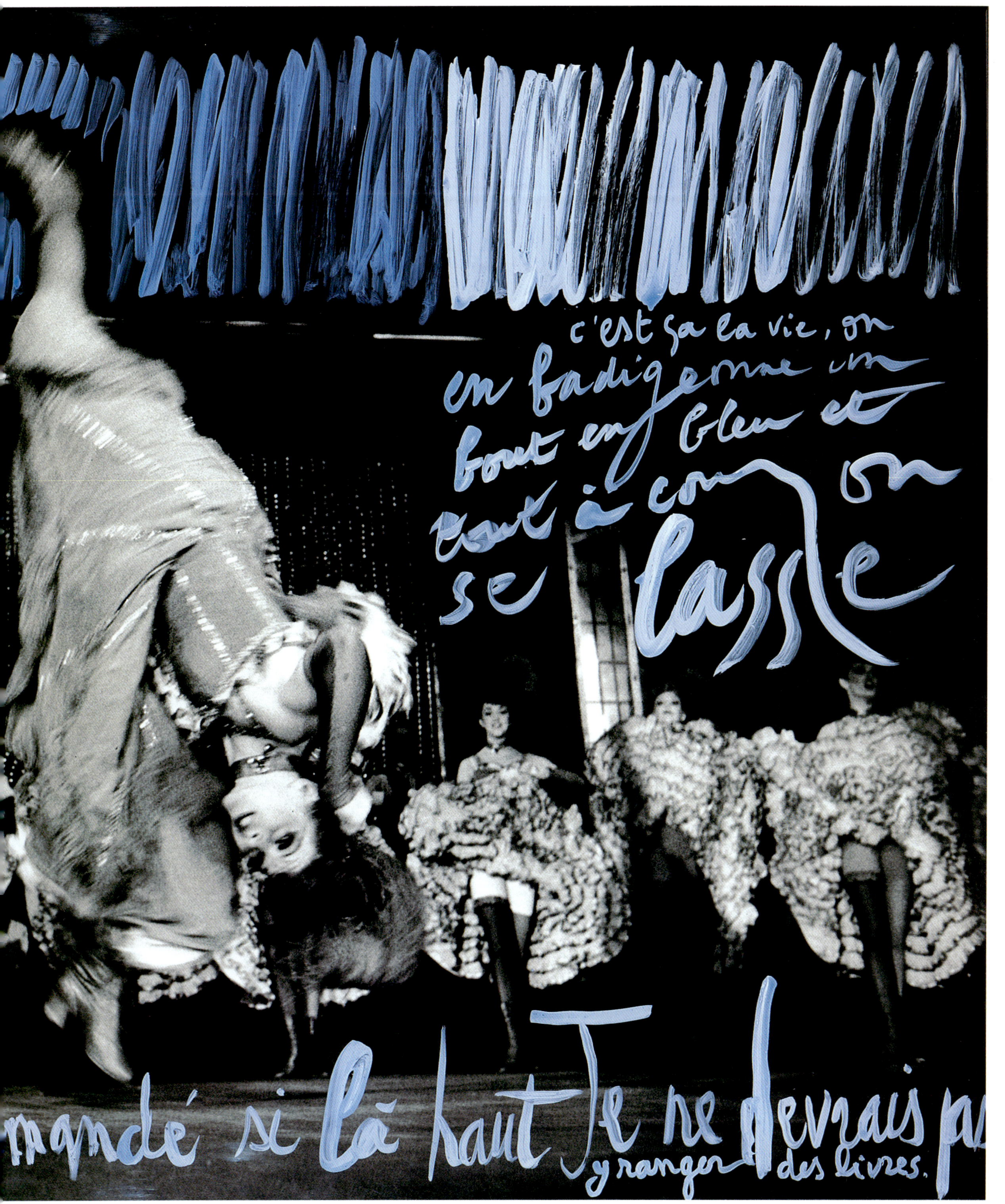

c'est ça la vie, on
en badigeonne un
bout en bleu et
tout à coup on
se lasse
...mandé si là haut Je ne devrais pa...
y ranger des livres.

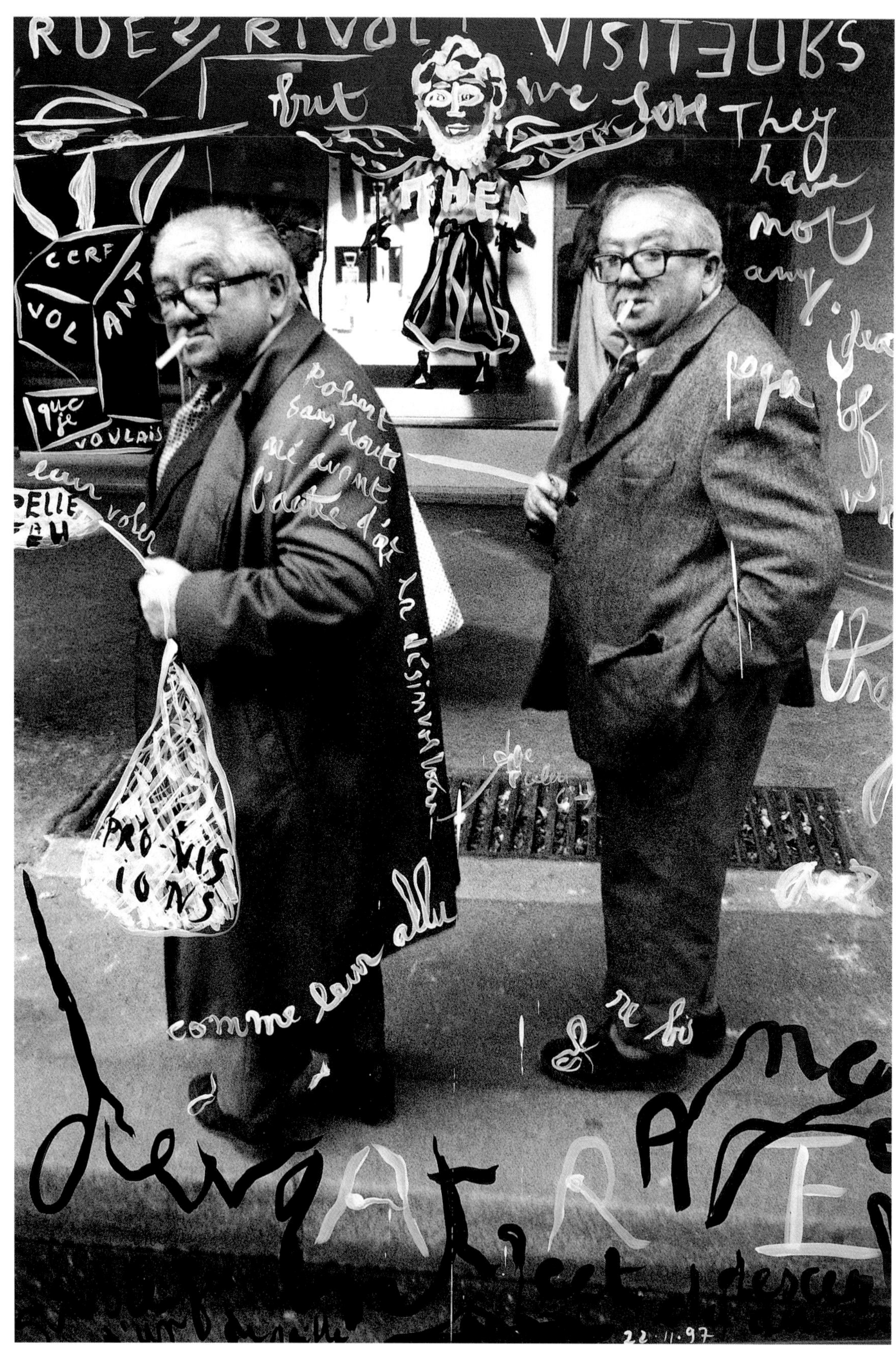

Les Jumeaux
novembre 1997
photographie peinte
160 x 110 cm
(collection de l'artiste)

Ne lui faites pas de mâle
avril 1998
photographie peinte
160 x 110 cm
(collection privée)

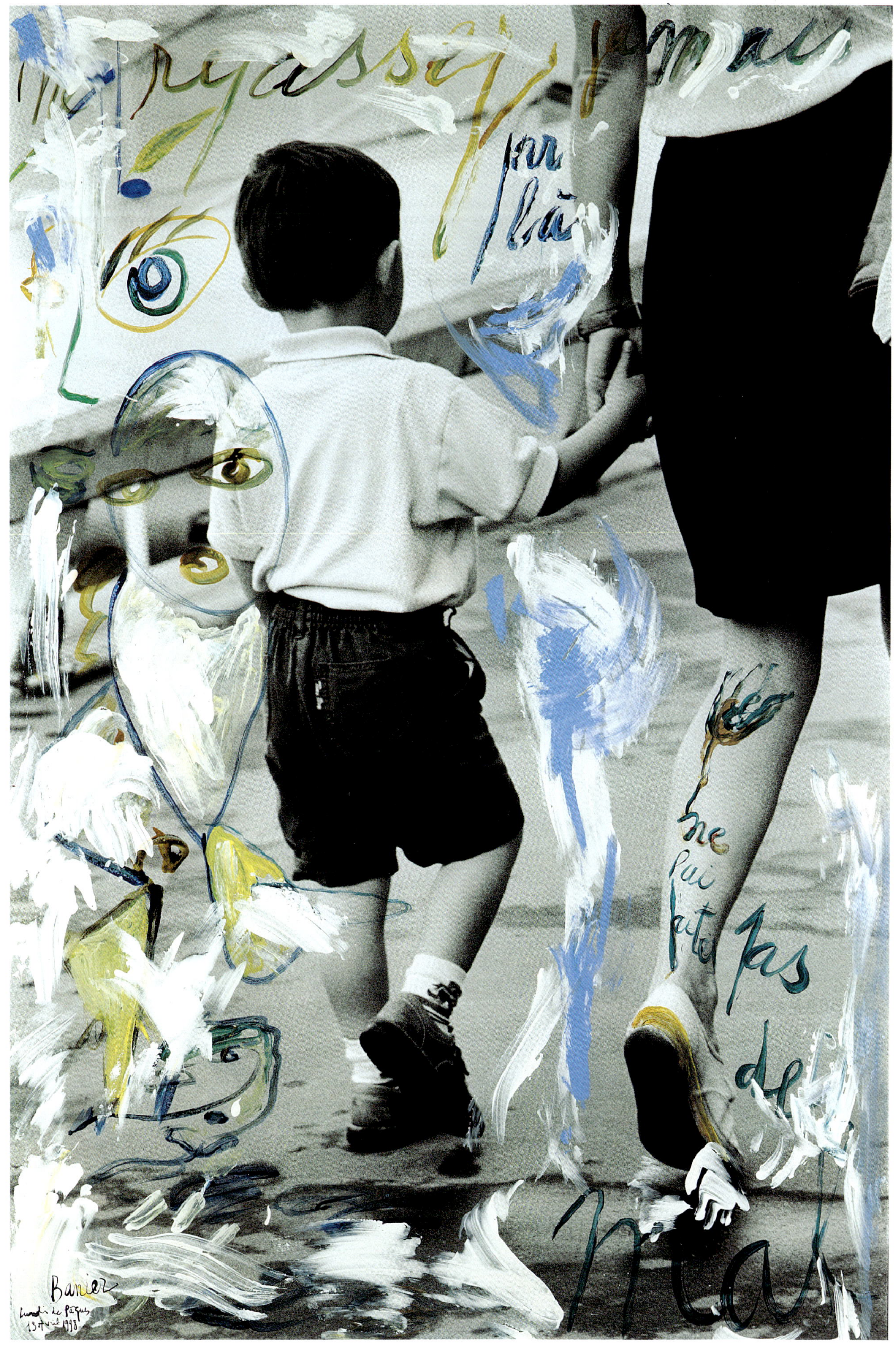

Banier
lundi de Pâques
13 Avril 1998

Tango I
février 1998
photographie peinte
160 x 110 cm

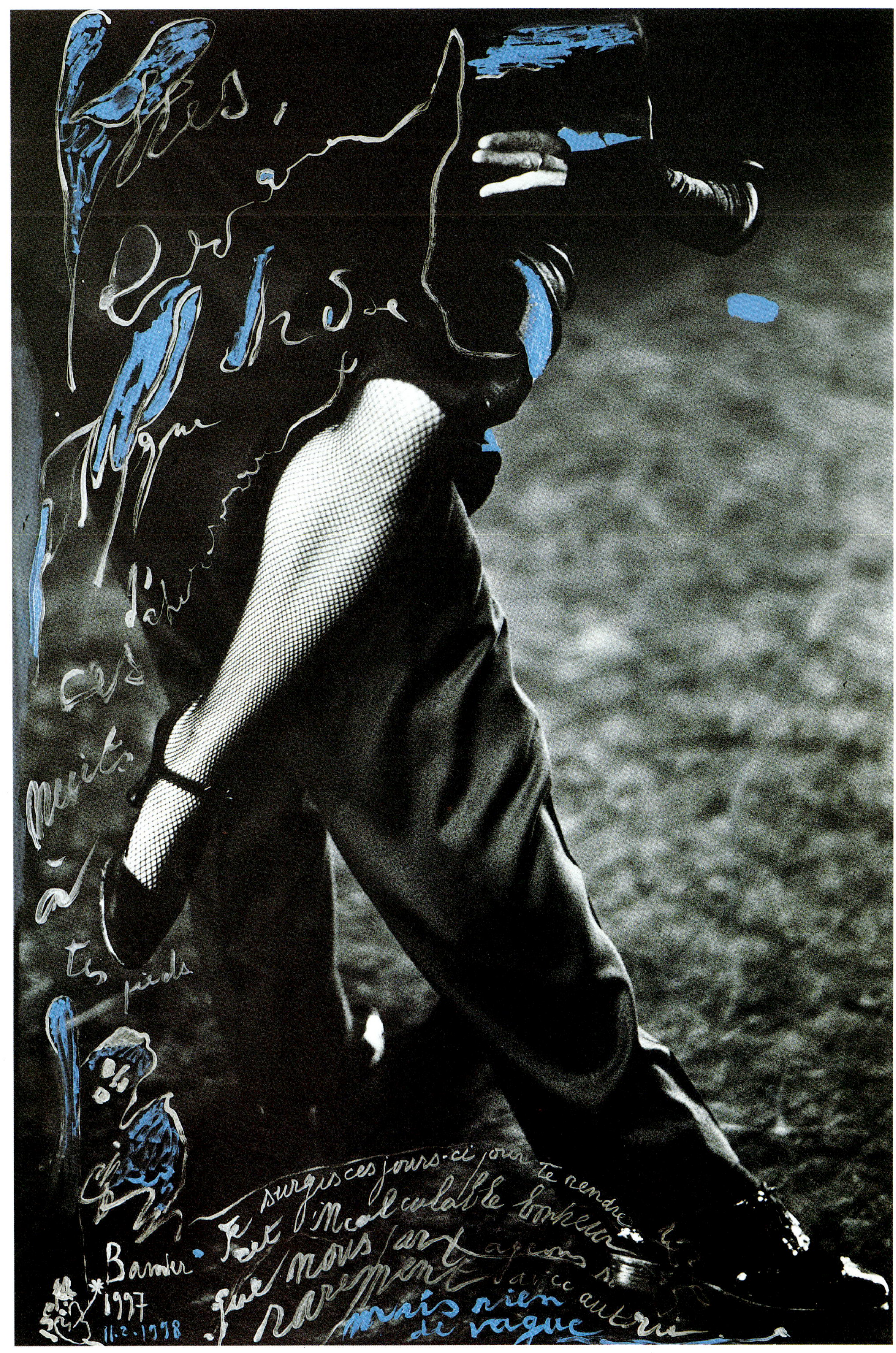

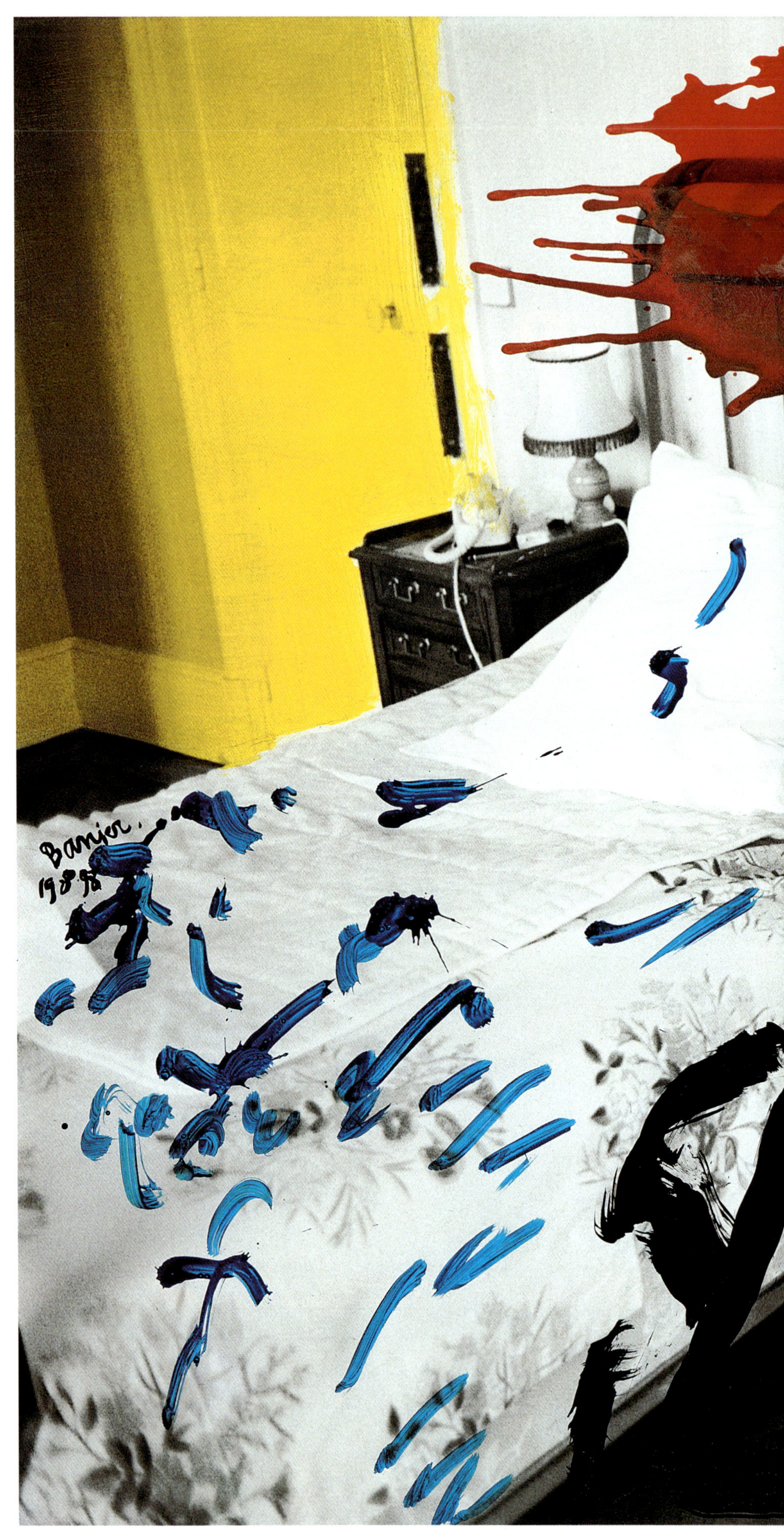

Yves Saint-Laurent
photographie peinte
110 x 160 cm

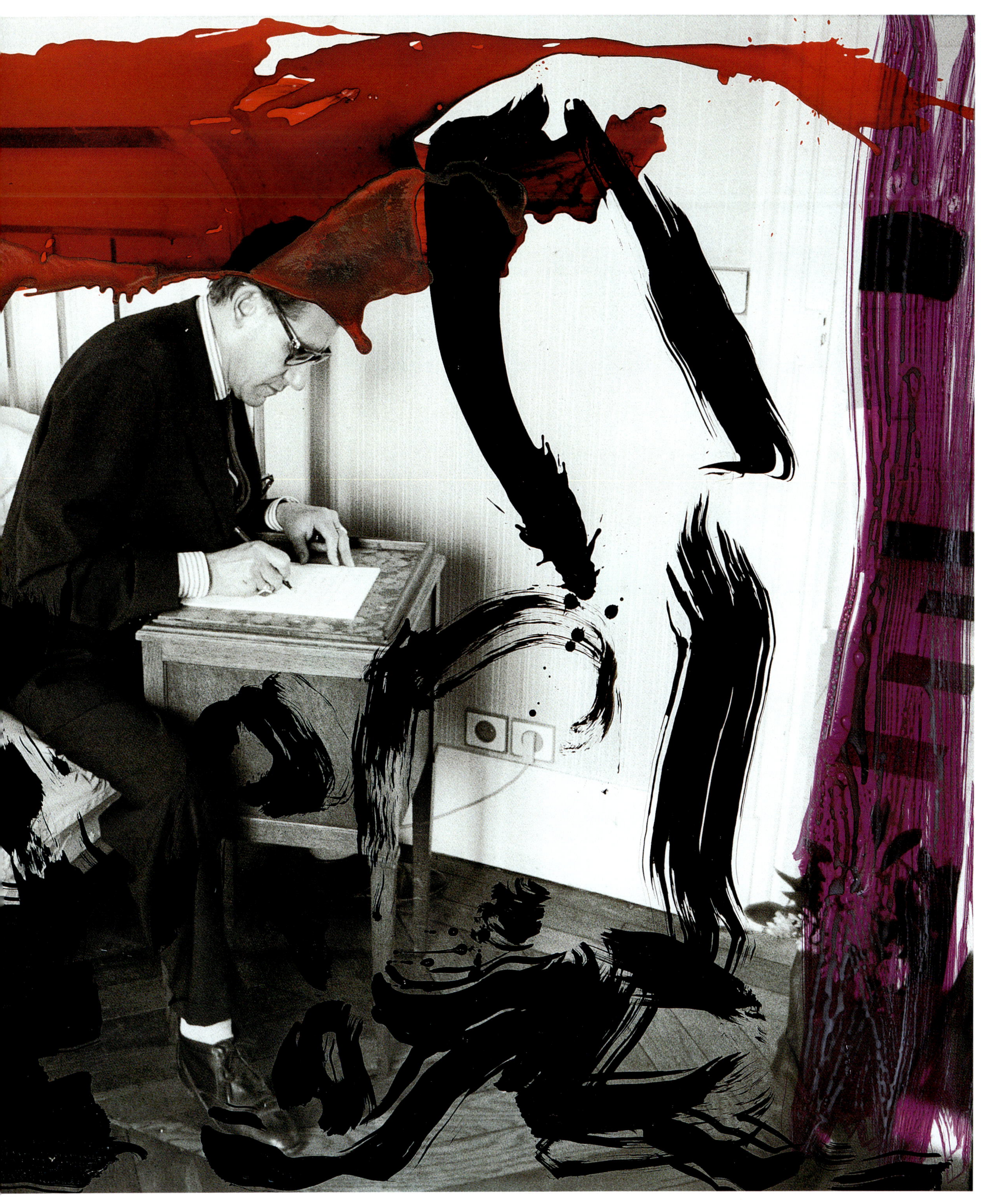

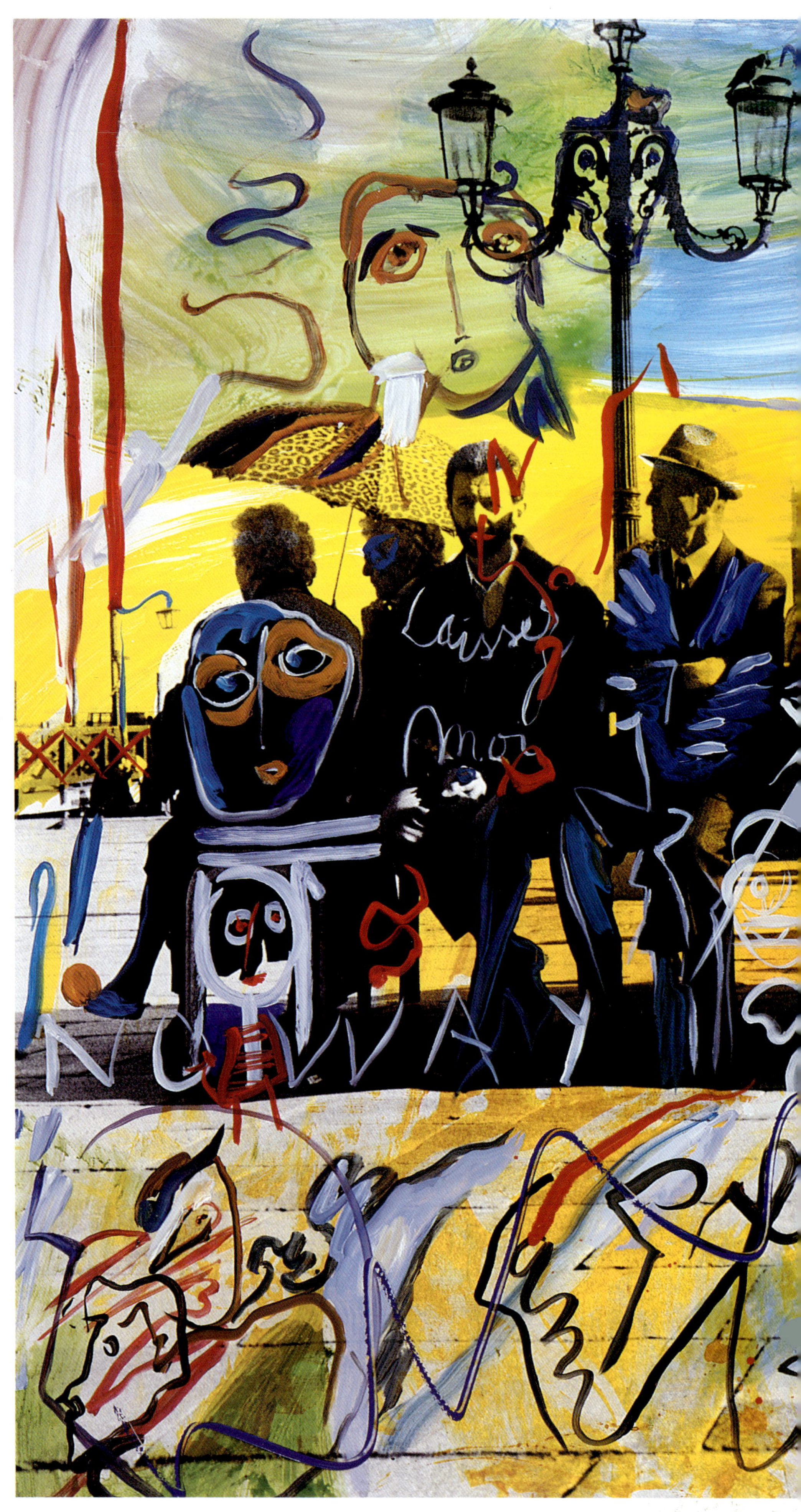

La figure derrière le lampadaire
1999
photographie peinte
110 x 160 cm

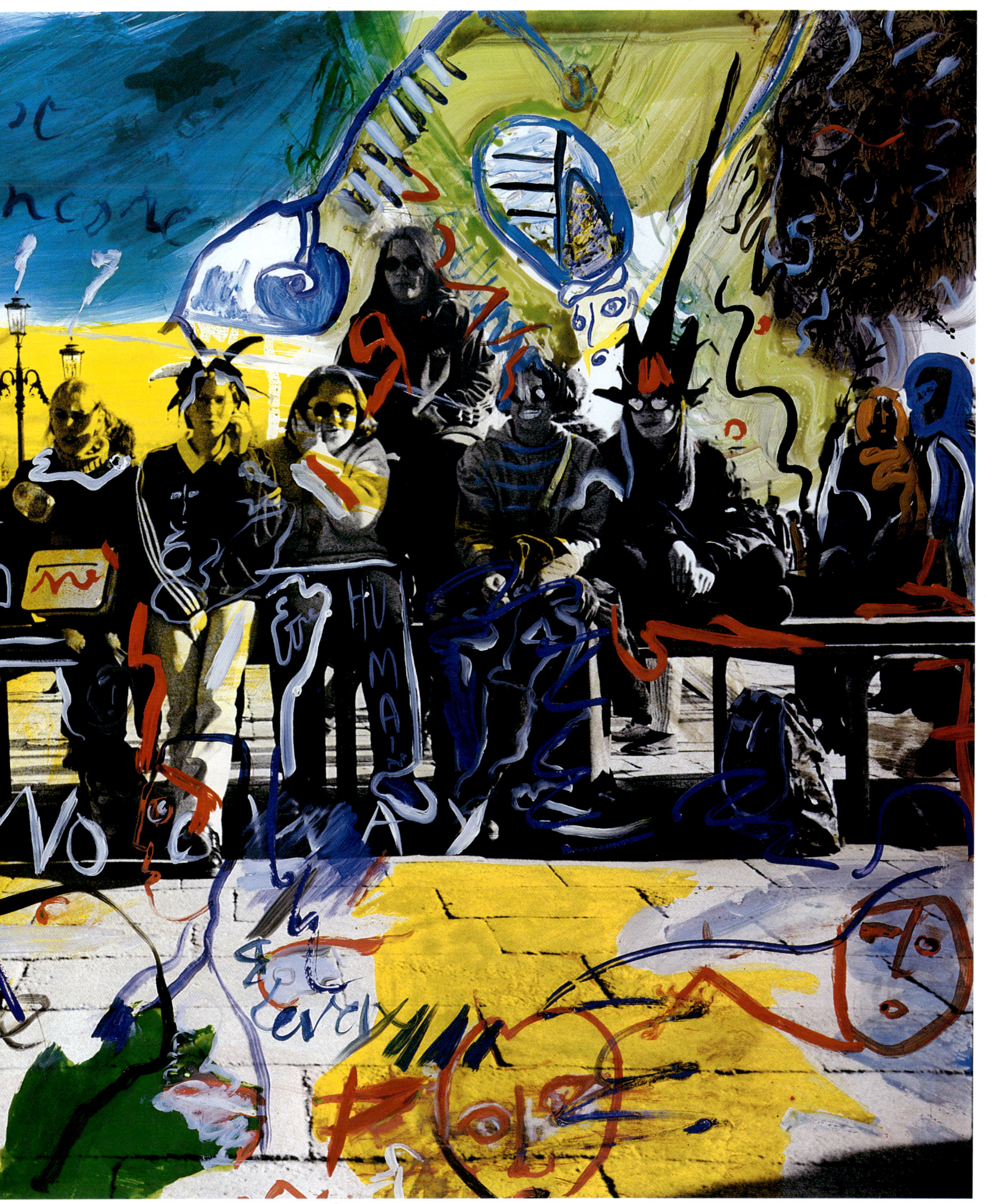

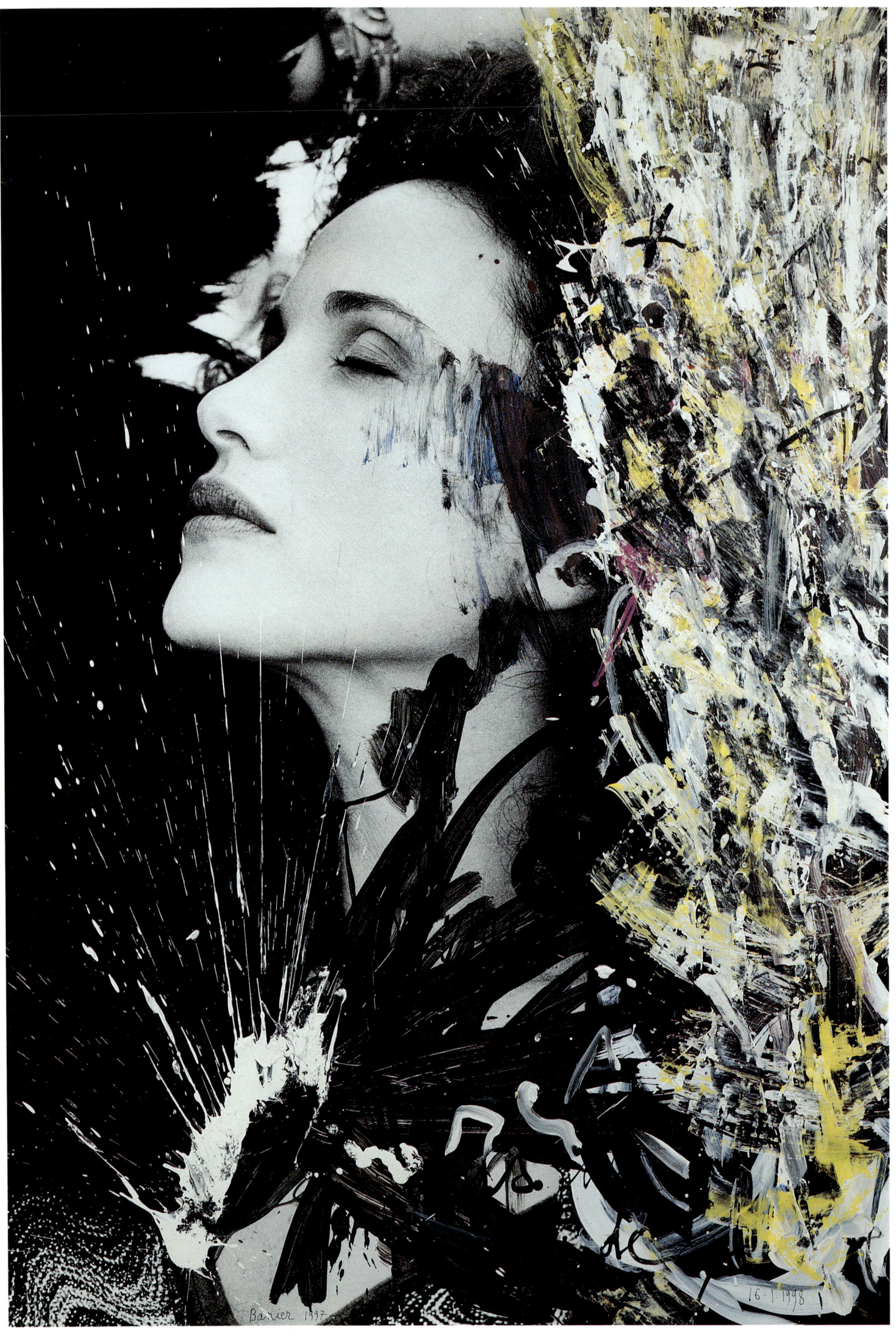
Barier 1997
16.1.1998

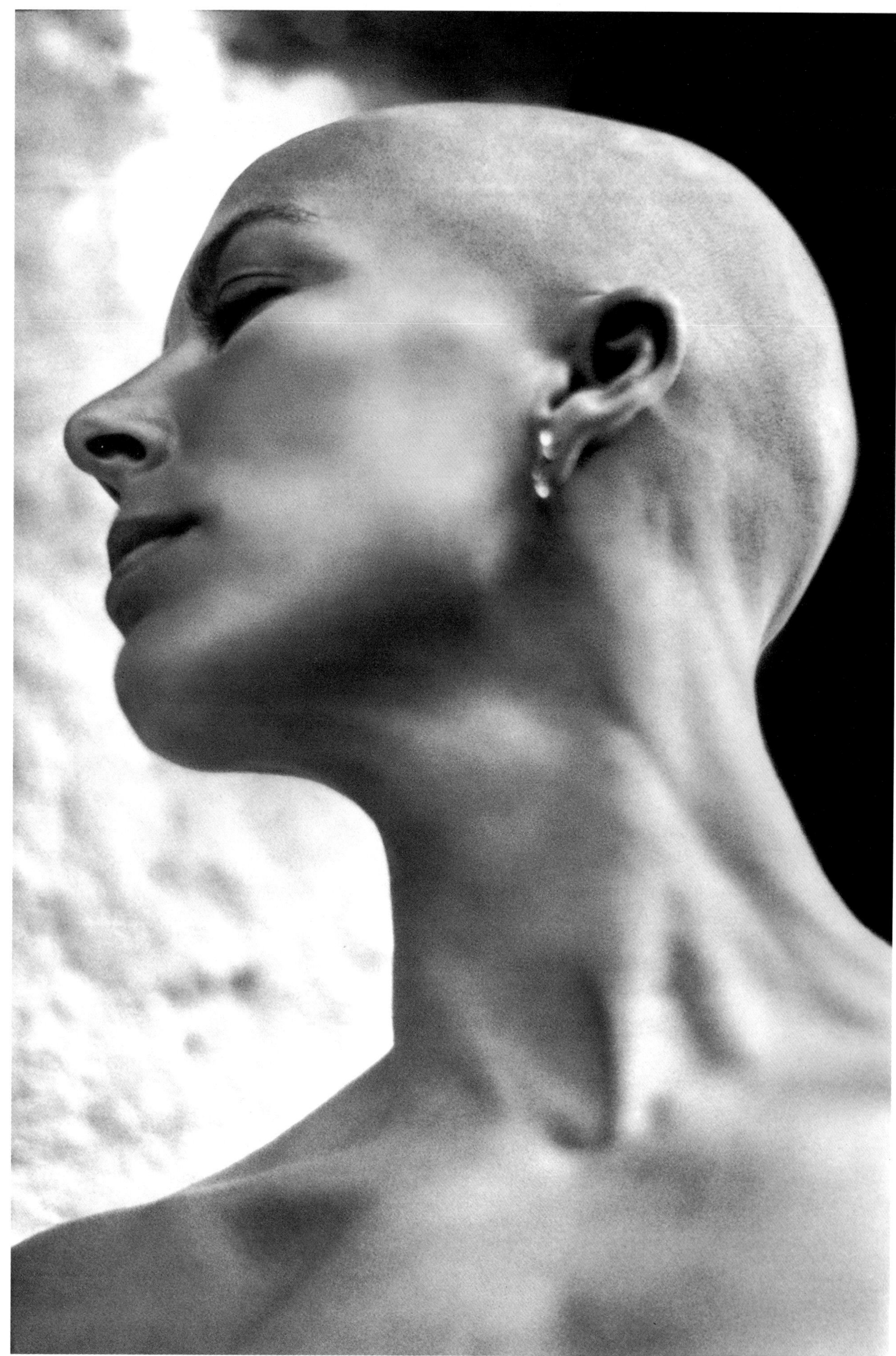

Andie Mac Dowell
photographie peinte
160 x 110 cm

**La Princesse
Caroline de Monaco**
Saint-Rémy
septembre 1996
photographie
160 x 110 cm

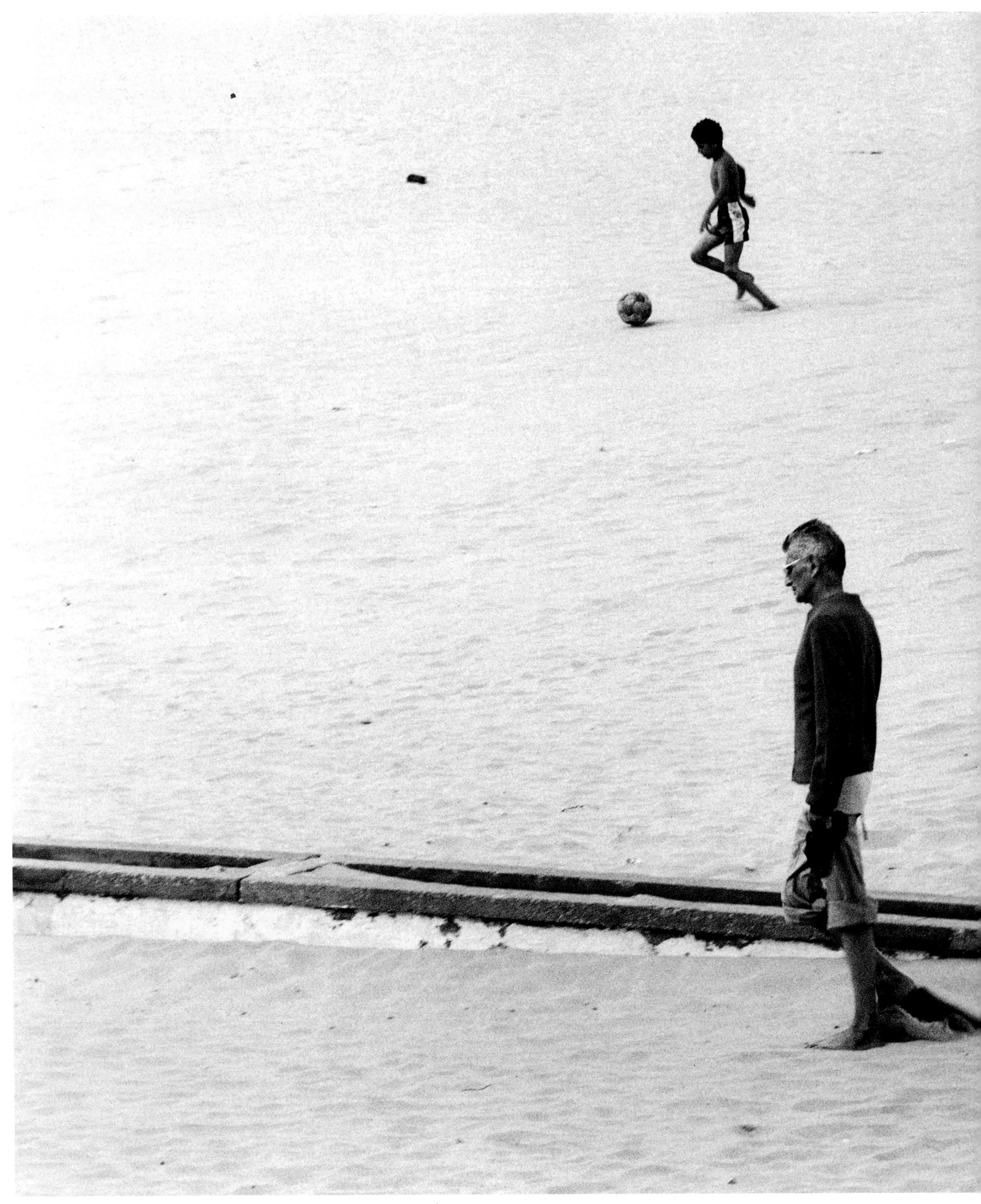

Samuel Beckett
Tanger, août 1978
photographie
110 x 160 cm

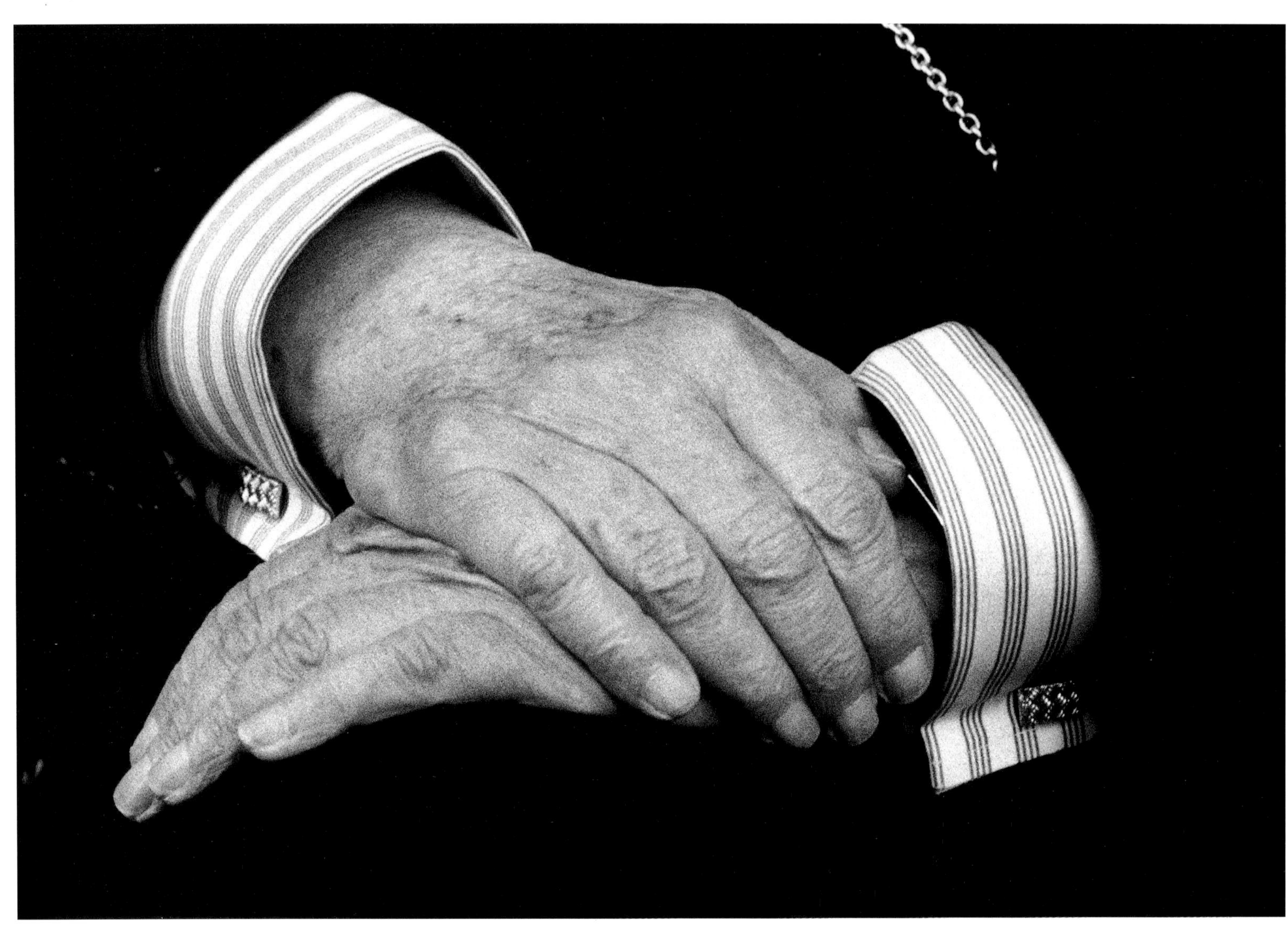

Vladimir Horowitz
mains
photographie

Vladimir Horowitz
Steinway Hall, New
York 1985

84

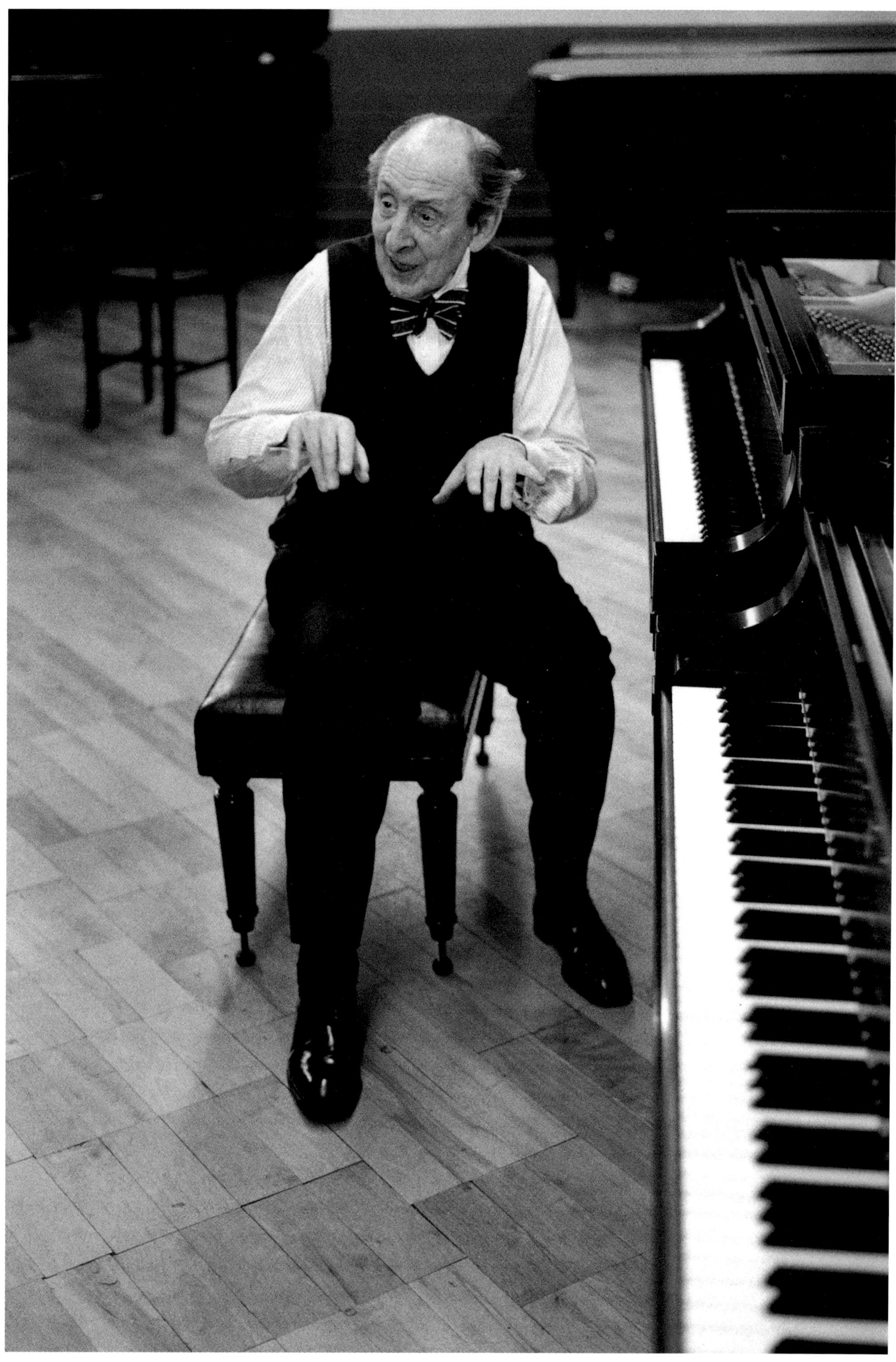

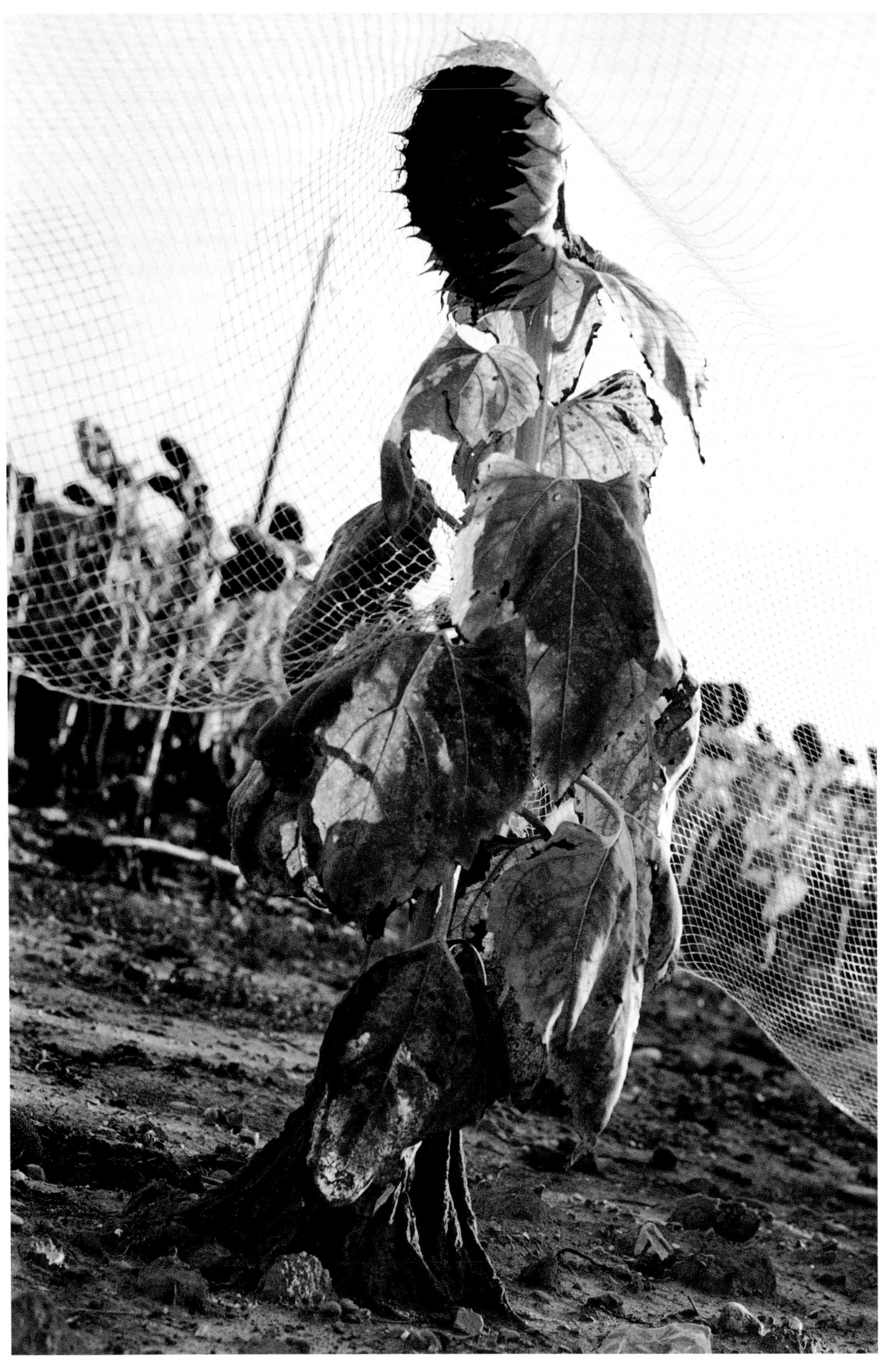

Haute couture
été 1999 pour le
Figaro Madame
Paris, février 1999
photographie
160 x 110 cm

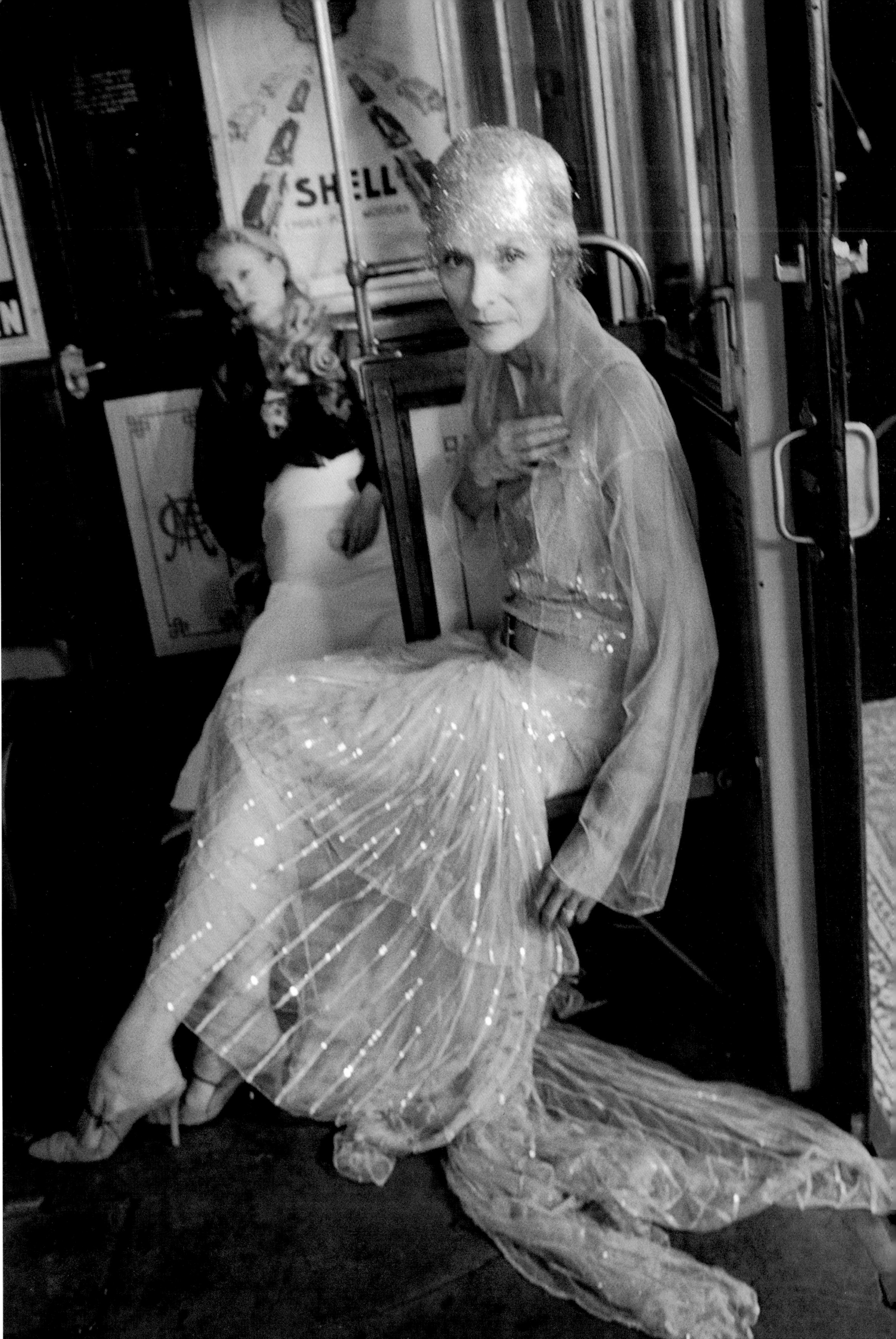
SHELL

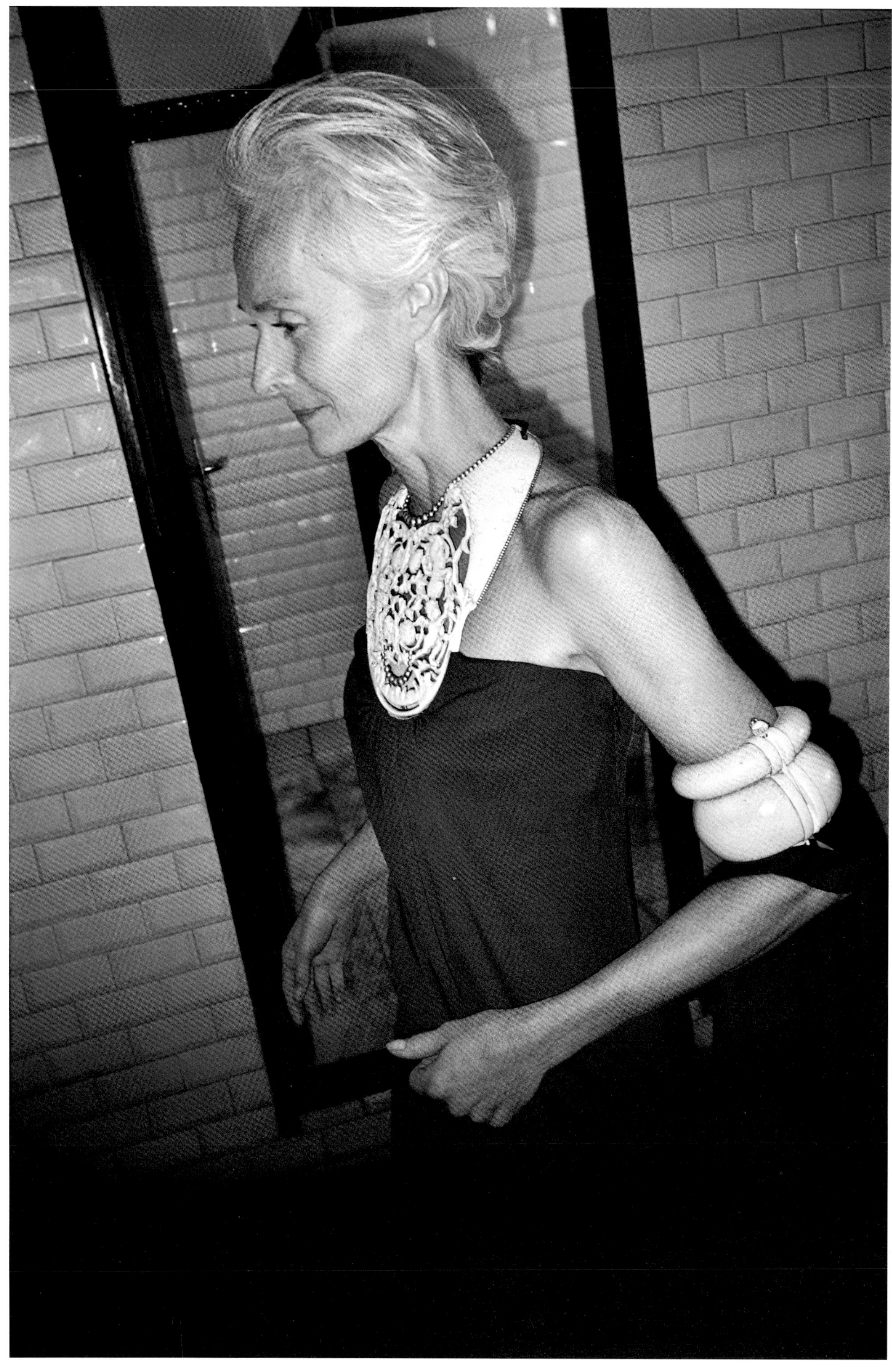

Haute couture
été 1999 pour le
Figaro Madame
Paris, février 1999
photographie
160 x 110 cm

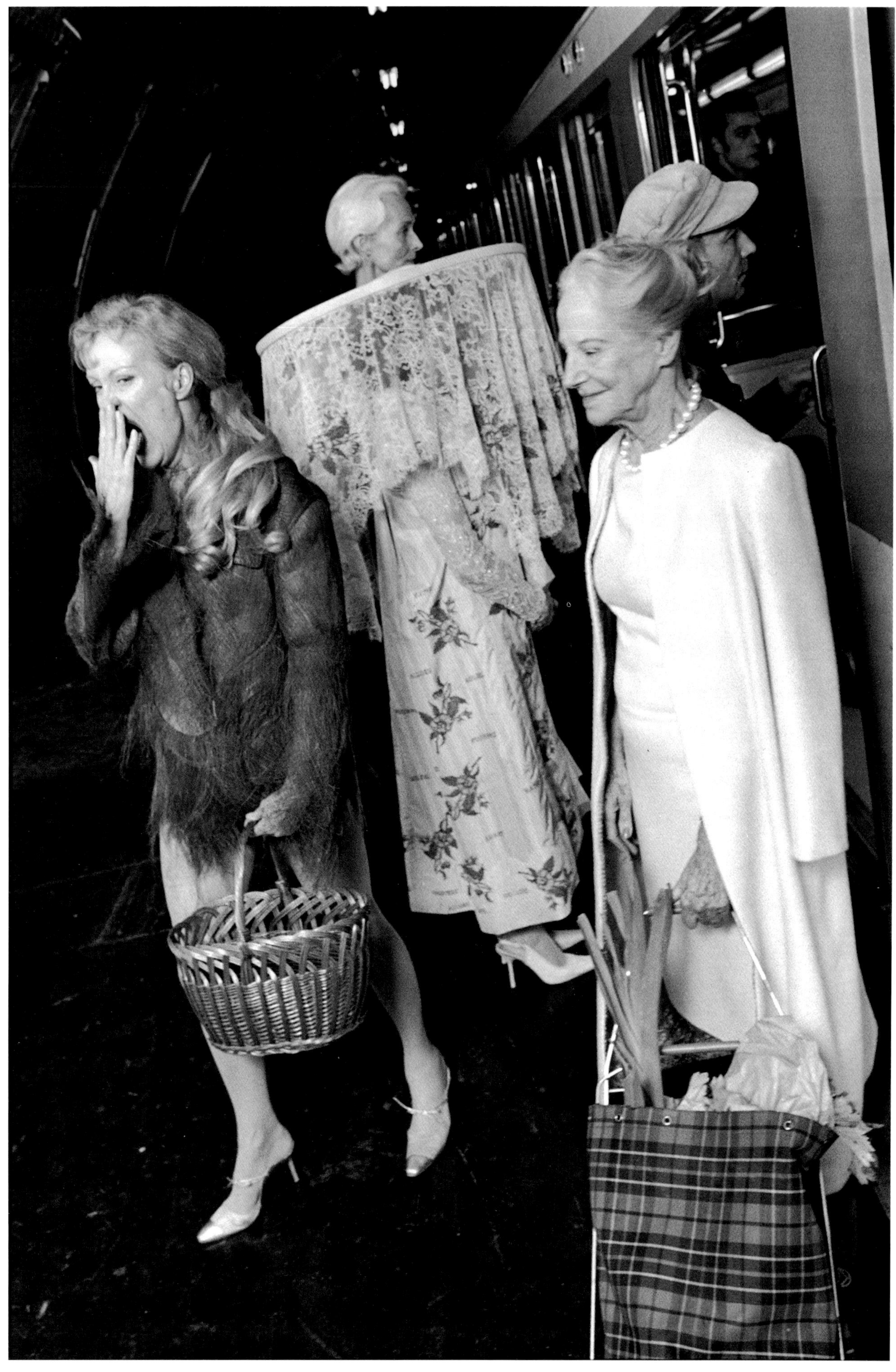

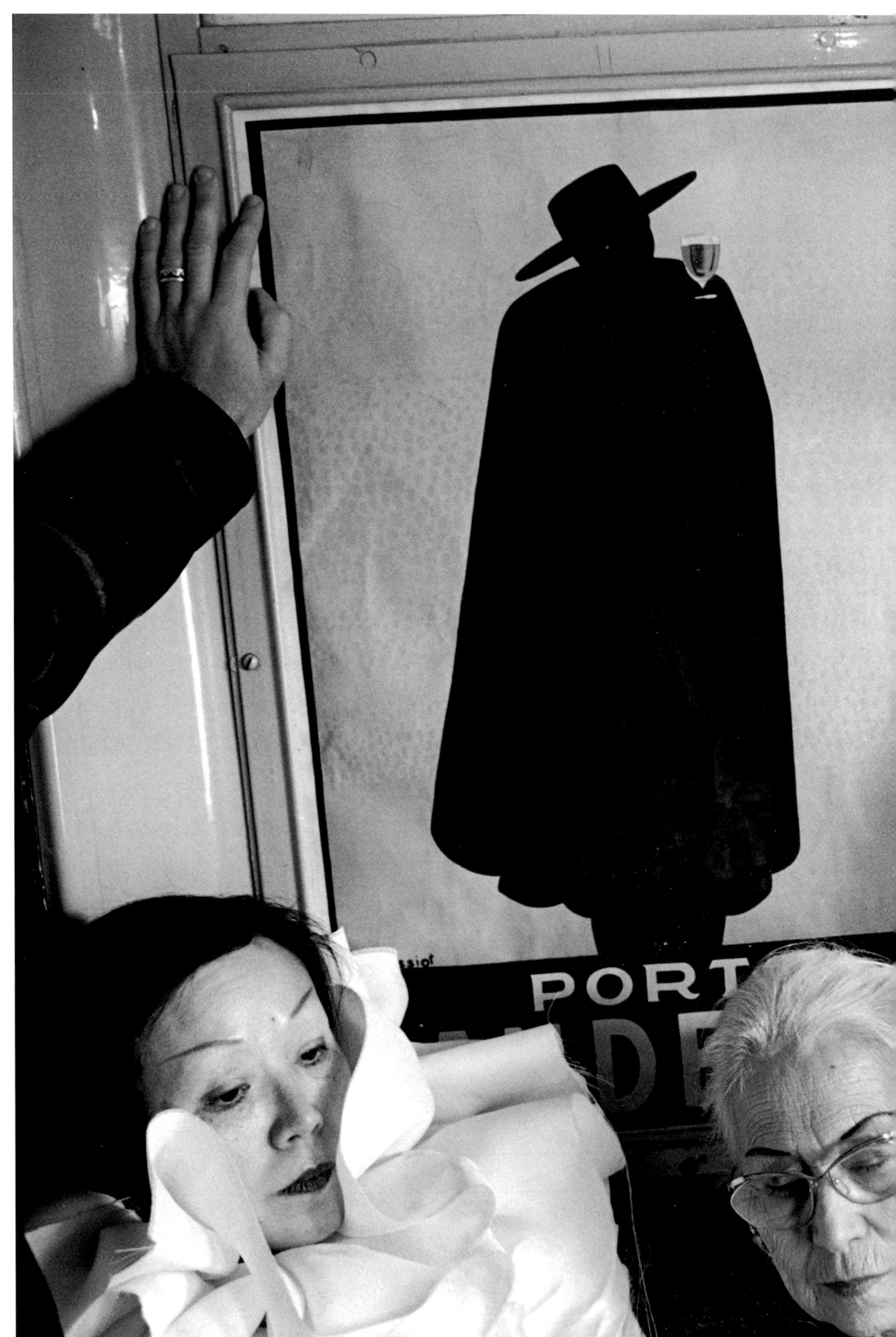

Haute couture
été 1999 pour le
Figaro Madame
Paris, février 1999
photographie
110 x 160 cm

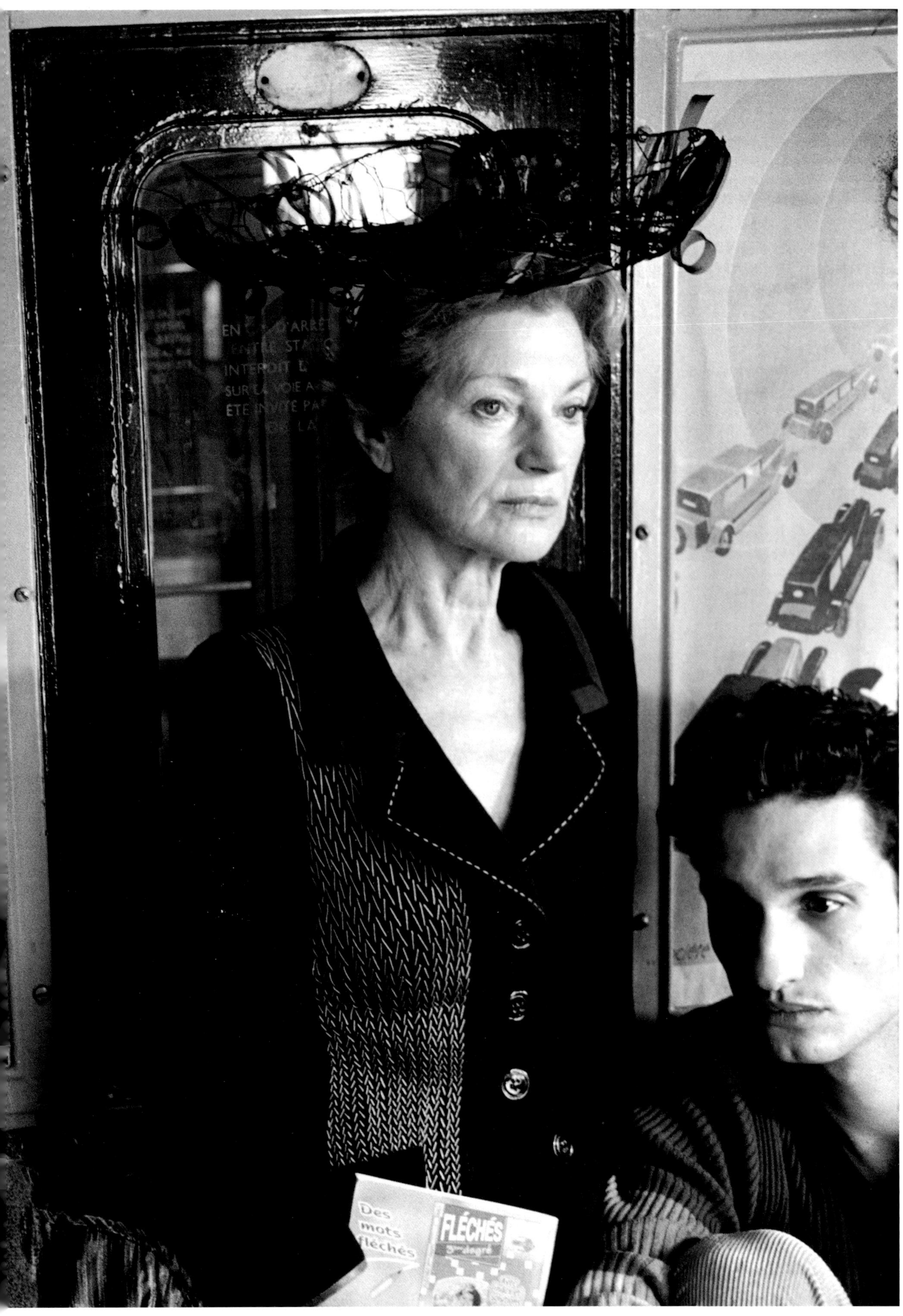
EN C... D'ARRÊ...
FAITE STA...
INTERDIT D...
SUR LA VOIE ...
ÉTÉ INVITÉ PAR...
DE LA...
Des
mots
fléchés
FLÉCHÉS
fléchés

Samuel Beckett
Paris, octobre 1978
photographie
120 x 85 cm

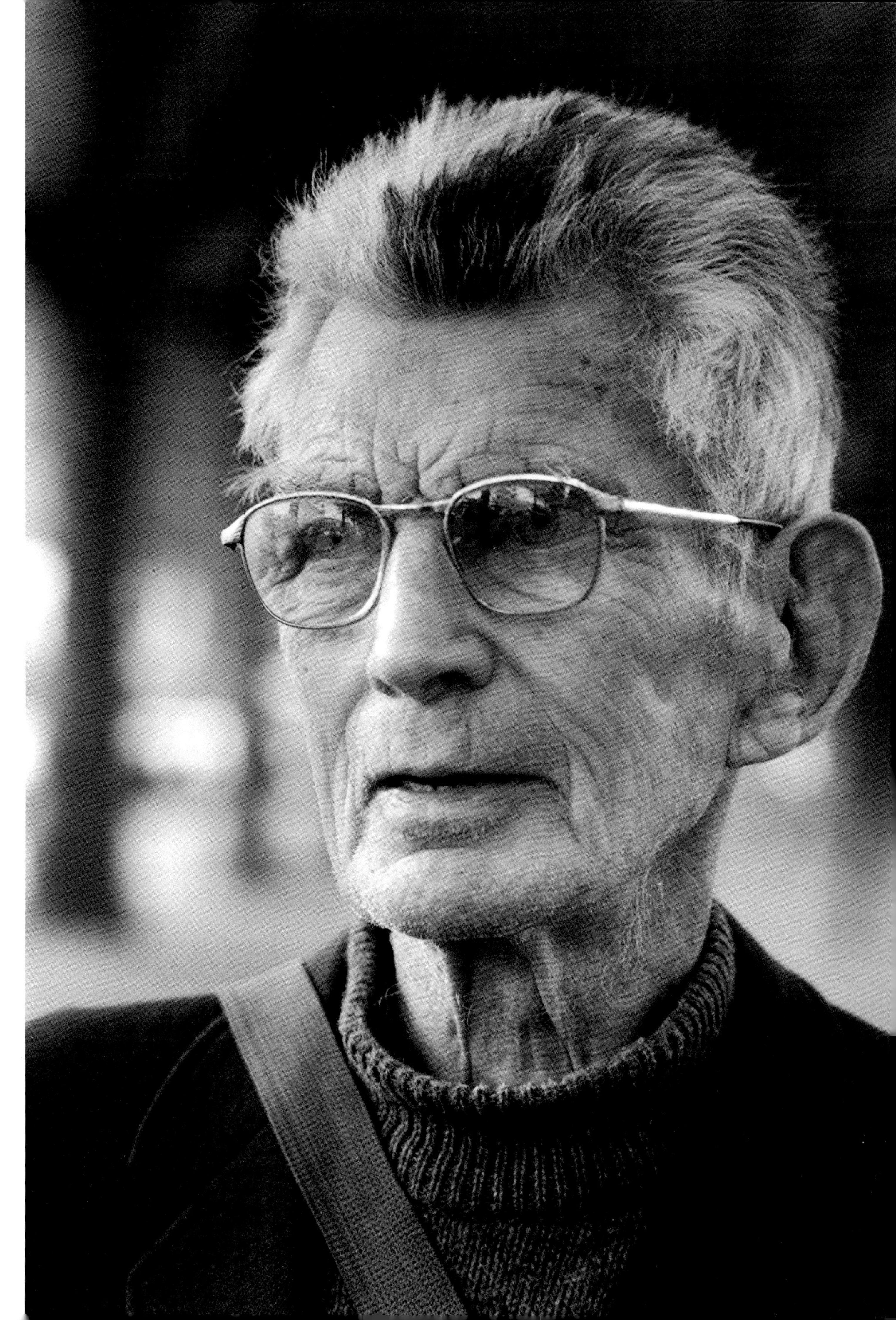

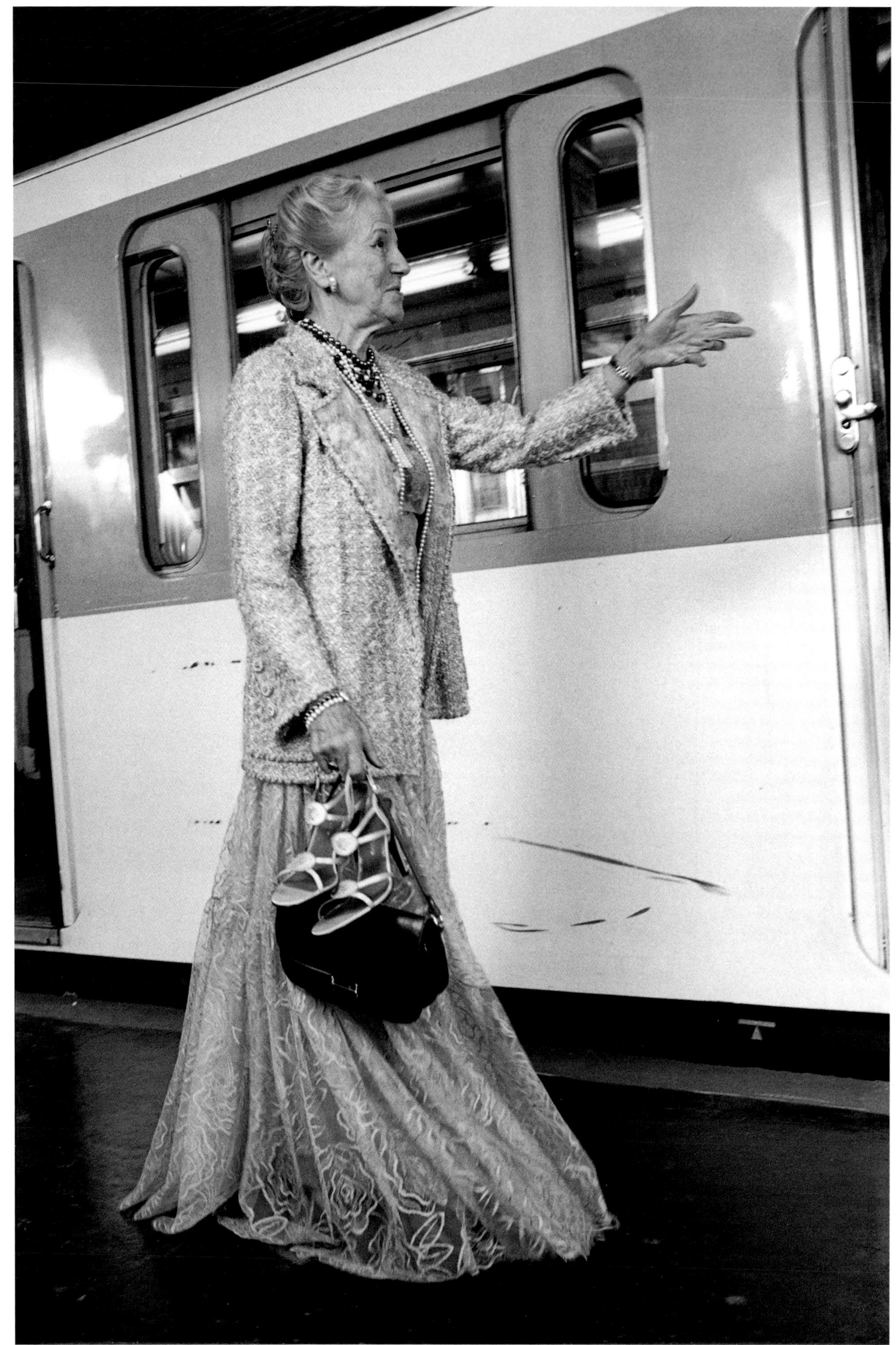

**Haute couture
été 1999 pour le
Figaro Madame**
Paris, février 1999
photographie
160 x 110 cm

Sarajevo
décembre 1997
photographie
160 x 110 cm

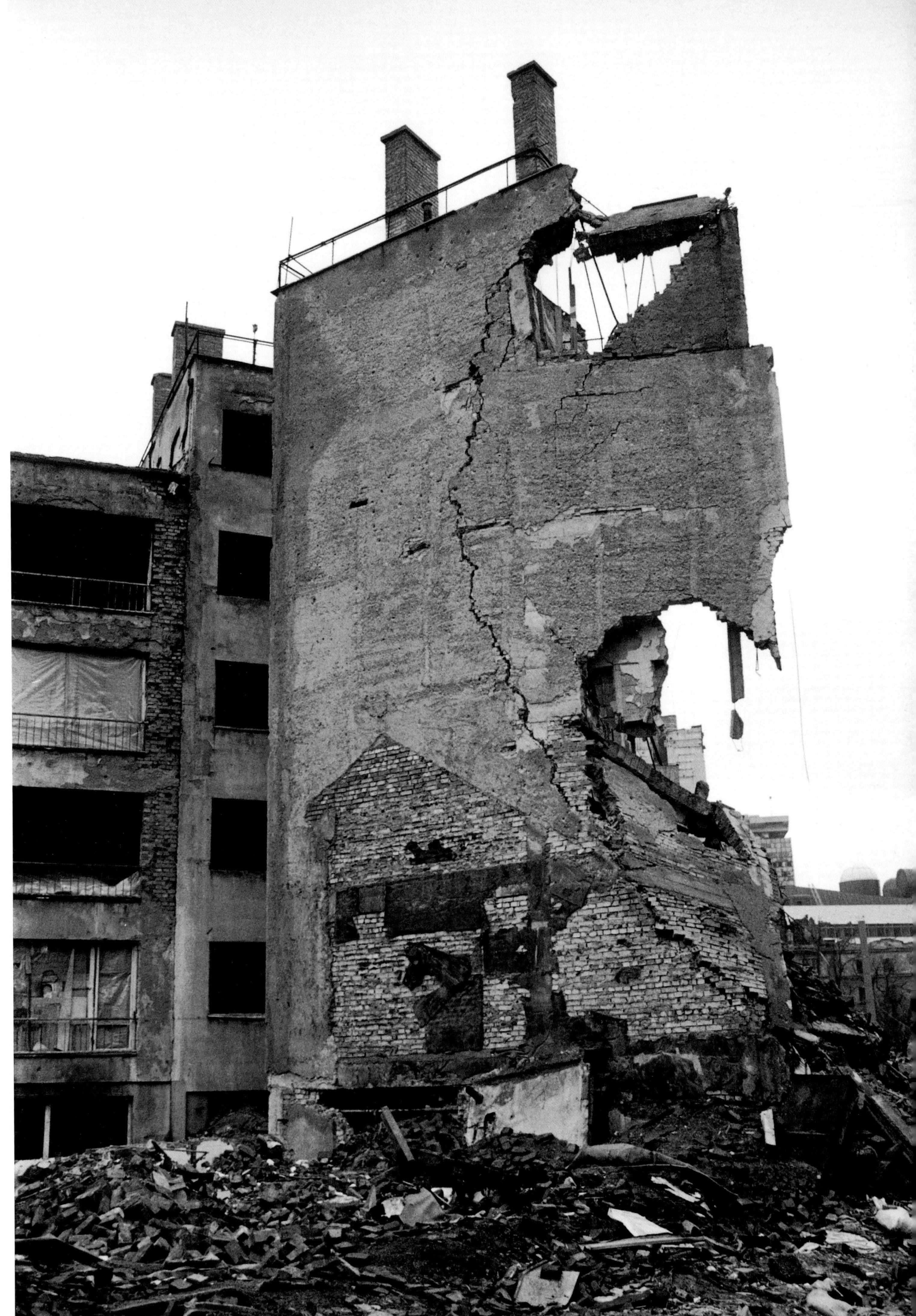

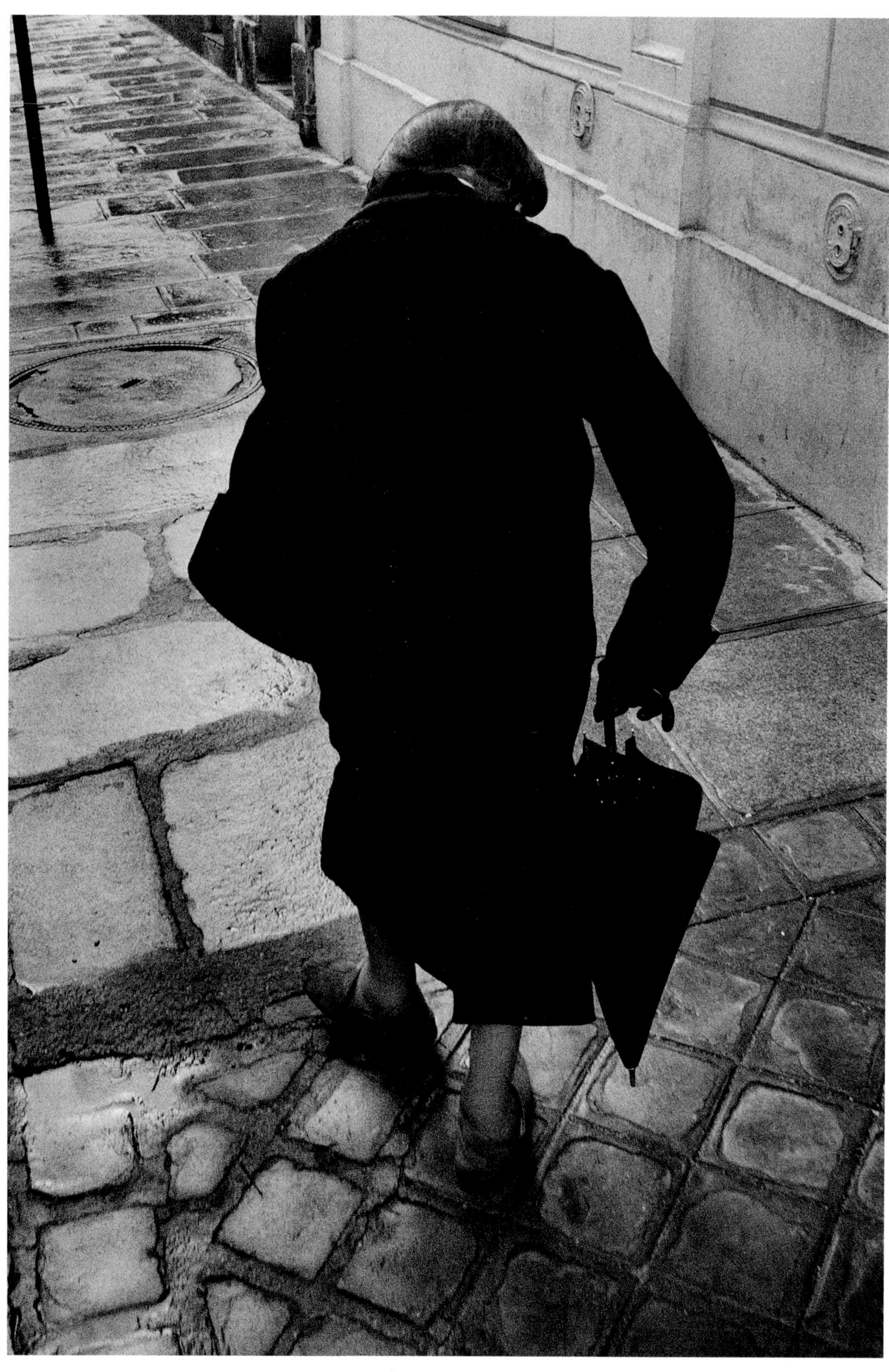

Rue du Bac
Paris, novembre 1983
photographie
120 x 85 cm

Bond street
Londres, mai 1990
photographie
120 x 85 cm

**Marie Laure de
Noailles**
Paris, juin 1968
photographie
85 x 120 cm

96

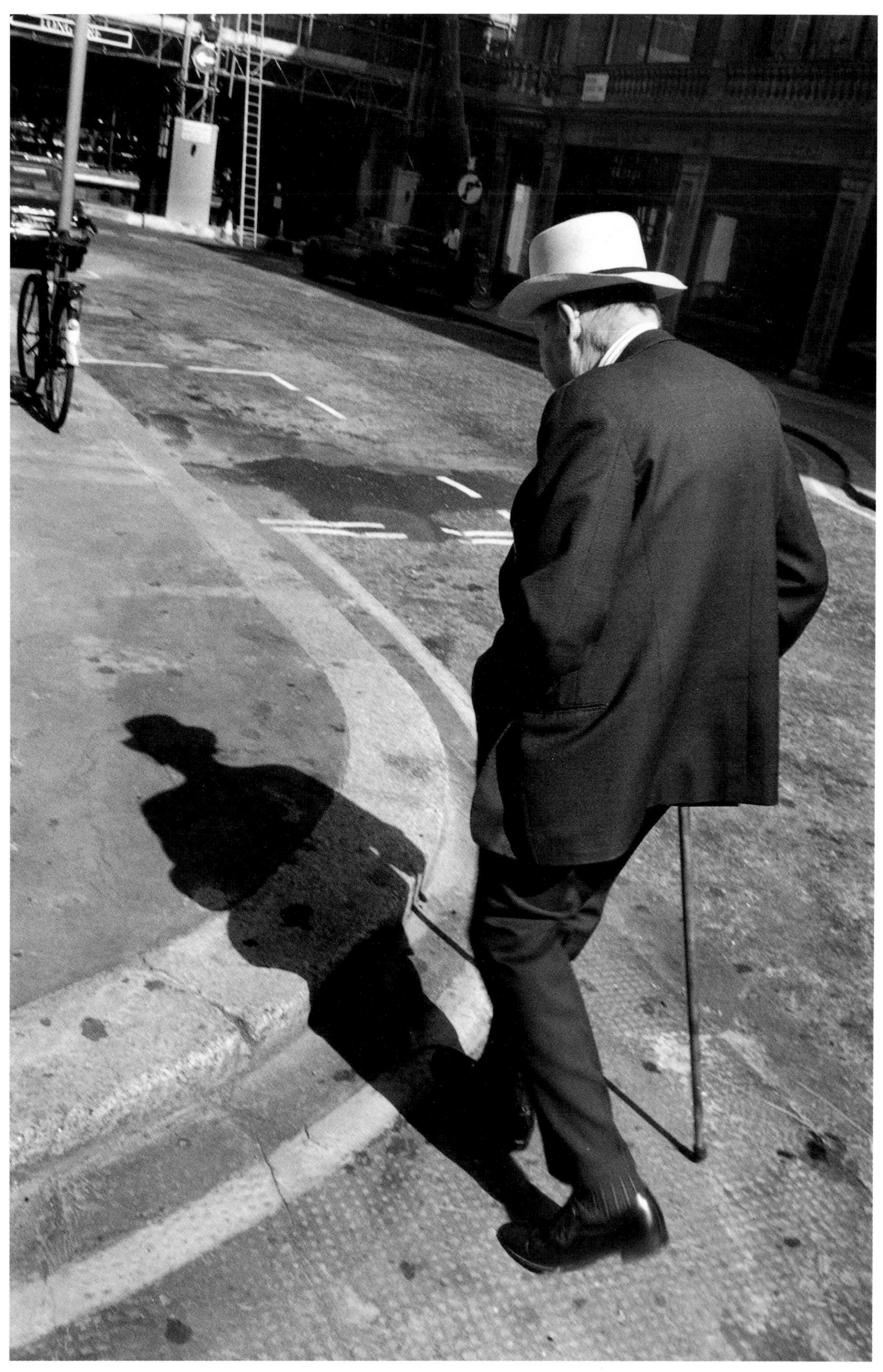

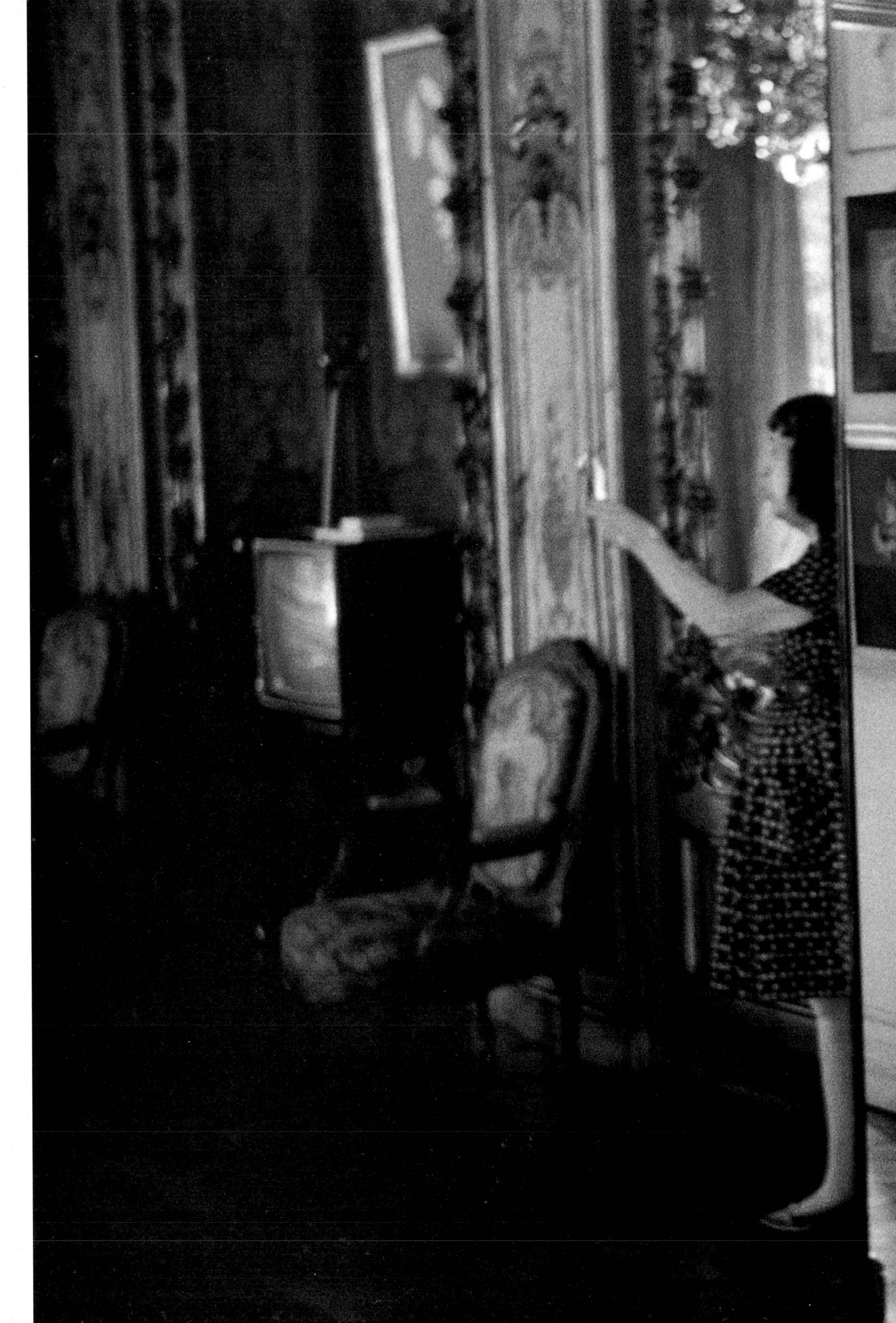

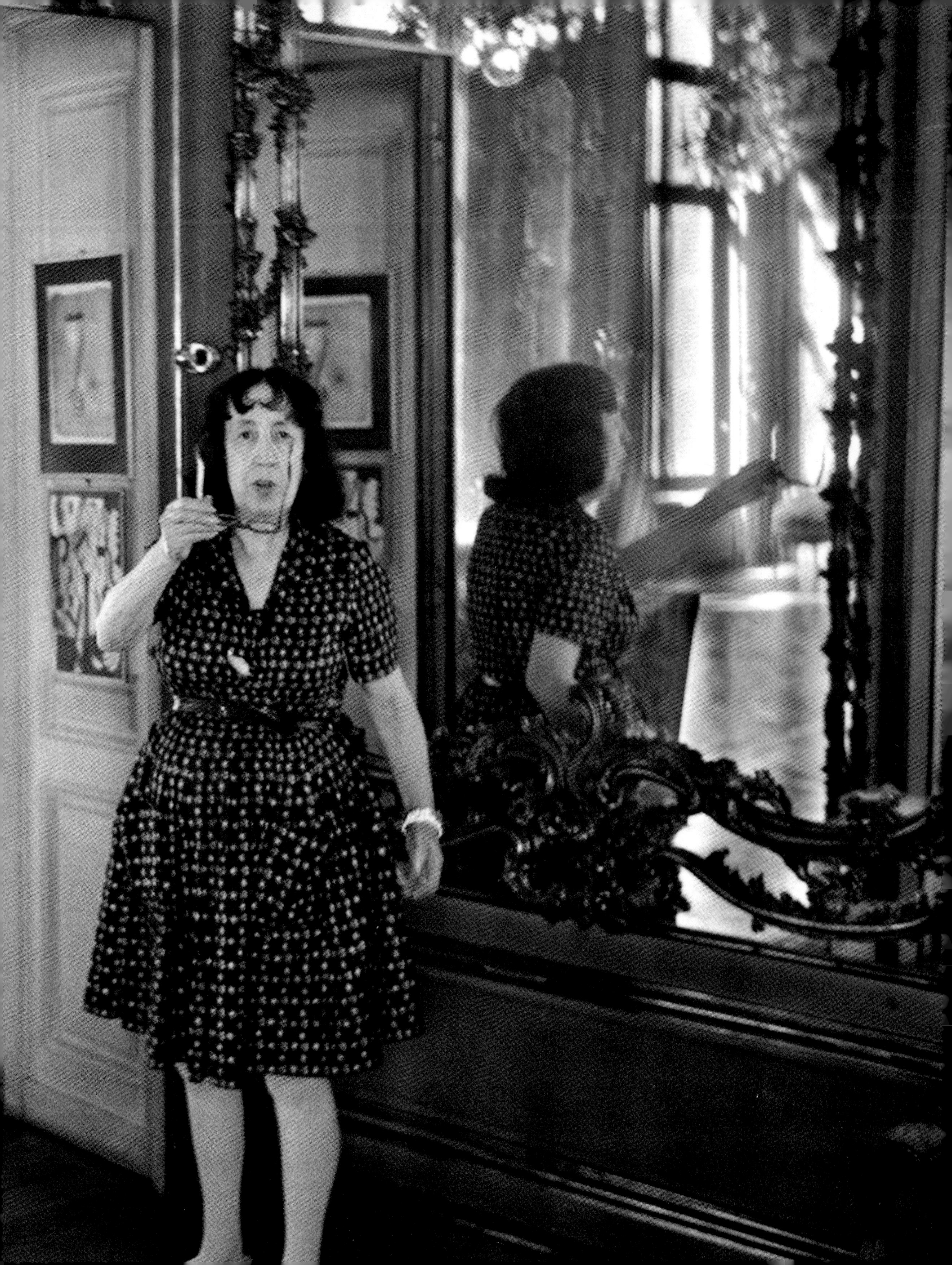

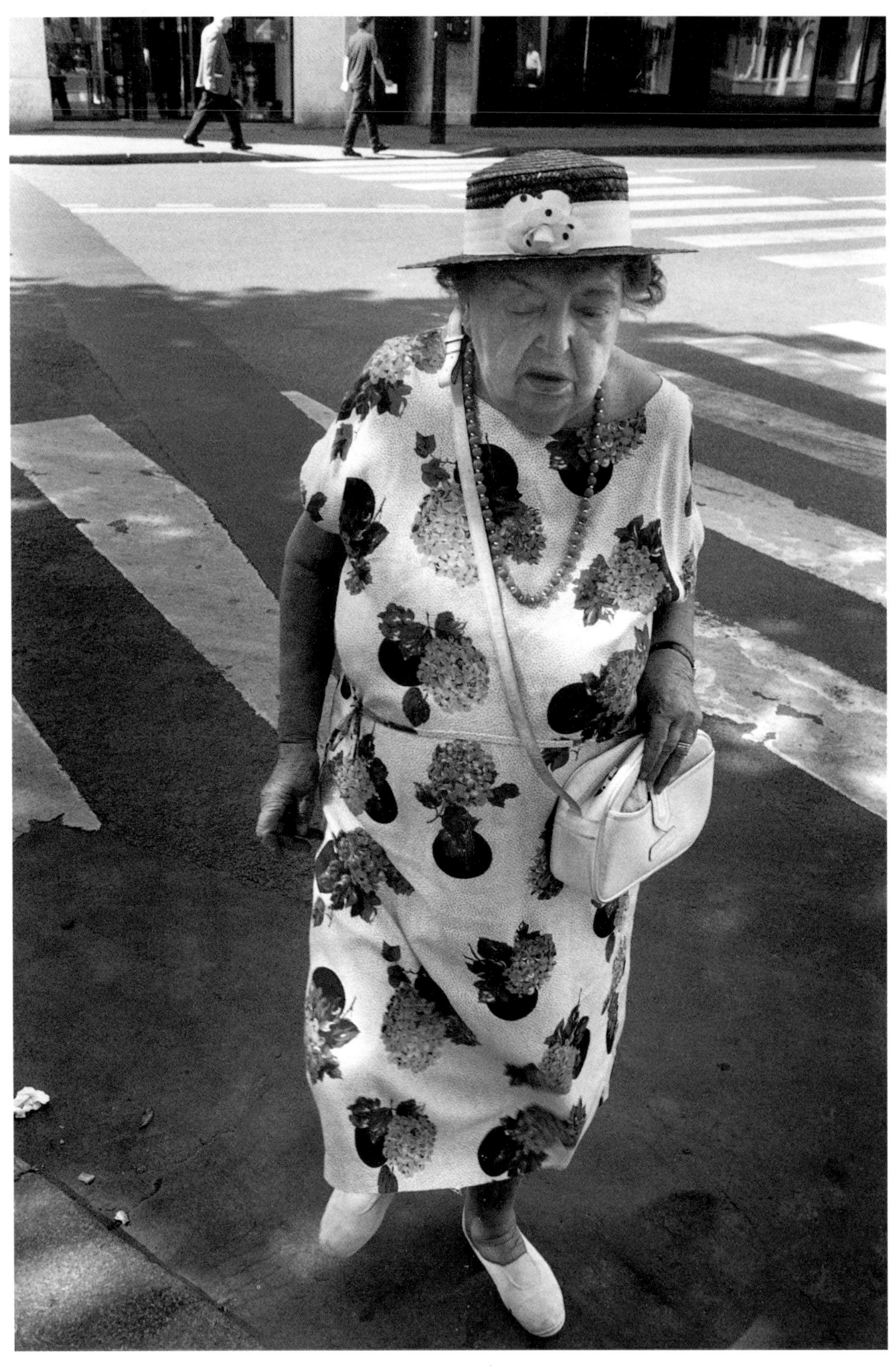

Rue Monsieur
Paris, août 1990
photographie
120 x 85 cm

Rue du regard
Paris, décembre 1981
photographie
120 x 85 cm

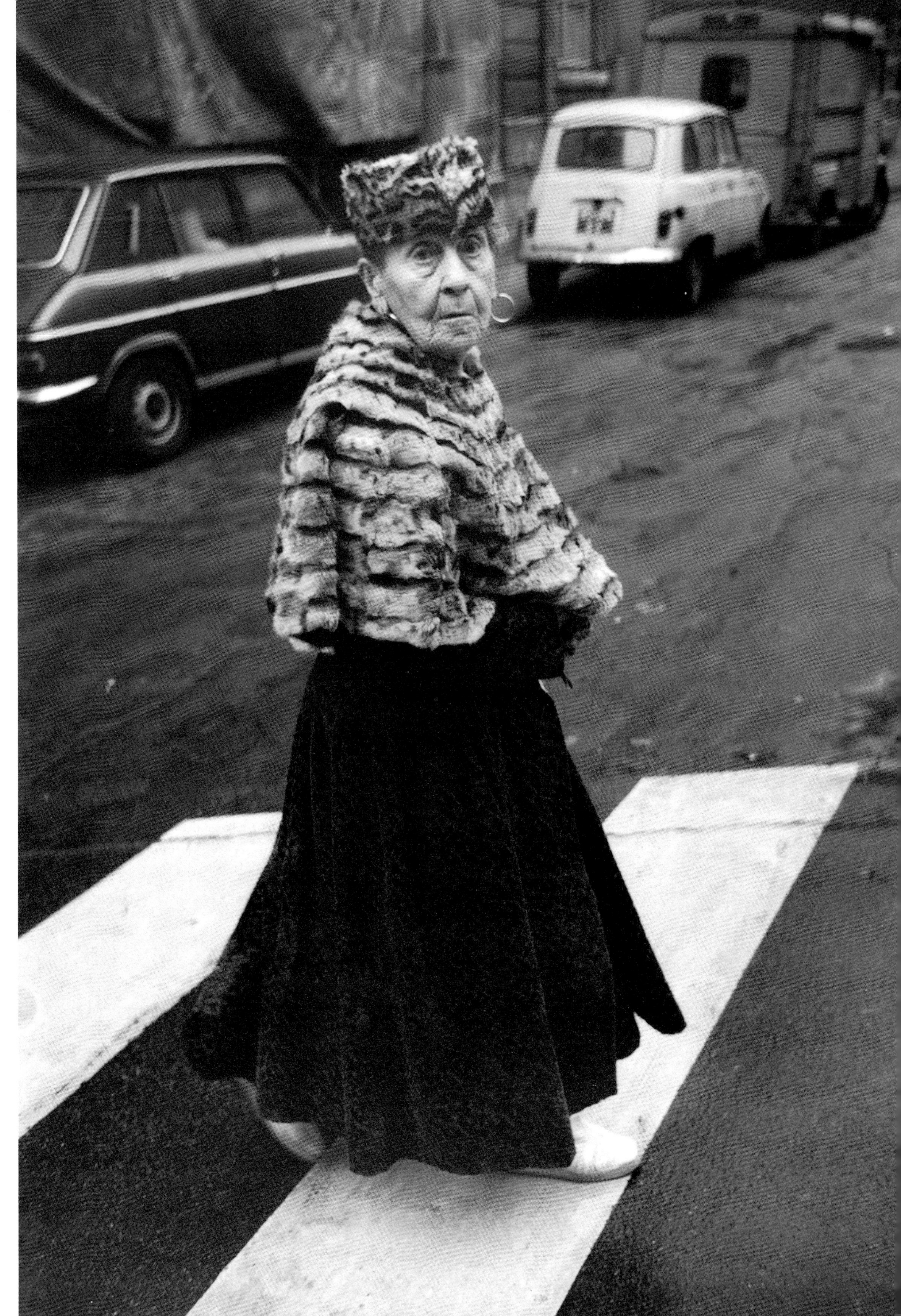

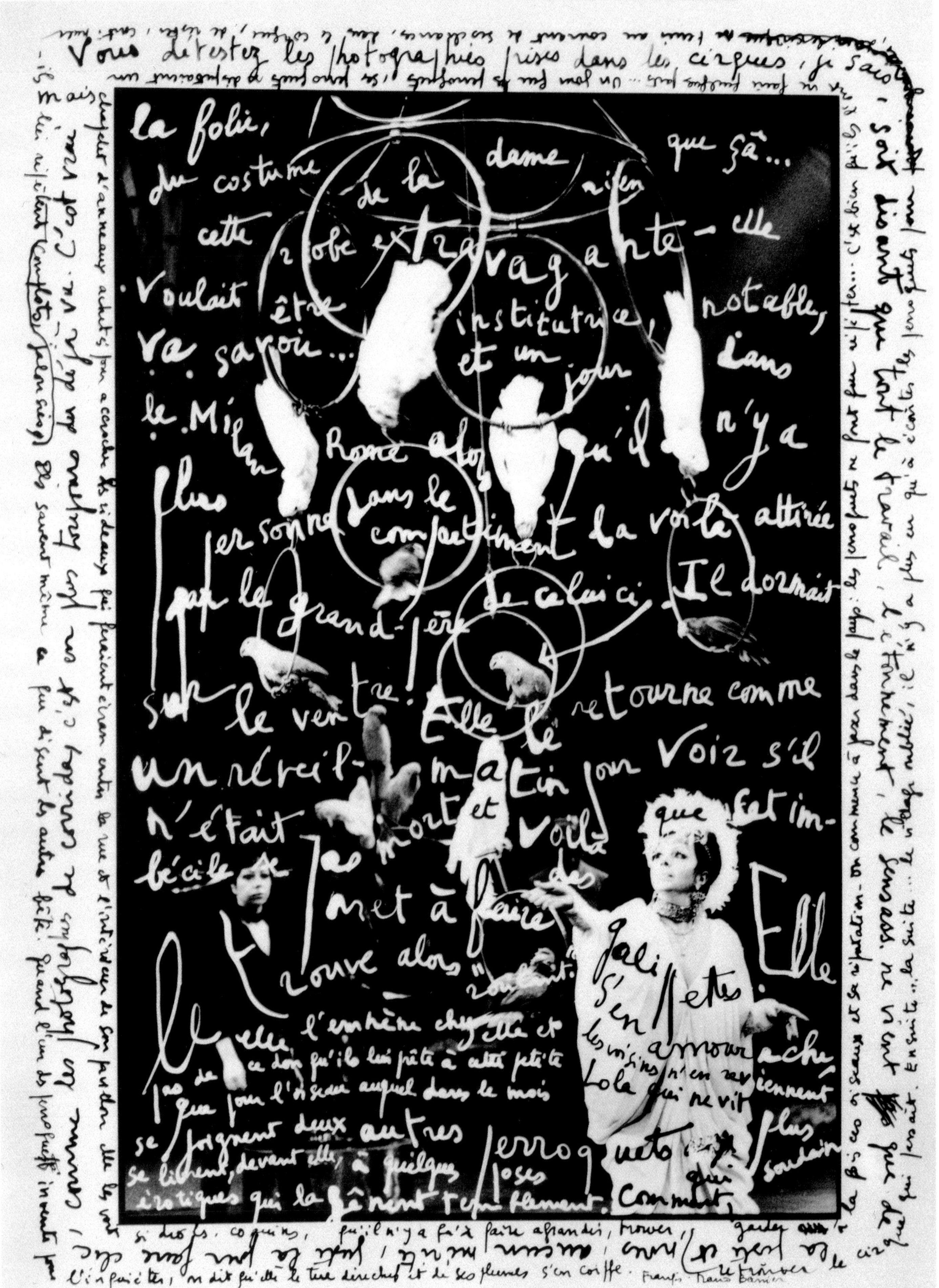

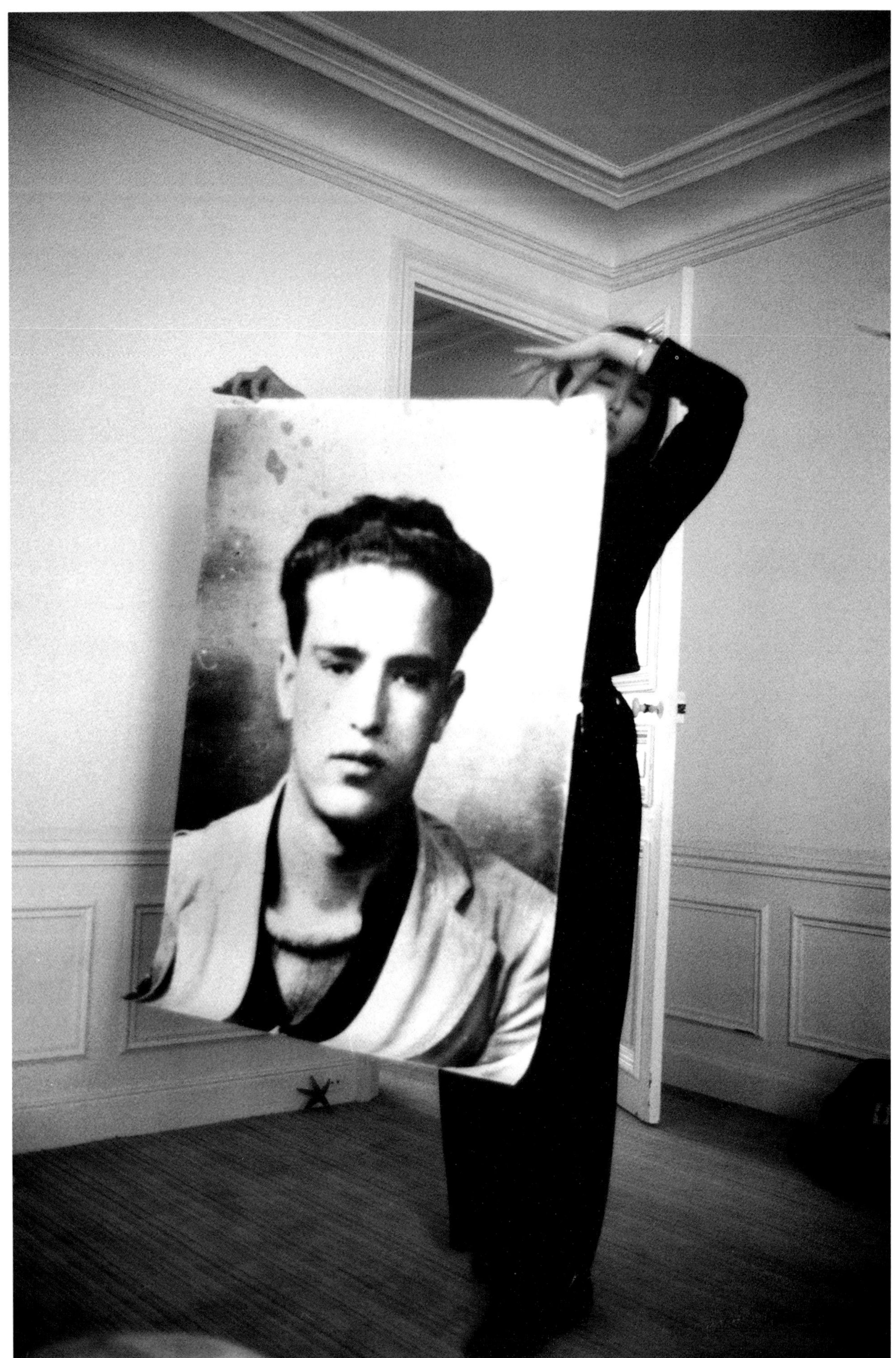

**La femme aux
perroquets**
Paris, décembre 1988
photographie écrite
40 x 30 cm

**Isabelle Adjani et son
père Chérif Mohamed
Adjani**
Paris, septembre 1991
photographie
160 x 110 cm

L'homme léopard
1999
photographie peinte
160 x 110 cm
(collection Jacques
Grange)

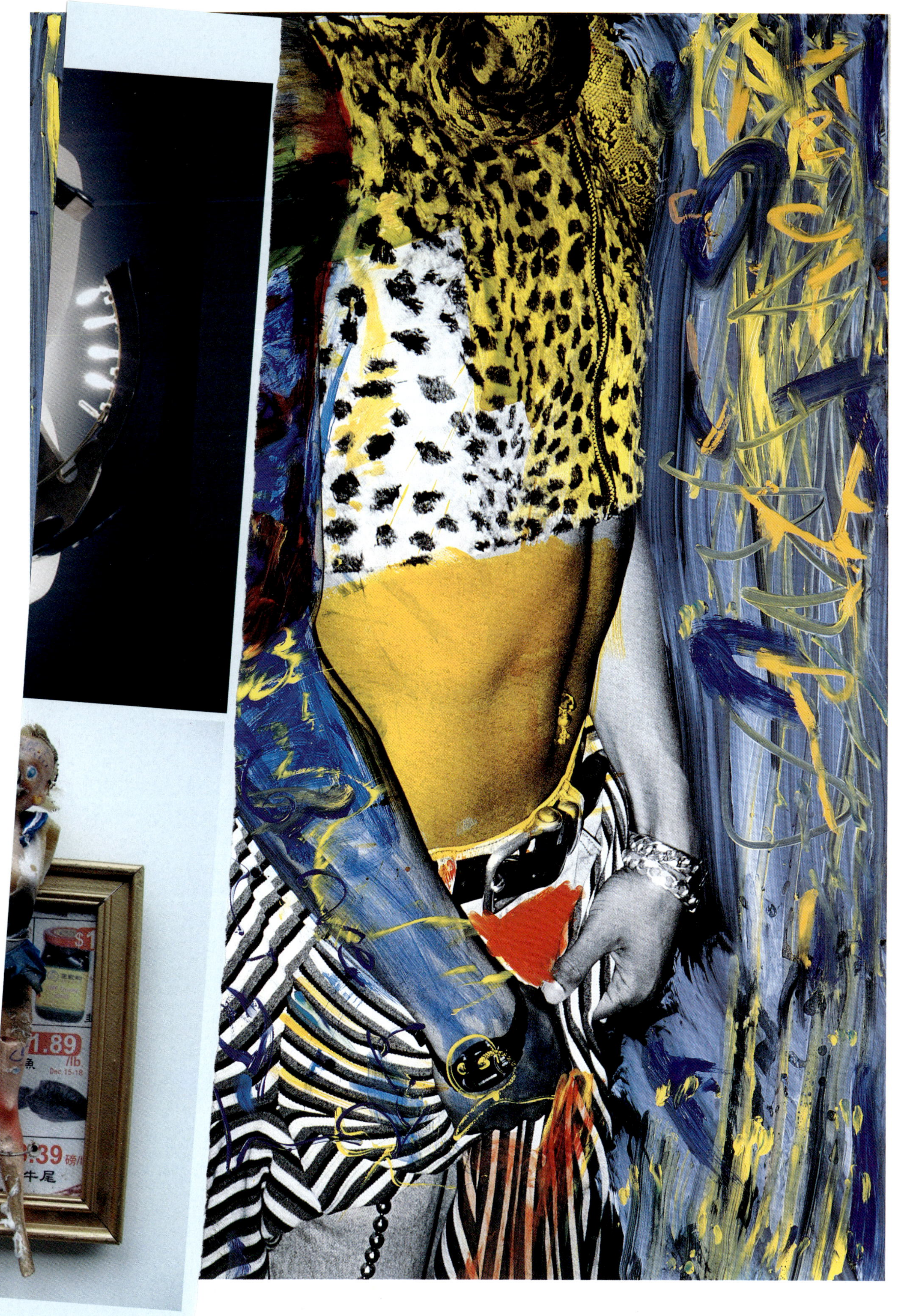

$1
1.89 /lb.
Dec. 15-18
魚
.39 磅/
牛尾

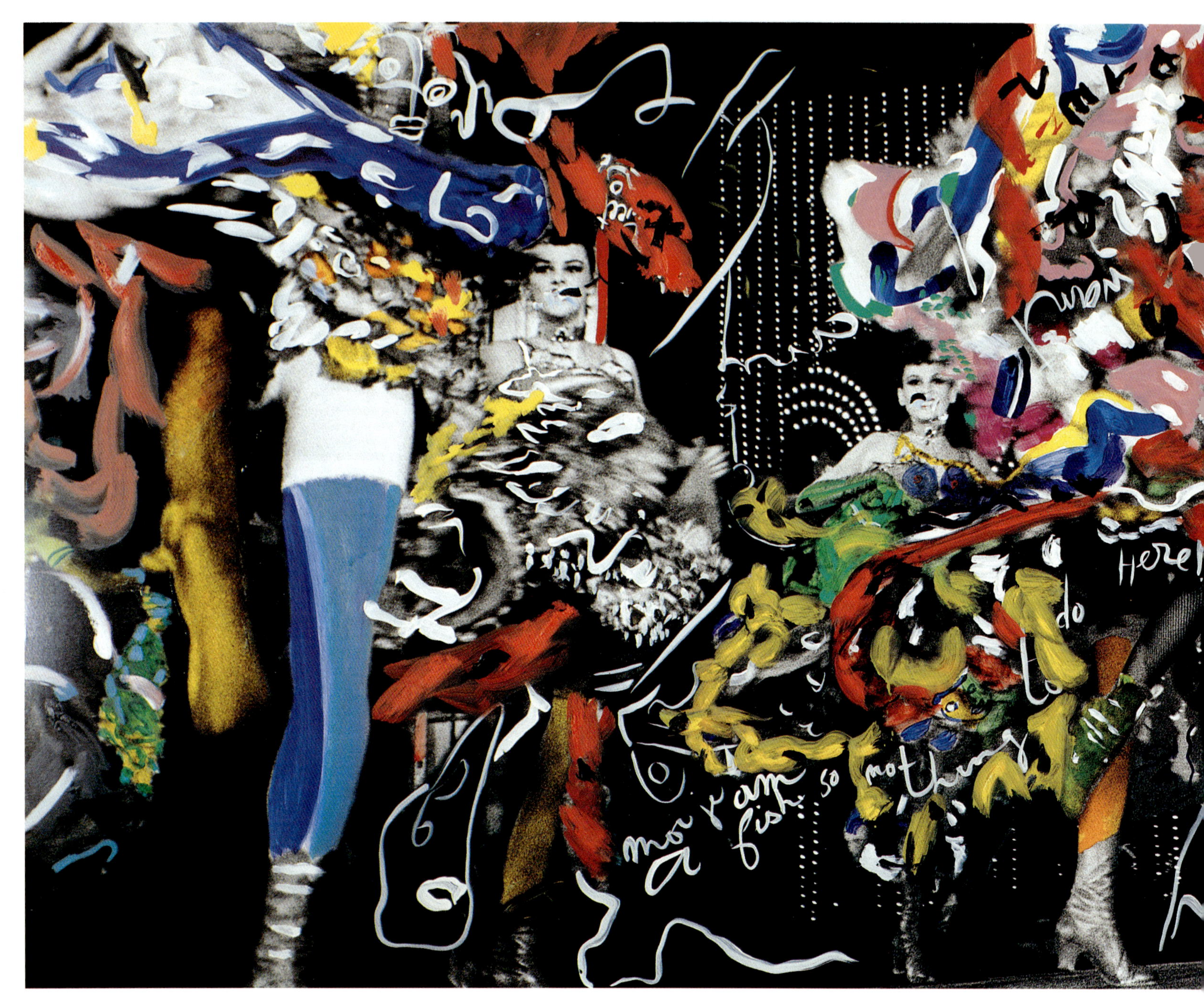

Sans titre
1999
photographie peinte
120 x 320 cm

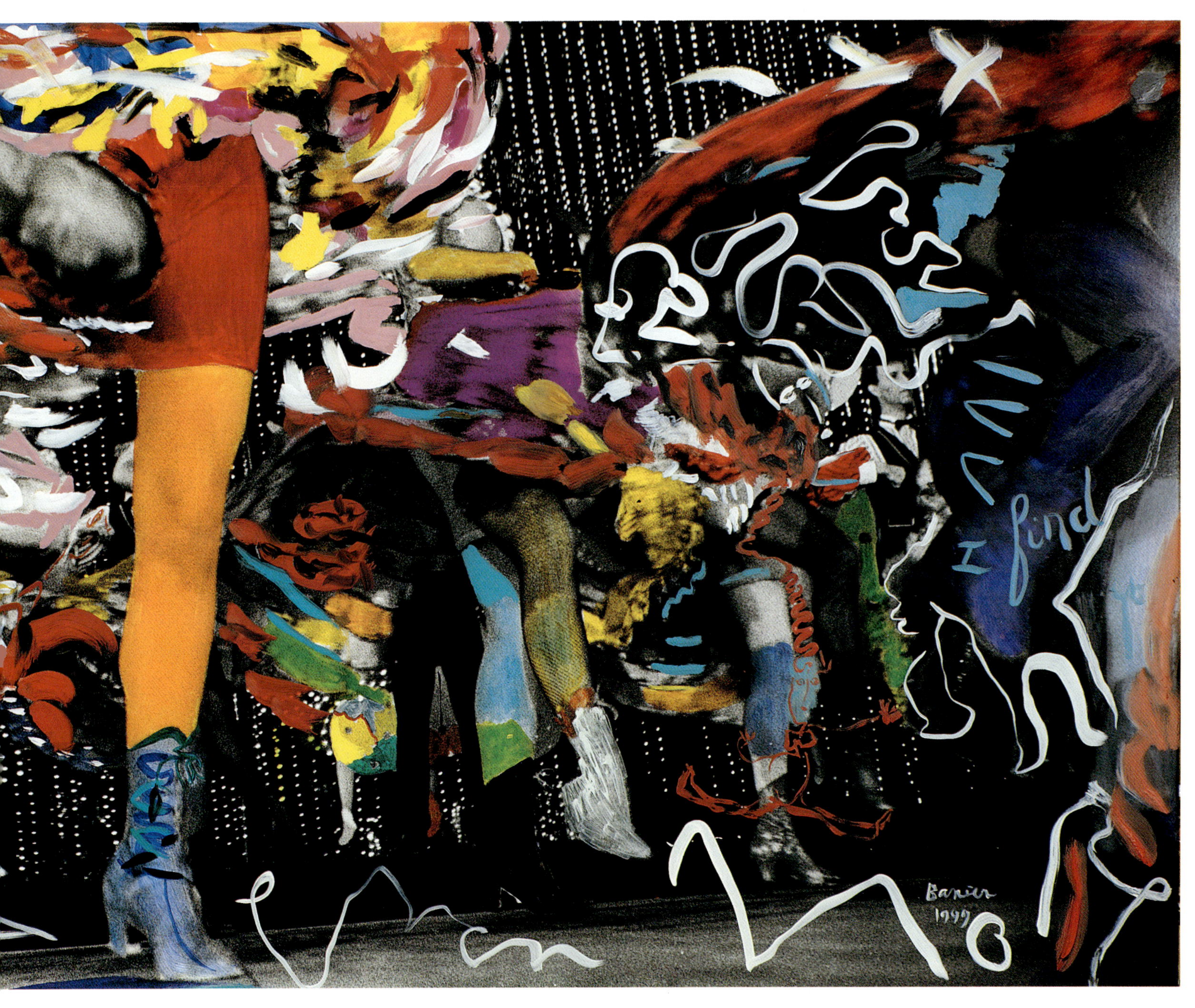

I find
Banier
1999

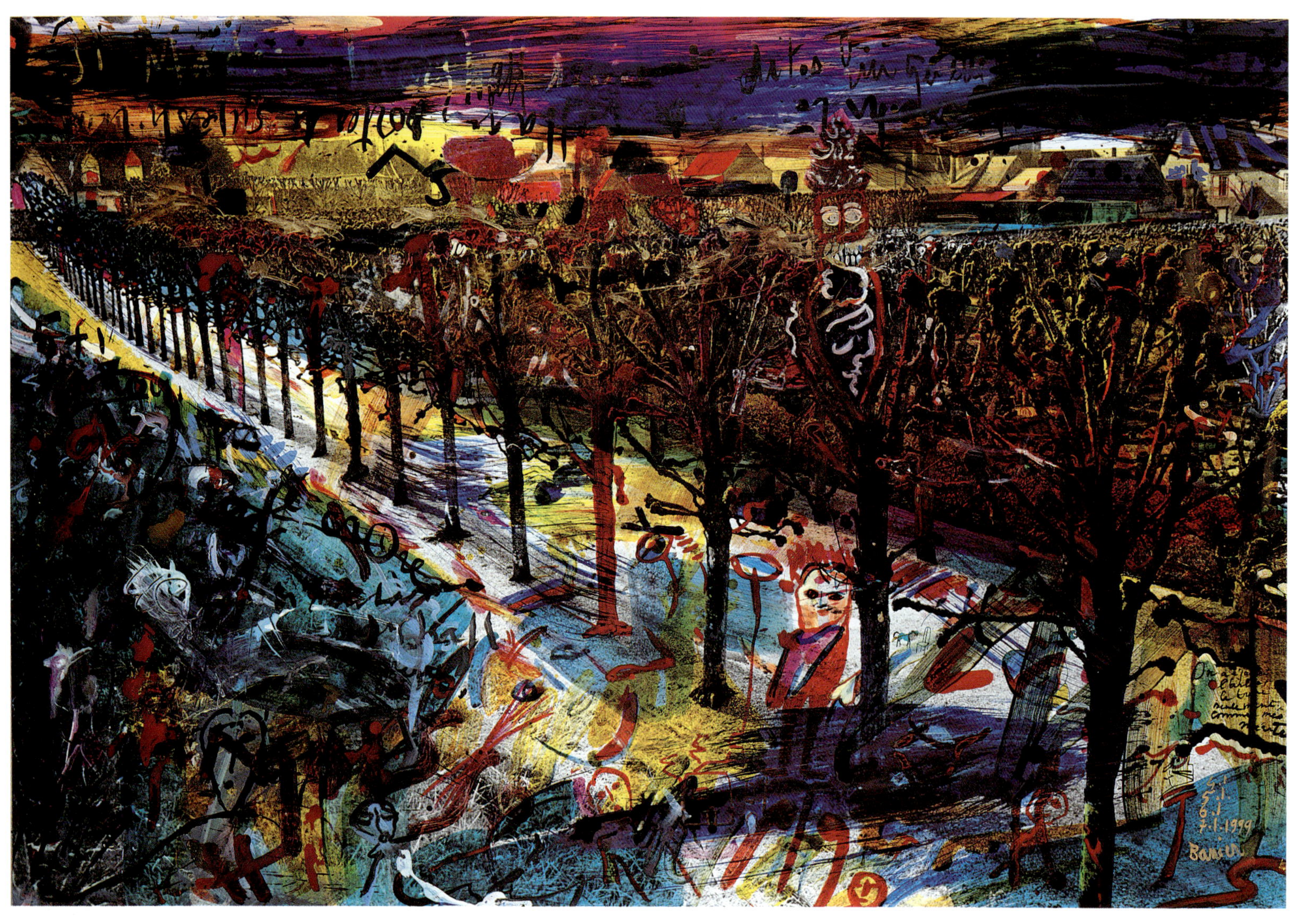

Villandry, Arbres I
janvier 1999
photographie peinte
110 x 160 cm

César
photographie peinte
160 x 110 cm

Madeleine Castaing
Tanger, août 1978
photographie écrite
50 x 60 cm

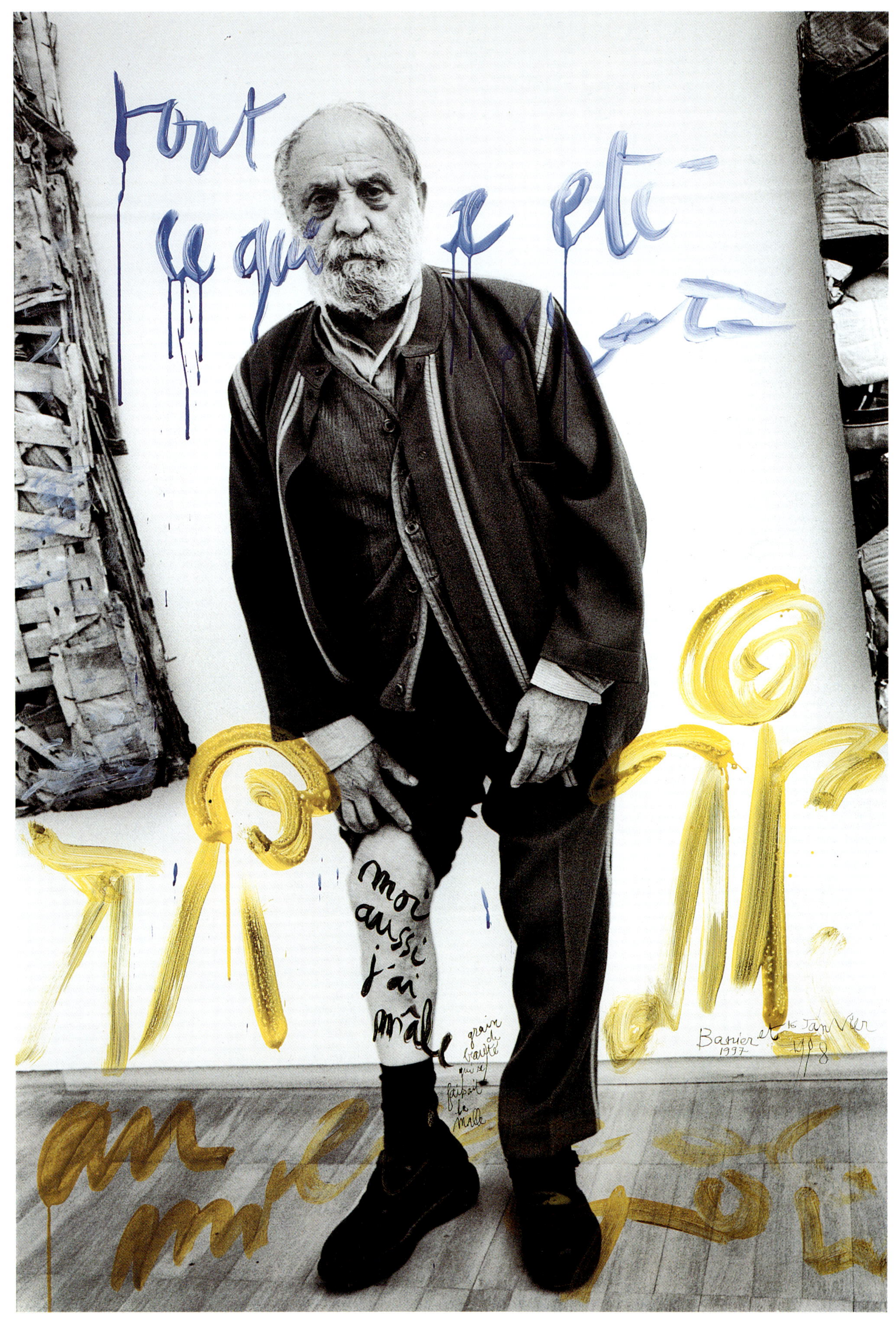
tout
ce qui a été
moi
aussi
j'ai
mâle
grain
du
Baudté
Banier
1997
Janvier
1998

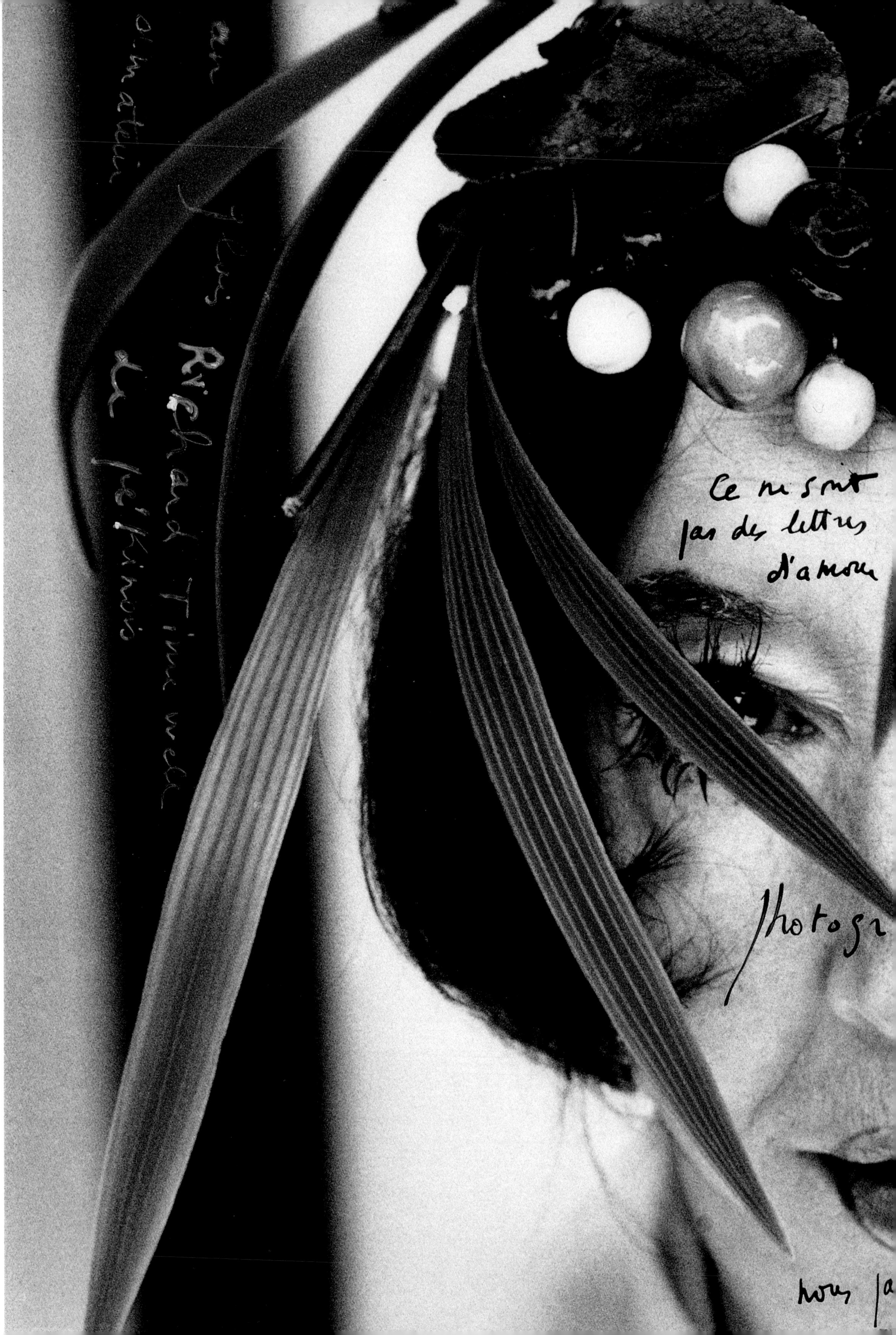

Ce ne sont
pas des lettres
d'amour
Photogr

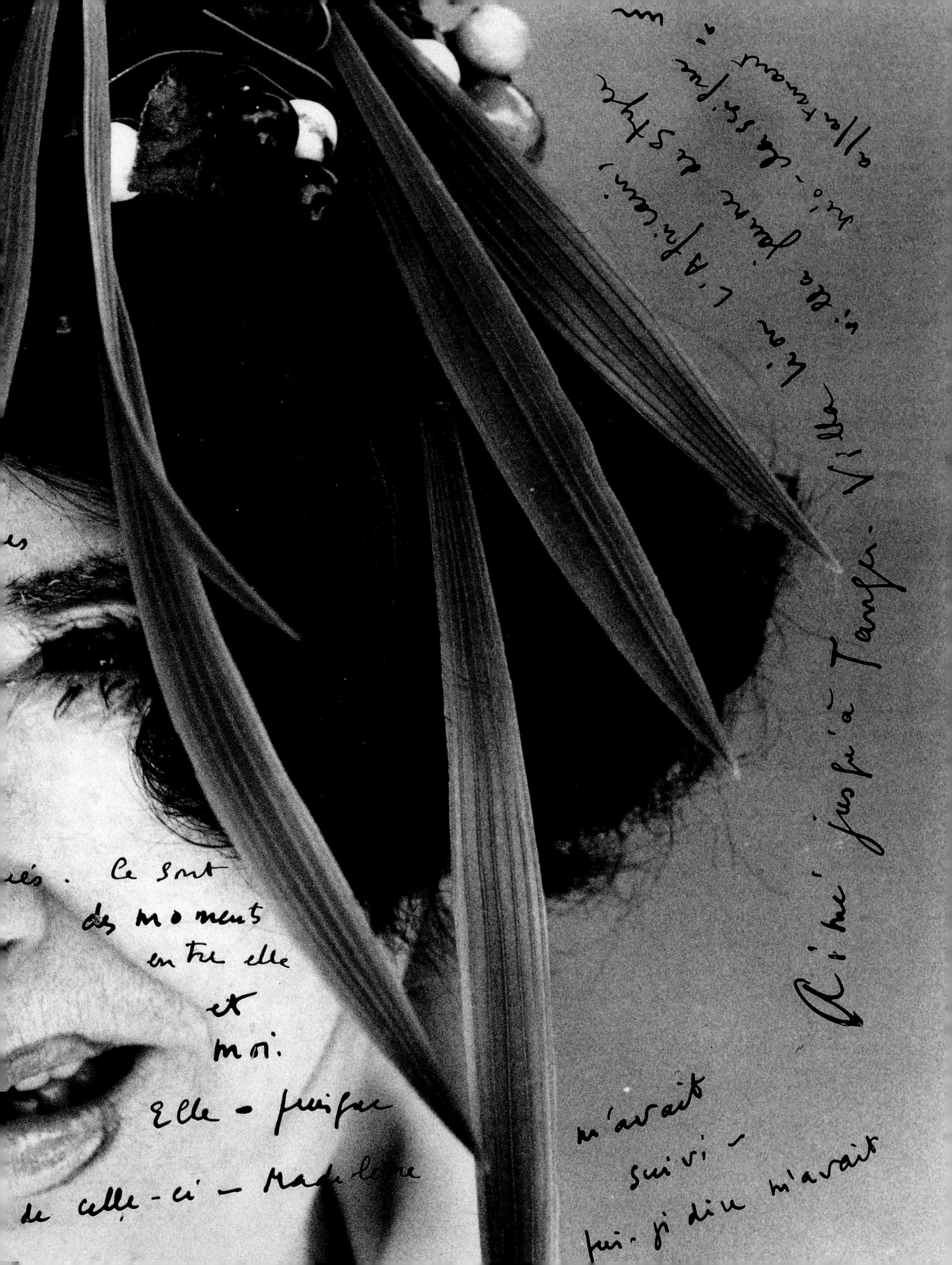

…és . Ce sont
des moments
entre elle
et
moi.

Elle - puisque
de celle-ci - Madeleine

Aime jusqu'à Tanger. Villa -

m'avait
suivi -
puis je dis m'avait

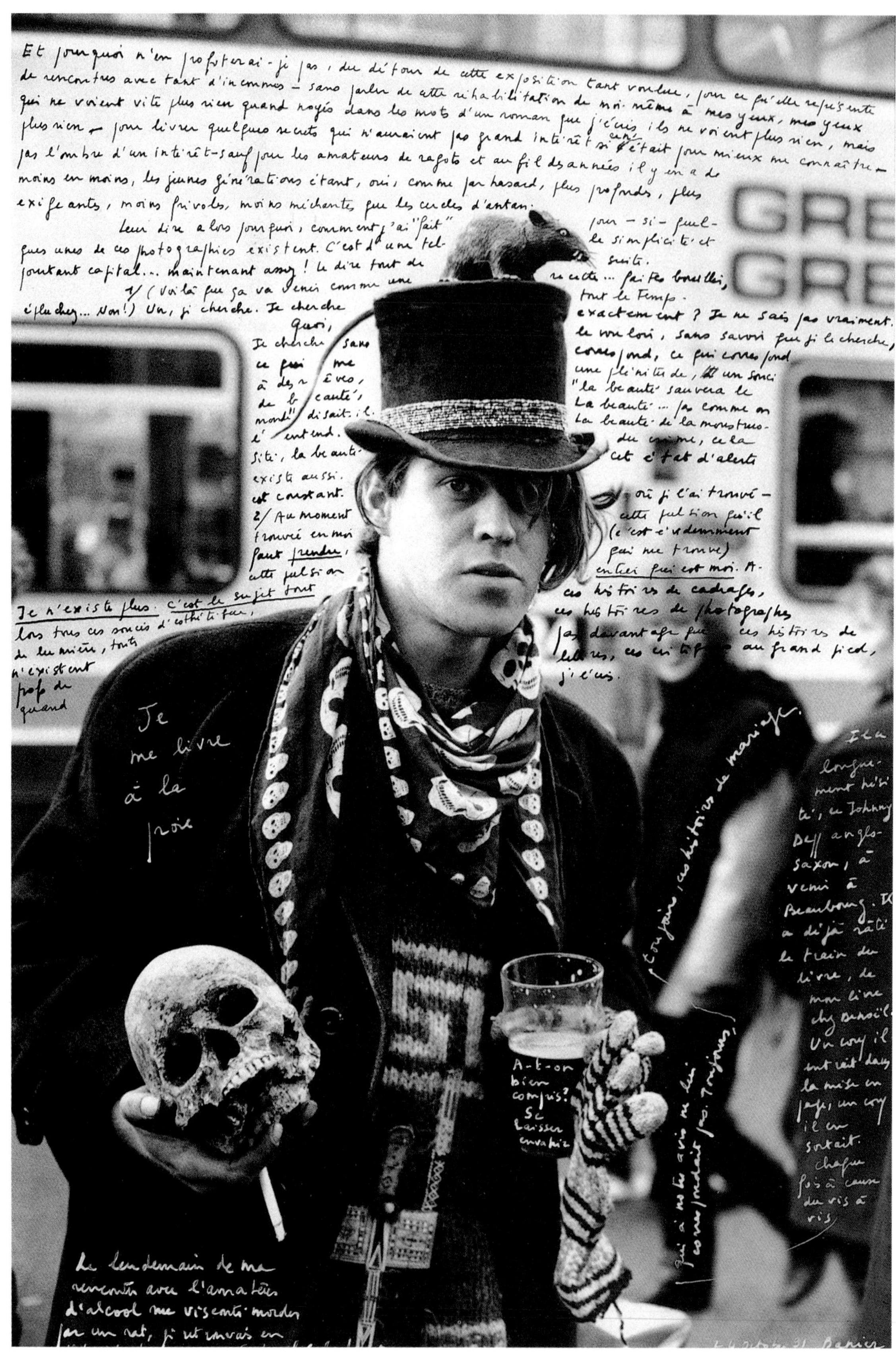

Londres
décembre 1989
photographie écrite
60 x 50 cm

Sal Jenco
Paris, septembre 1991
photographie écrite
60 x 50 cm

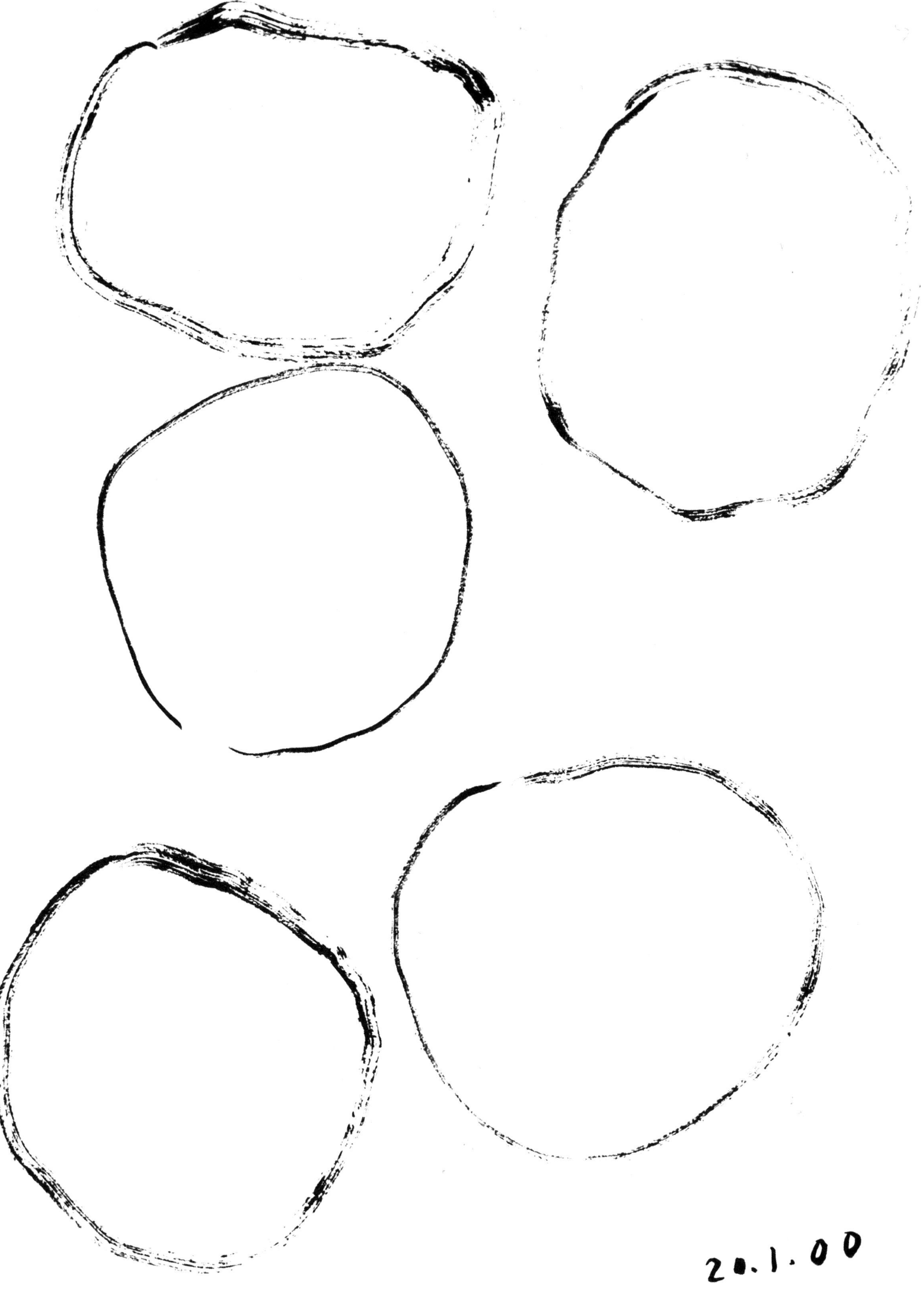

20.1.00

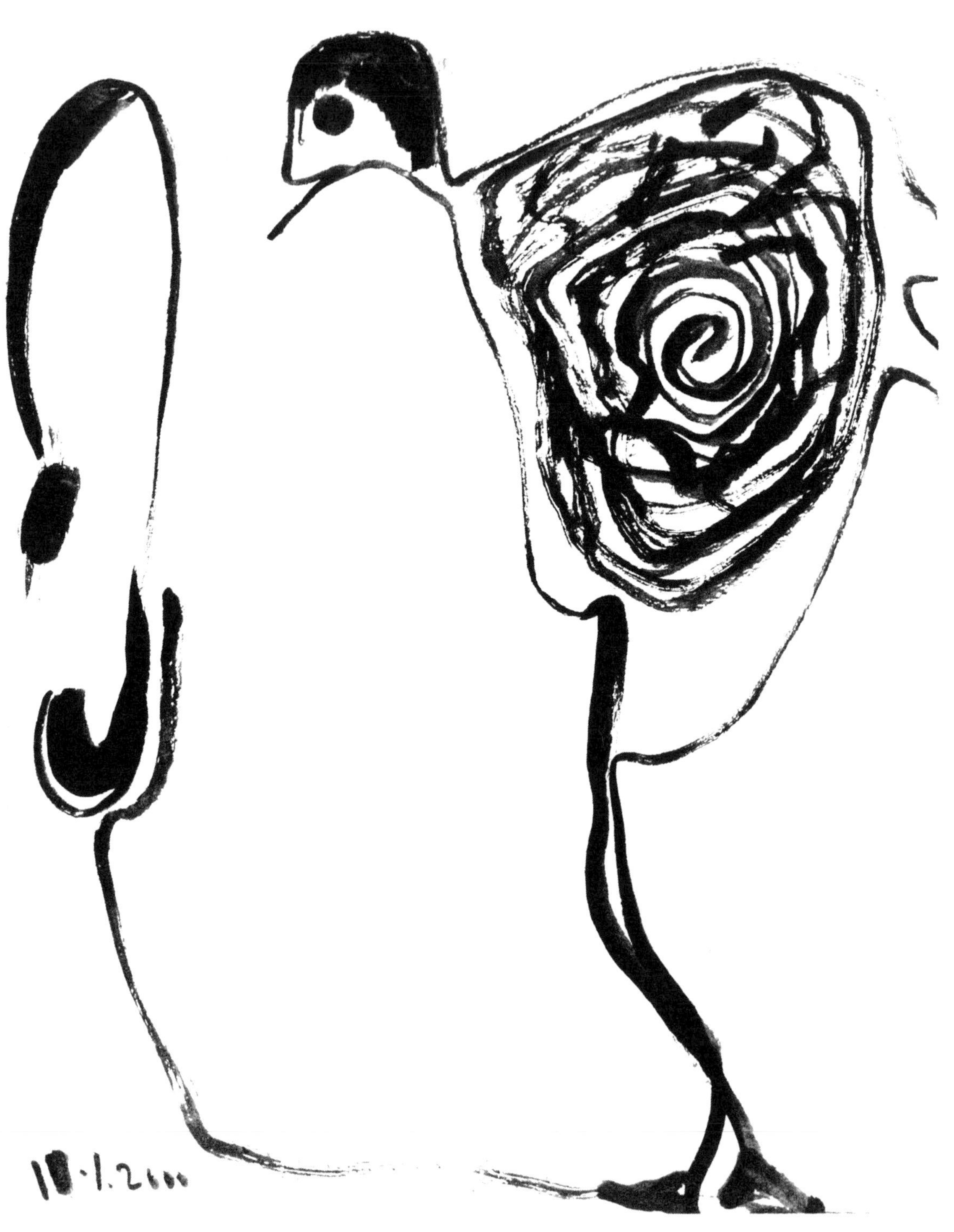

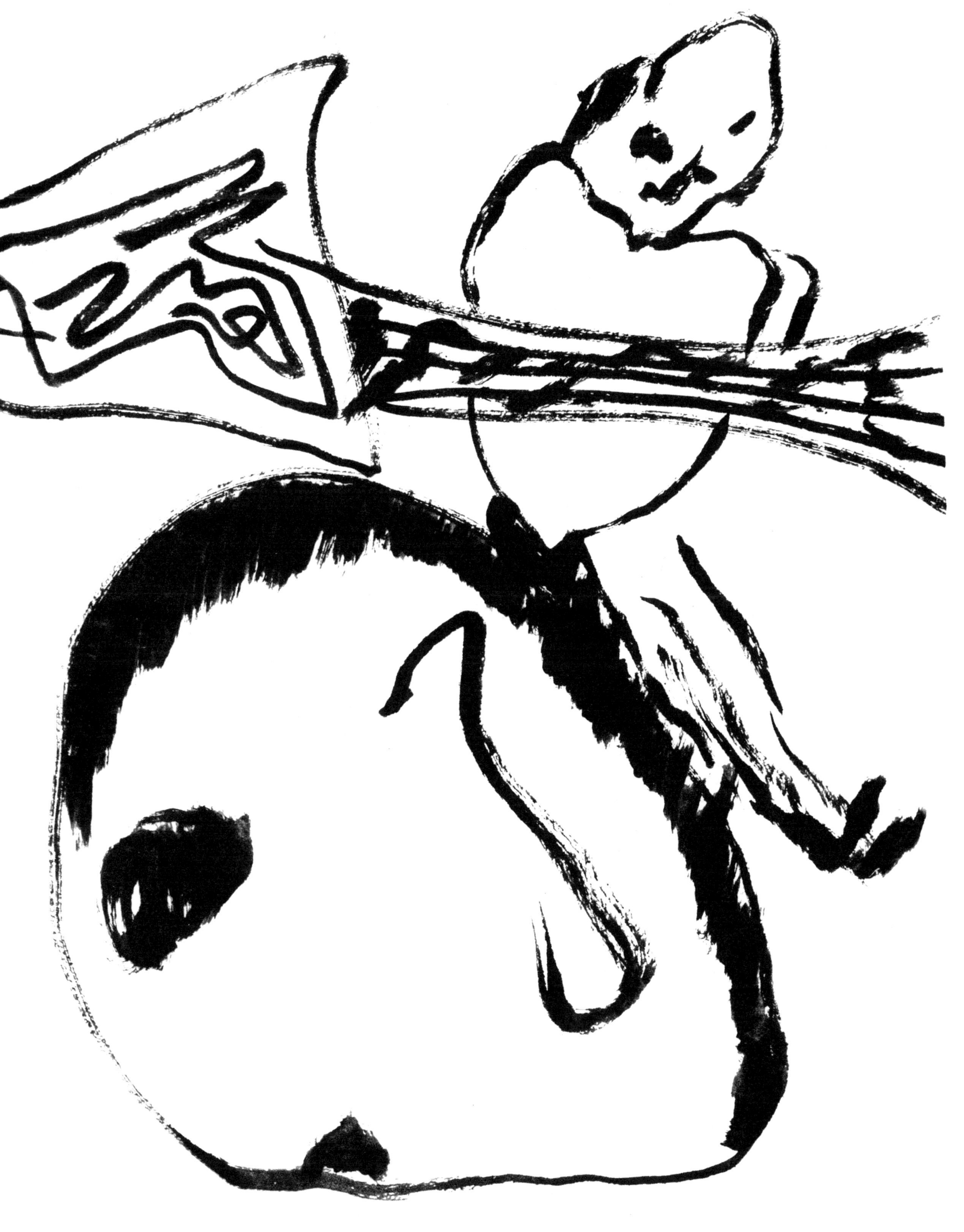

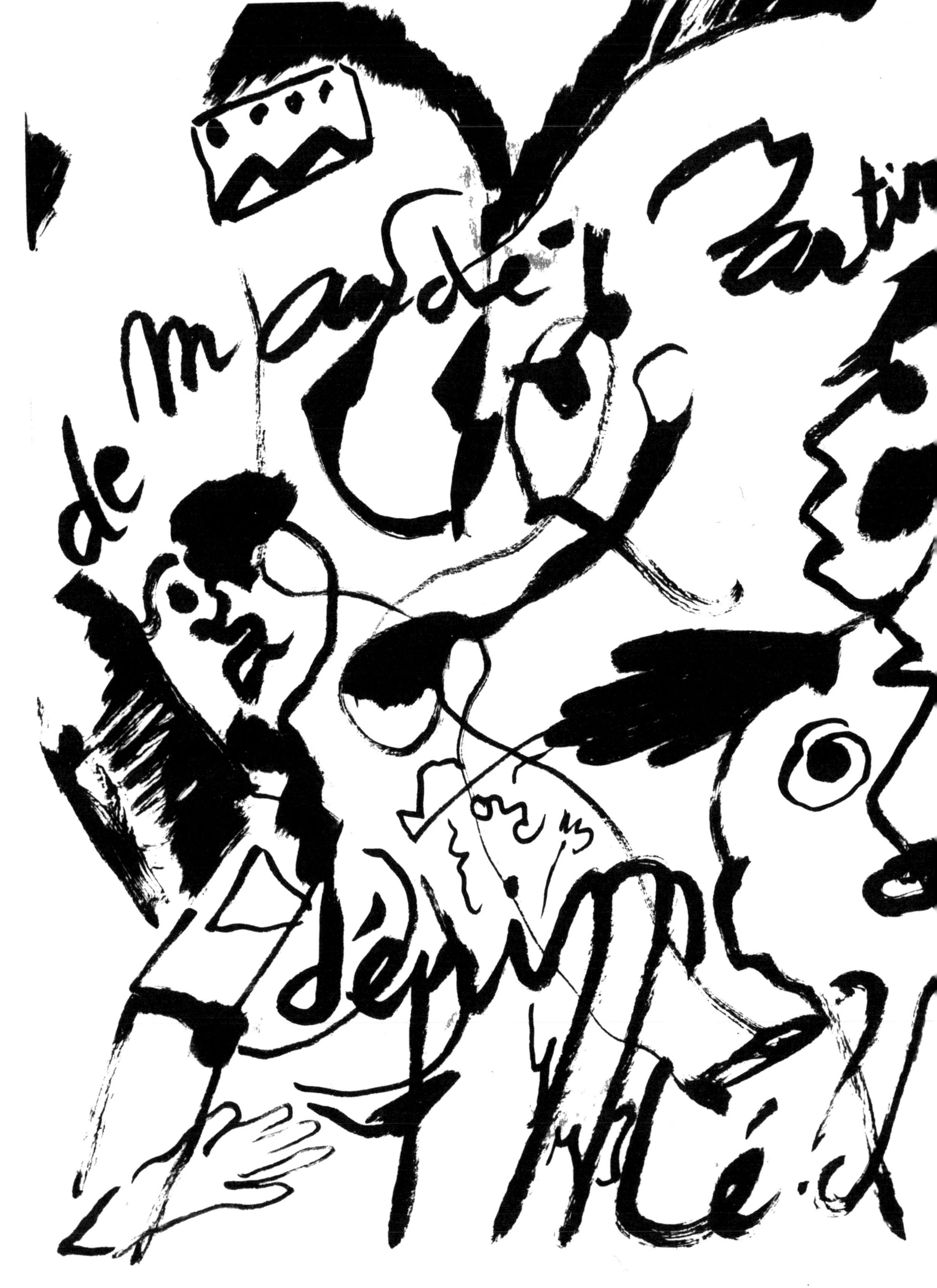

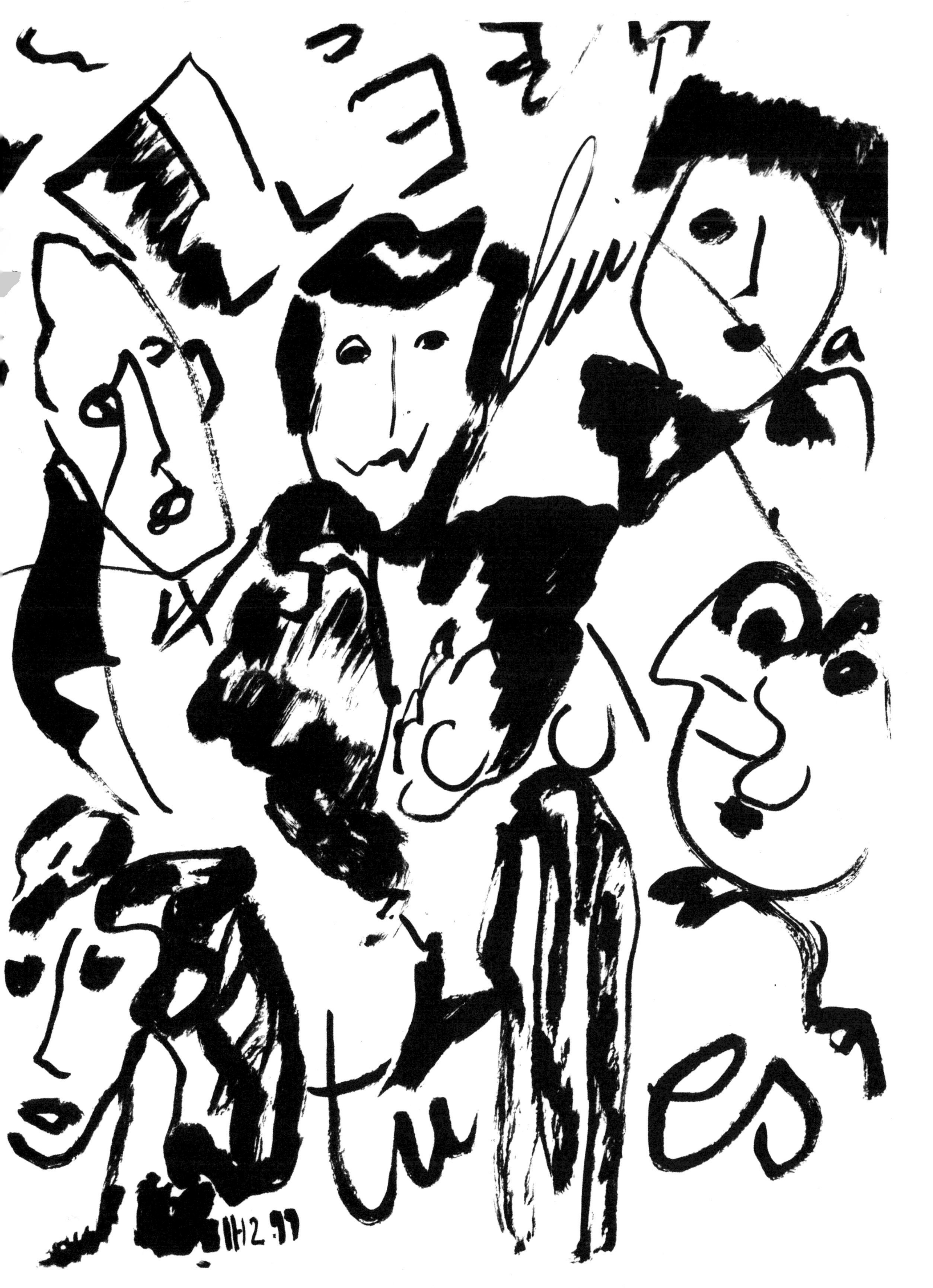

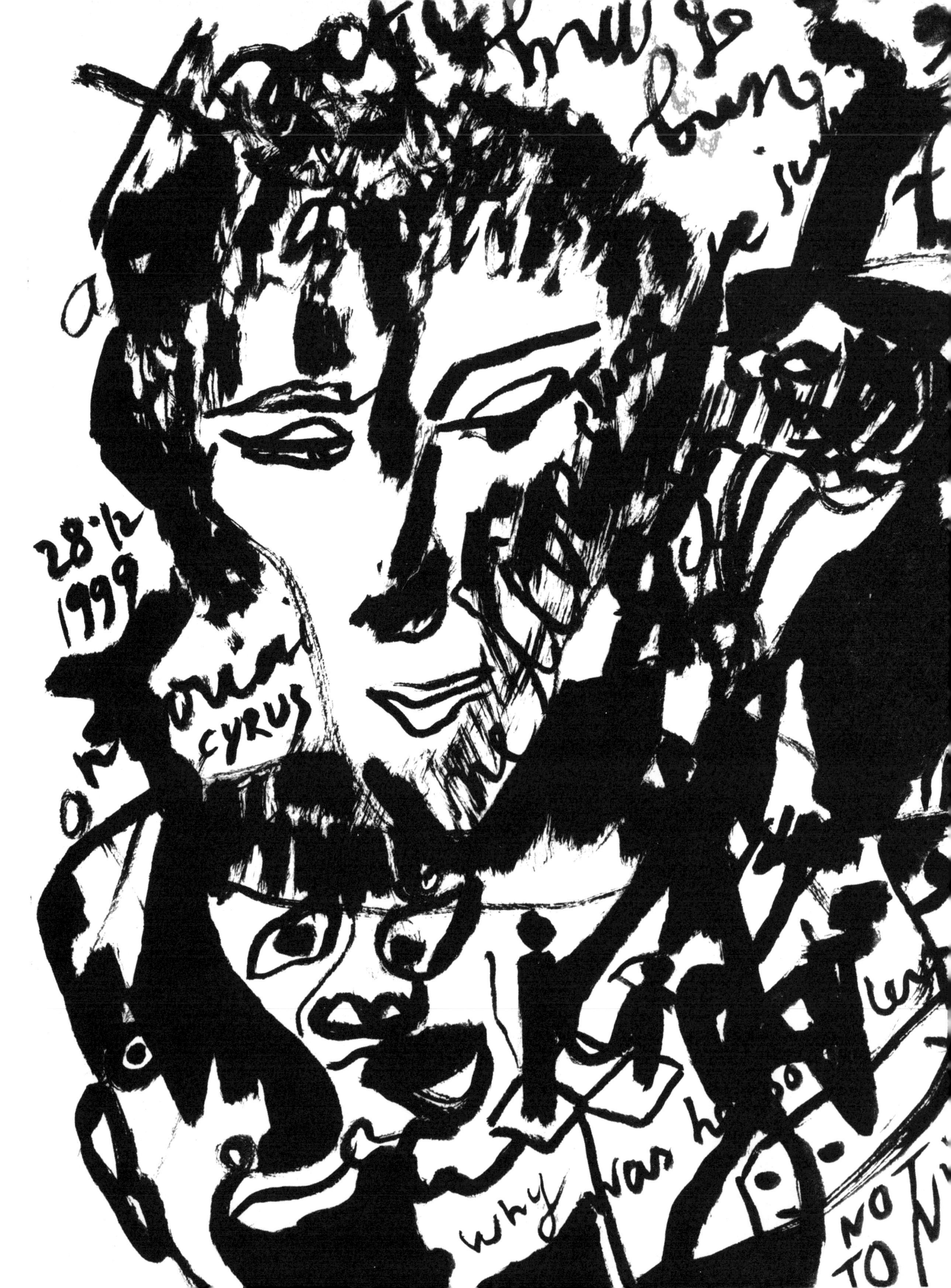

28·12
1999
CYRUS
why was he
NO
TO

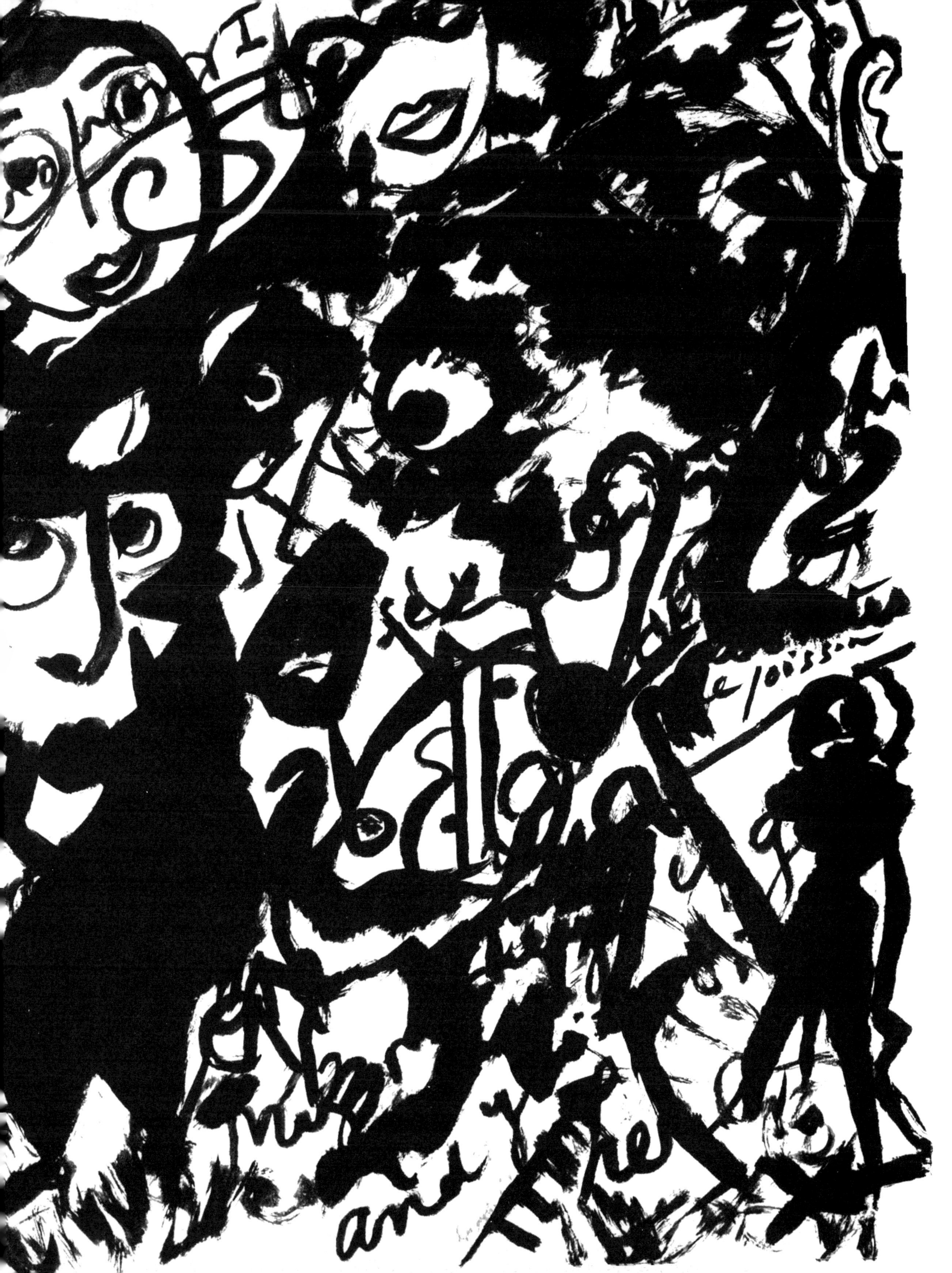

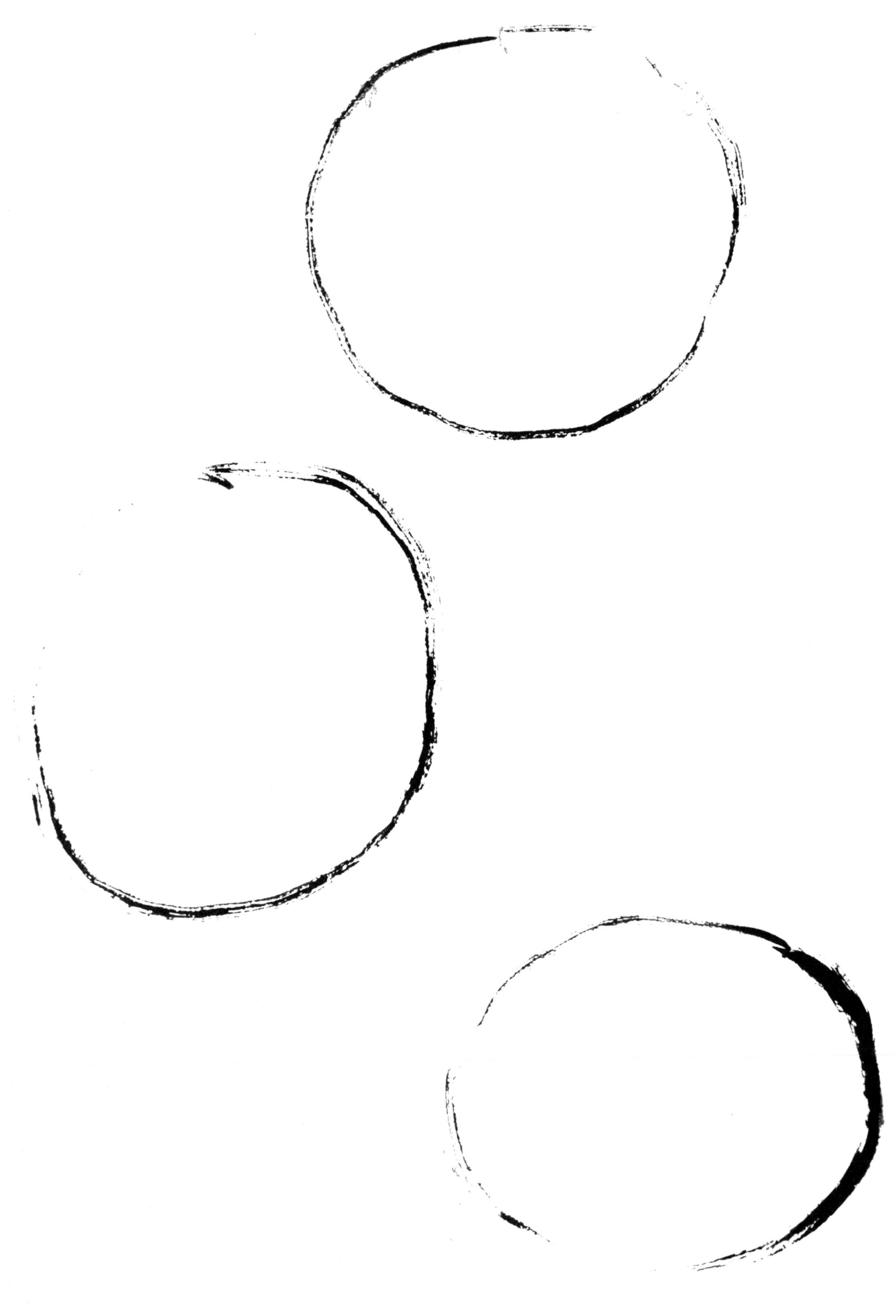

Ces cris que personne n'entend jamais,
les entendront-ils un jour ou faudra-t-il
défoncer la boutique, au risque de ... au risque
d'être haï, au risque de refuts peut-être, mais
pour que la machine puisse un
jour marcher, il faut
sûrement qu'ici ils
a heureusement un
peu à
... entendre.

François-Marie Banier

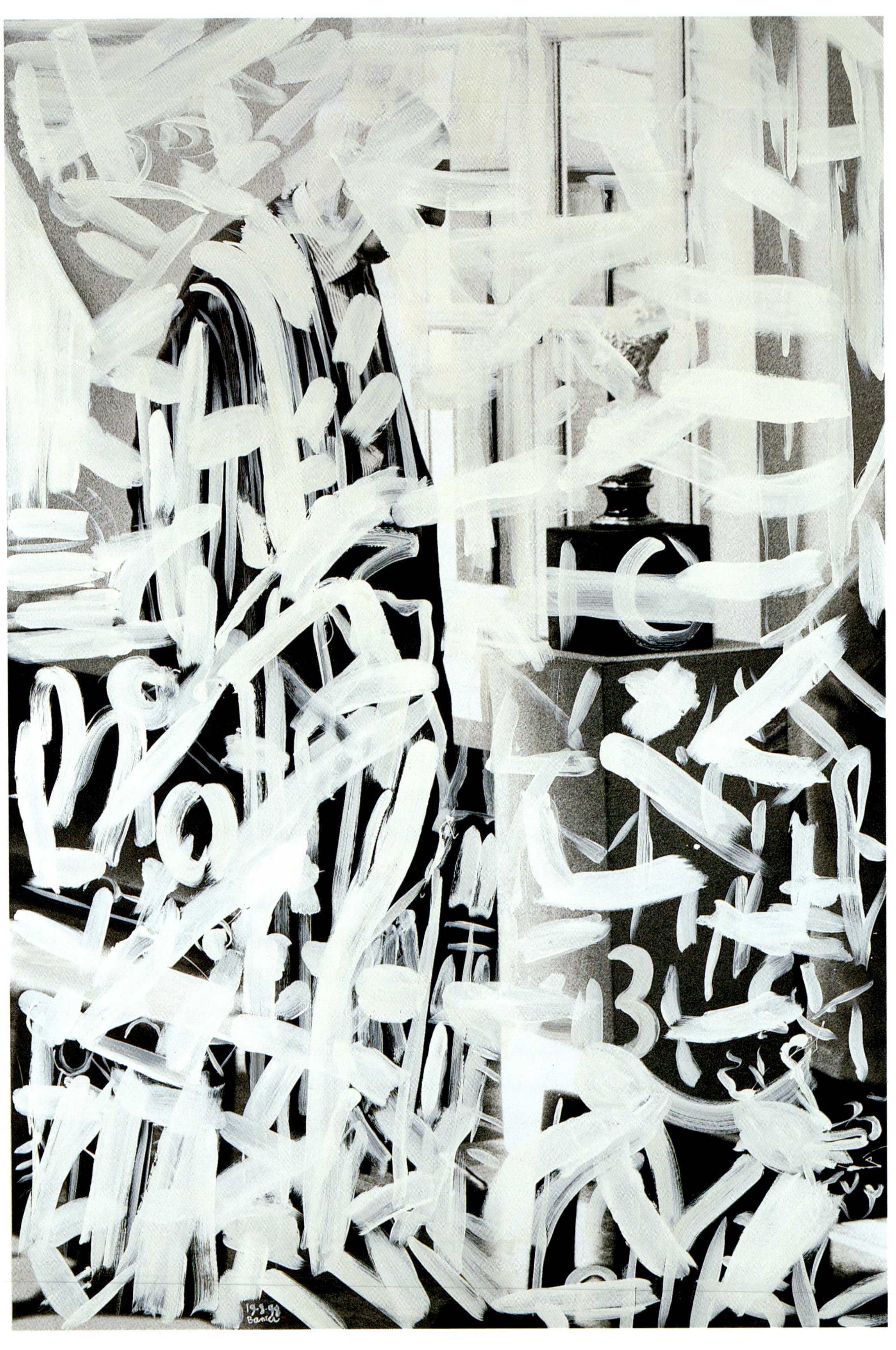

Claude Lévi-Strauss
août 1998
photographie peinte
160 x 110 cm

Johnny Depp
août 1998
photographie peinte
160 x 110 cm

Eric Rohmer
Paris, octobre 1987
photographie
120 x 85 cm

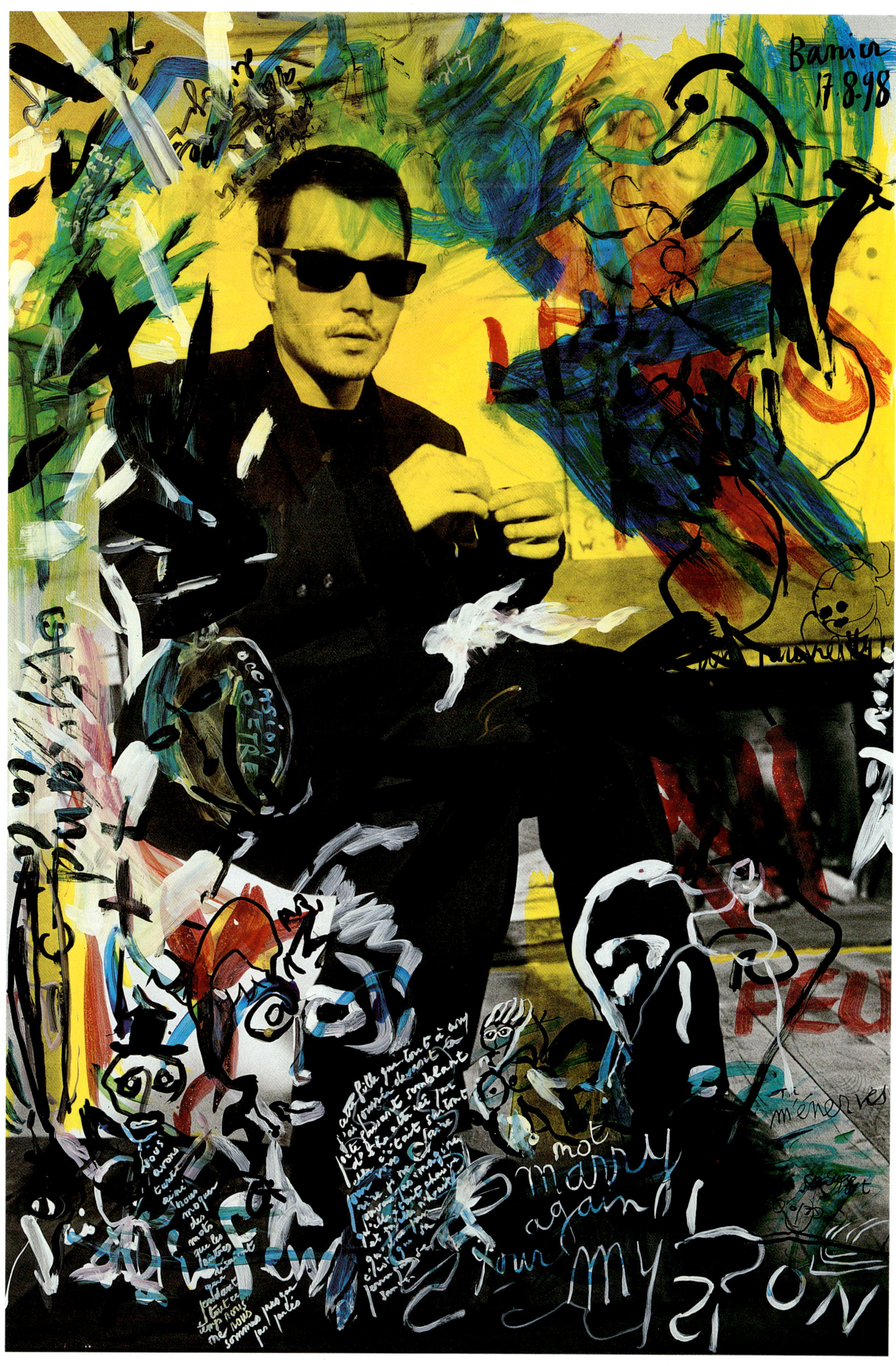

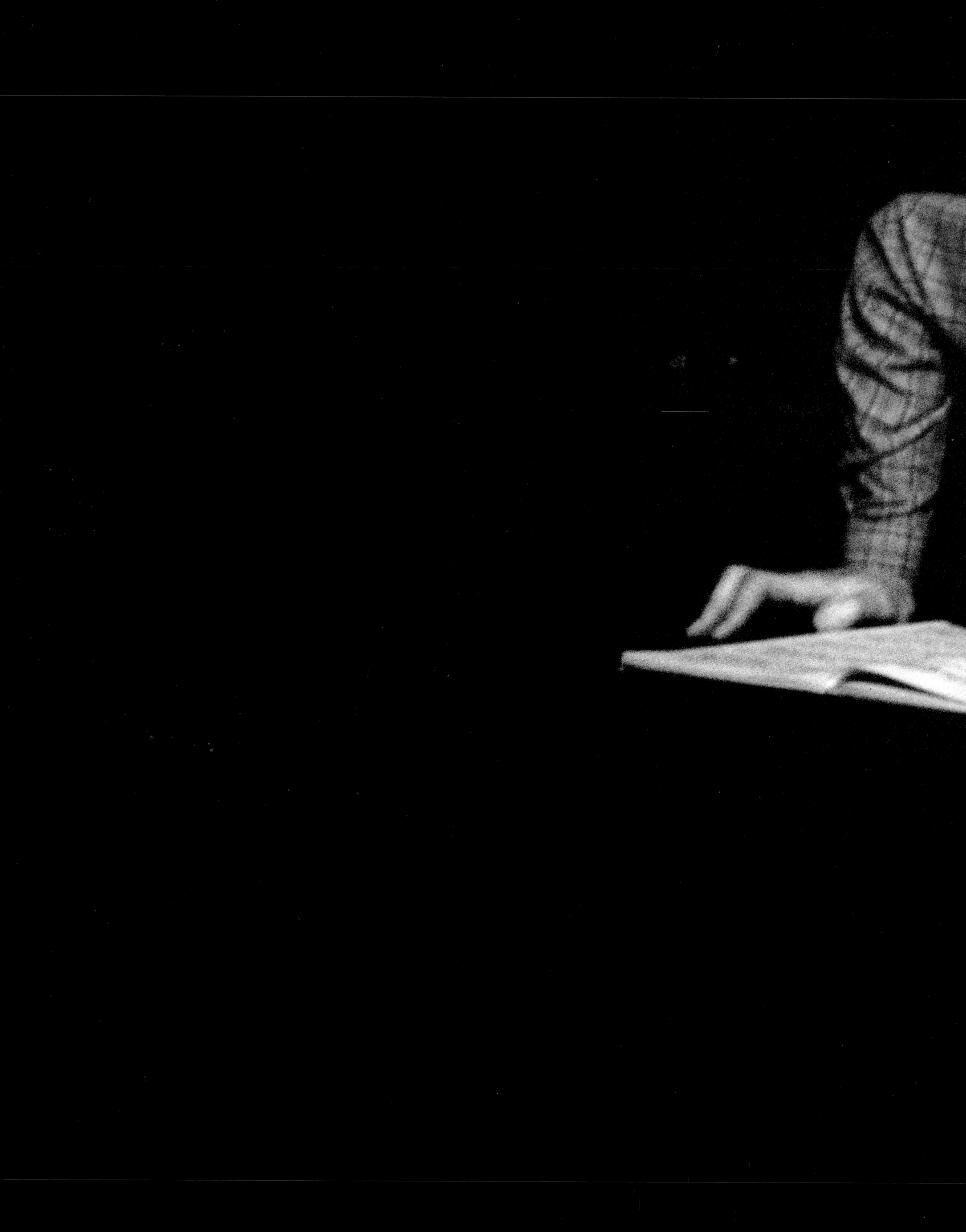

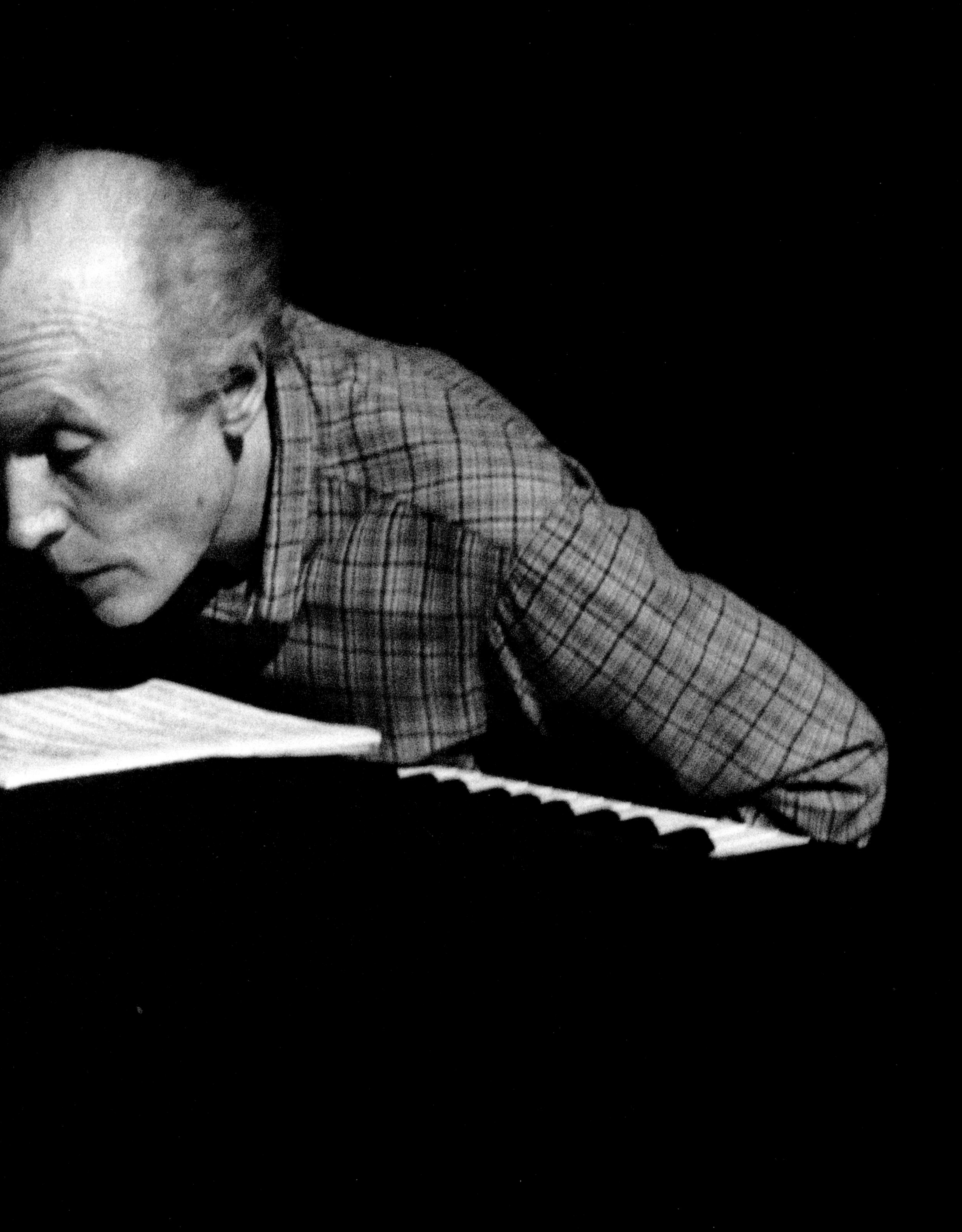

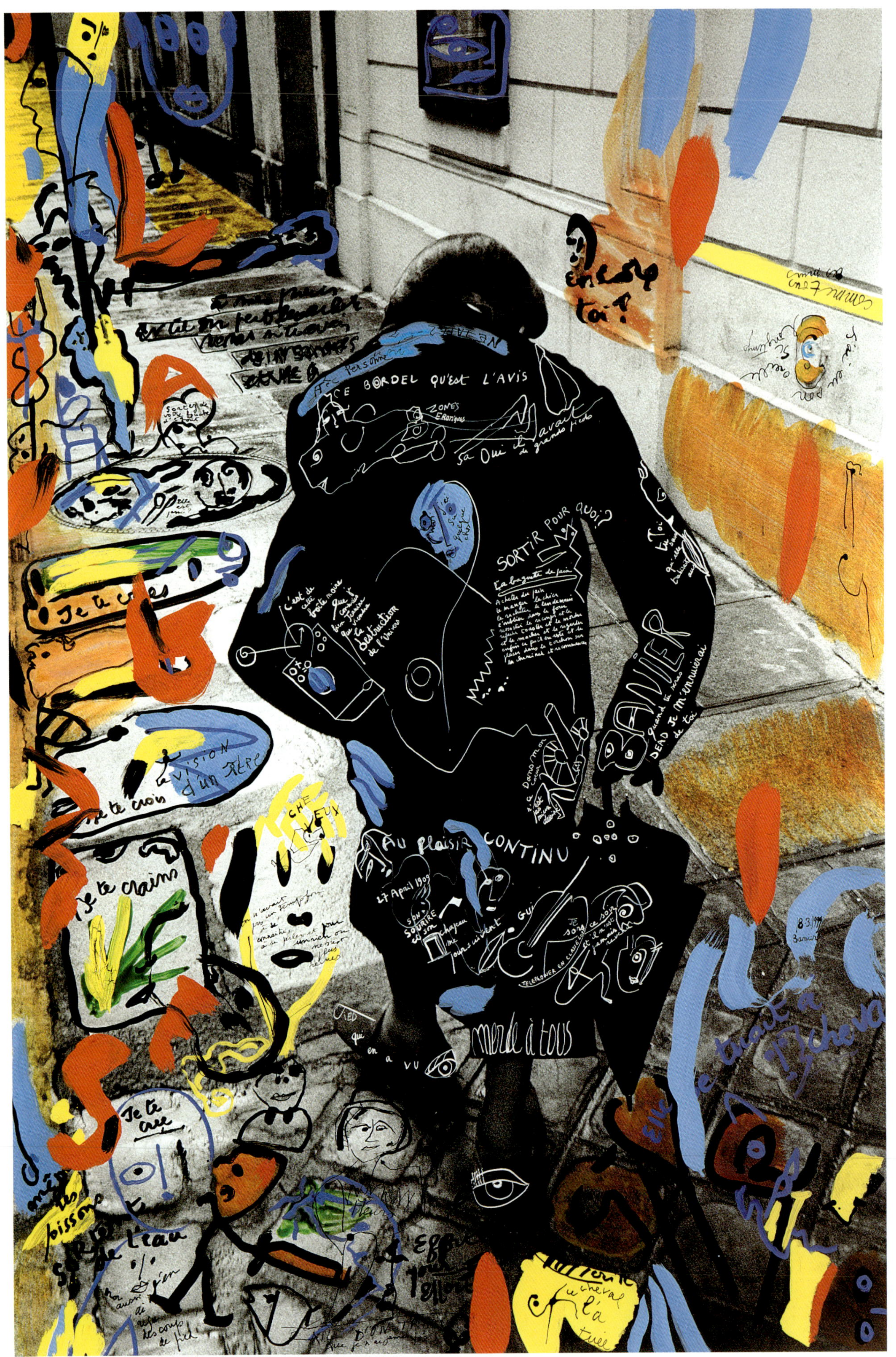

Sortir pour quoi?
1999
photographie peinte
160 x 110 cm

Le fauteuil vide
1999
photographie peinte
160 x 110 cm

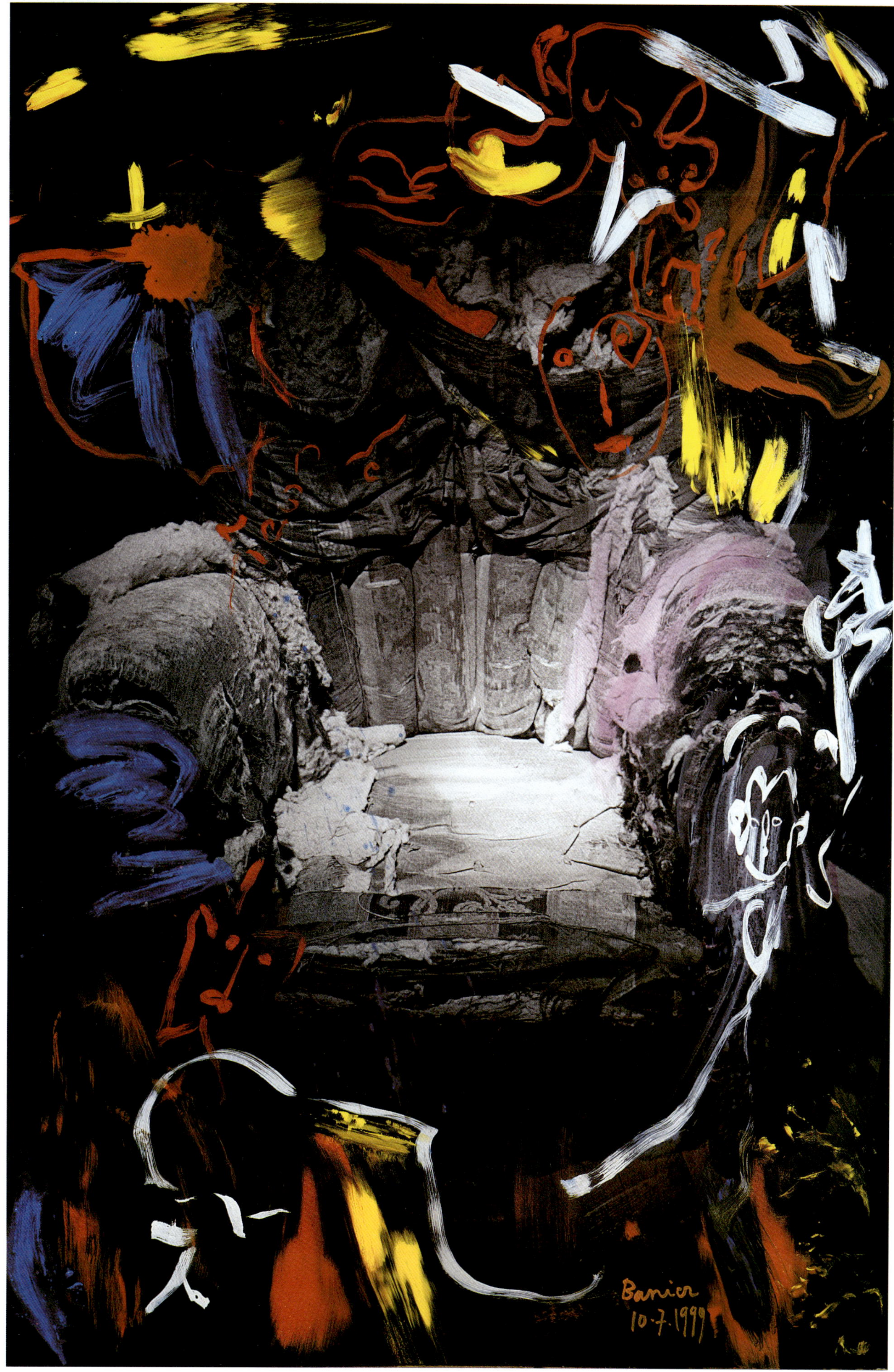

Banier
10-7-1999

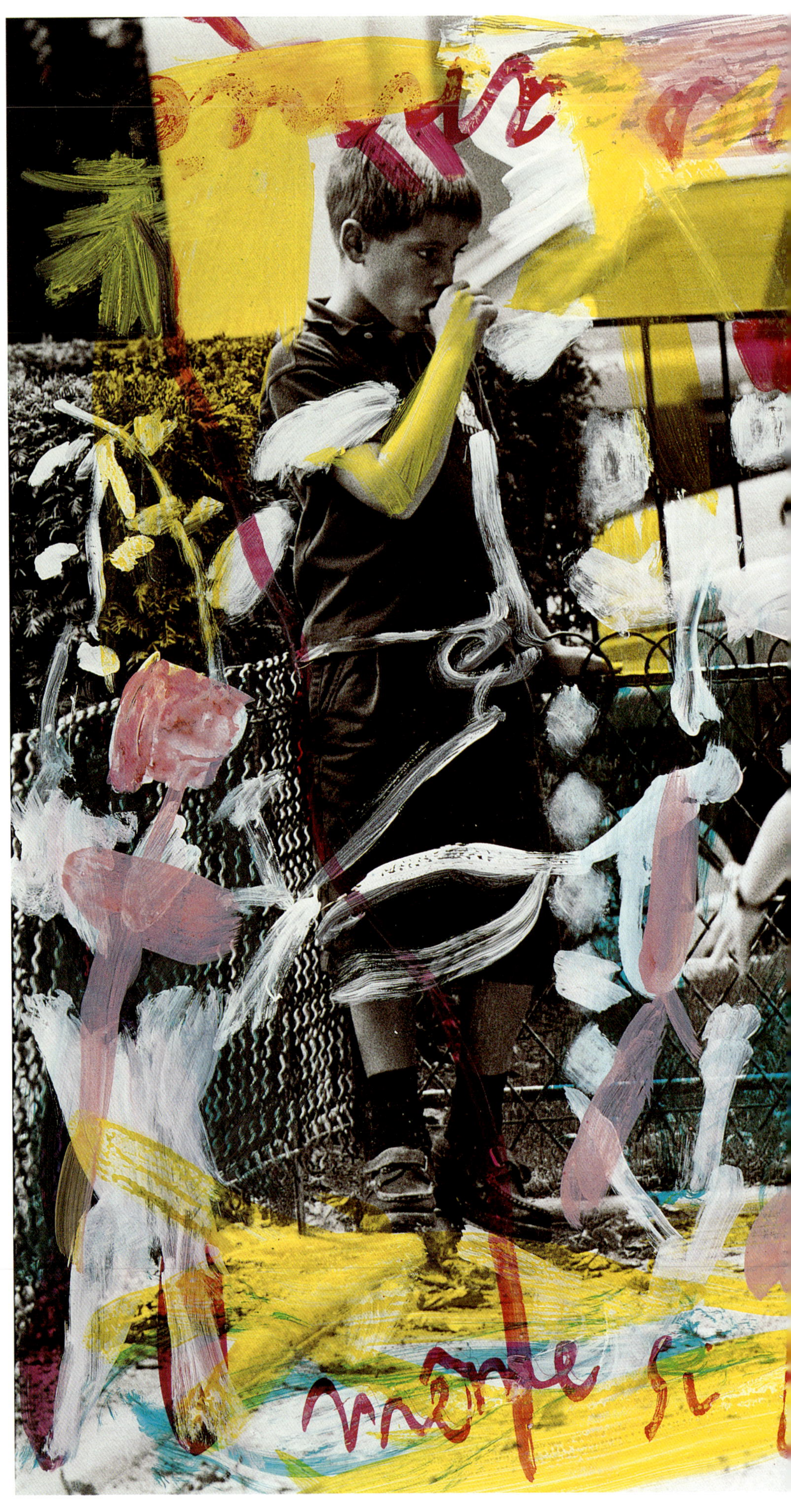

Square Lamartine
juillet 1998
photographie peinte
110 x 160 cm
(collection privée)

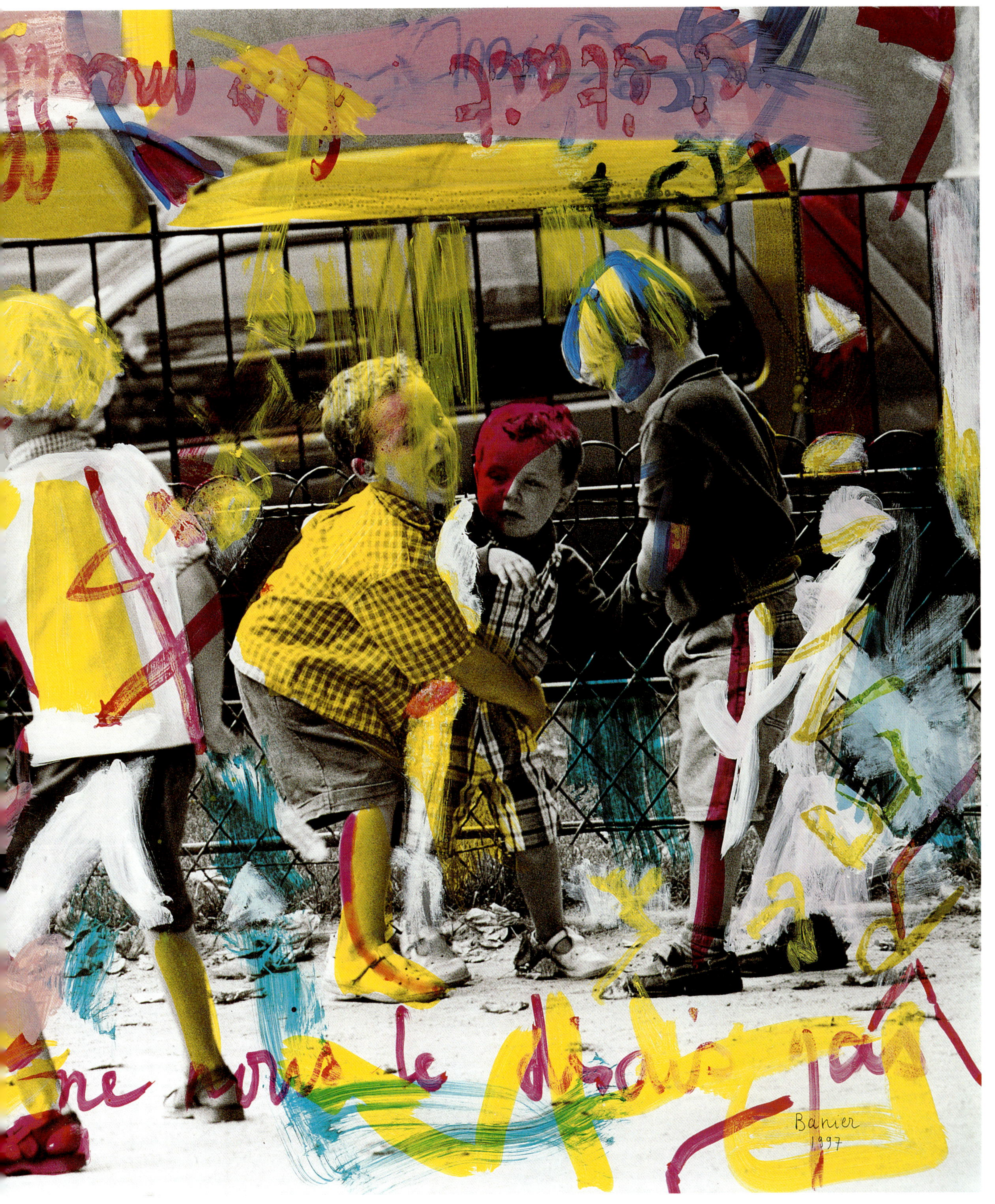
Banier
1997

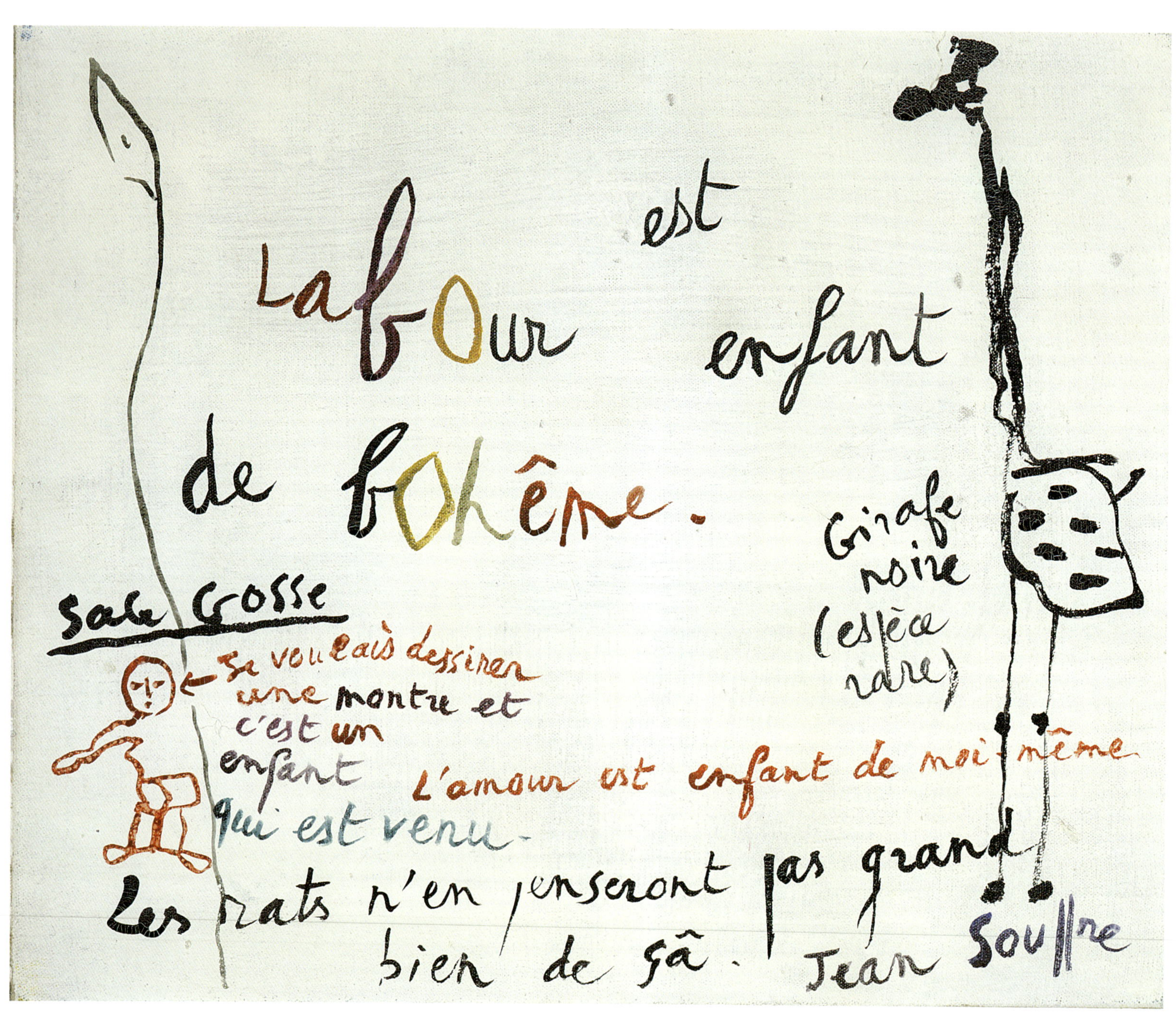

Sans titre
huile sur toile
38 x 46 cm

Sans titre
huile sur toile
1993
33 x 46 cm

122

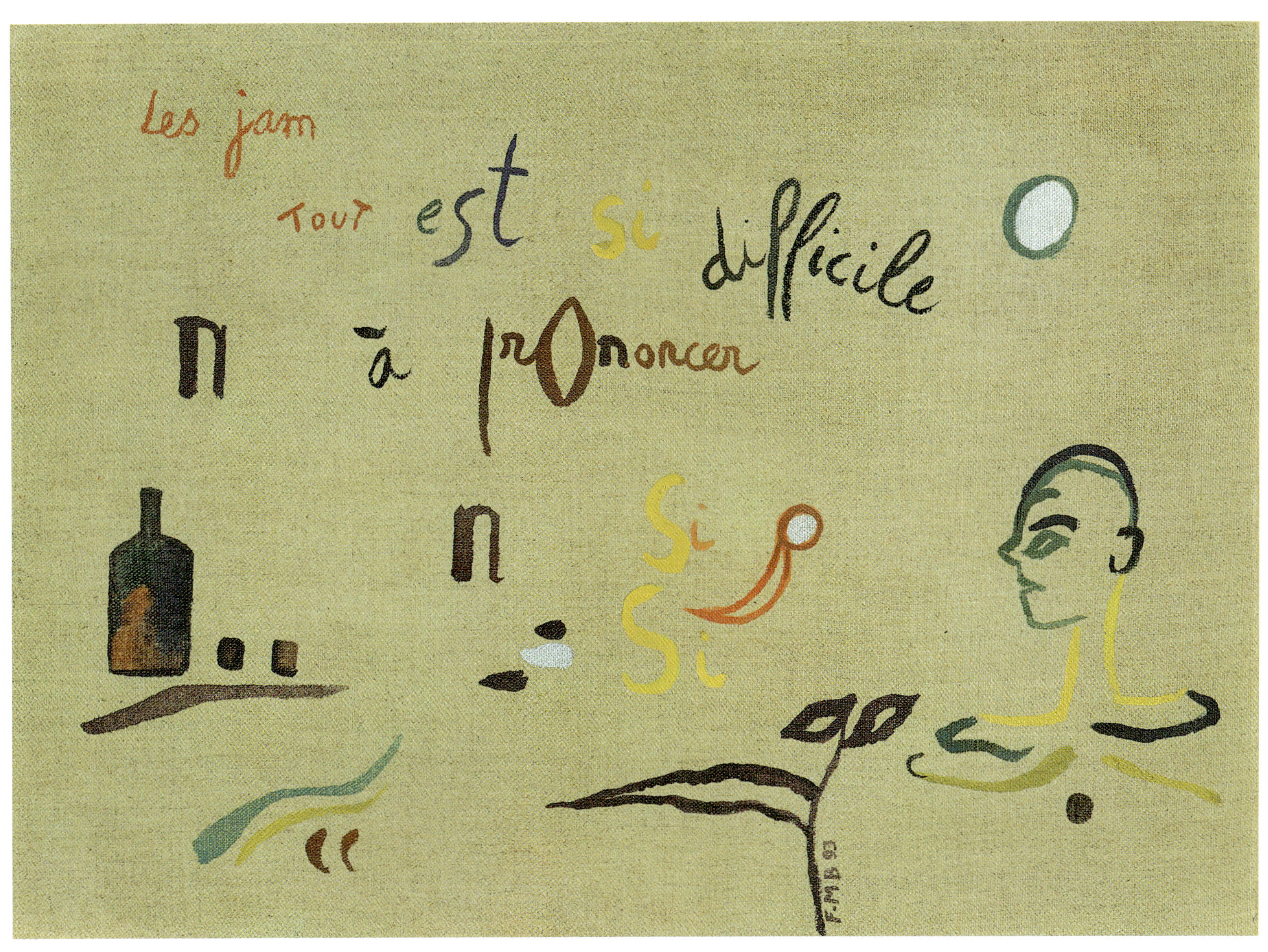

les jam
TOUT est si difficile
à prononcer
si
si
F-MB 03

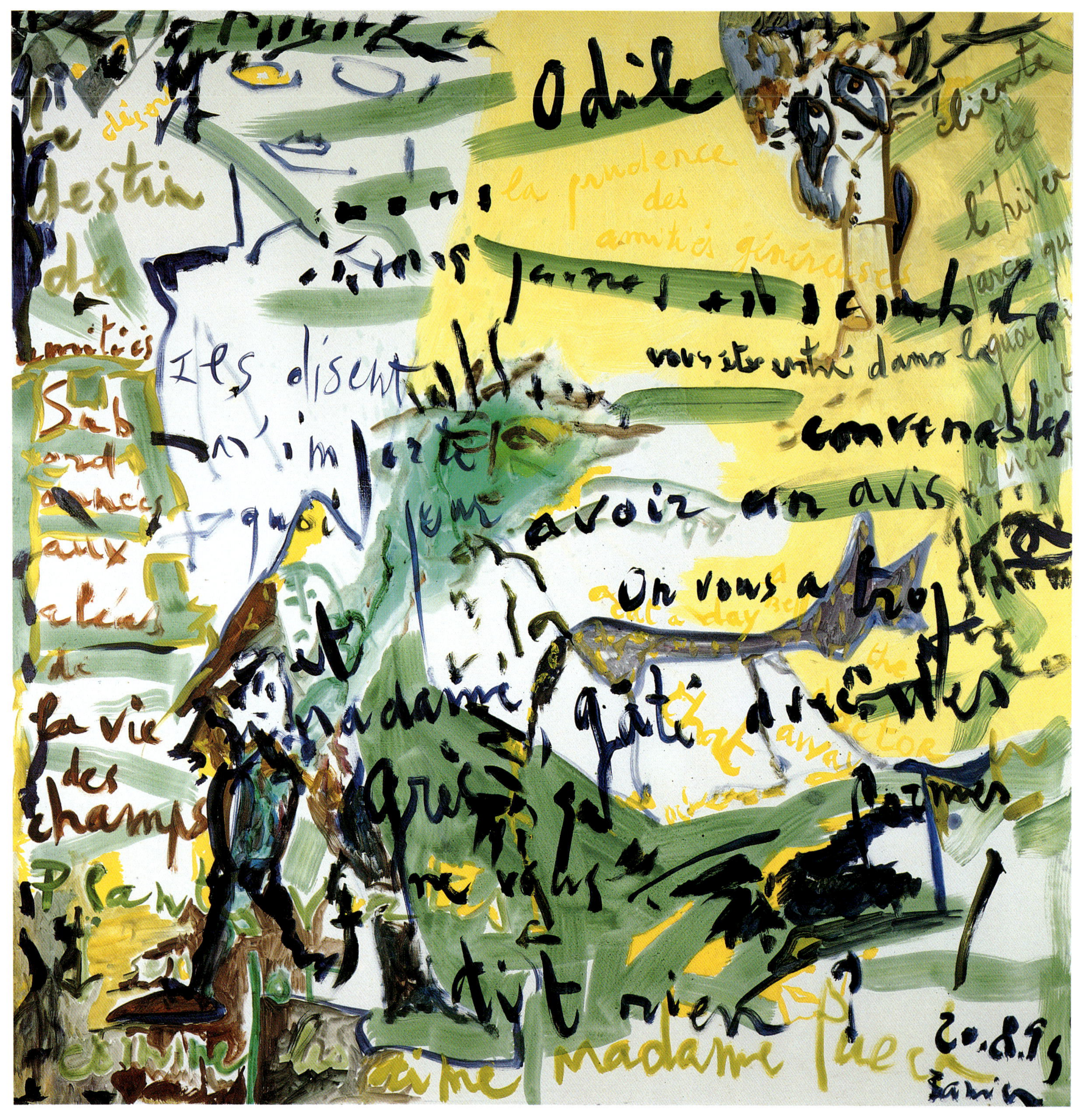

Avoir un avis
août 1994
huile sur toile
150 x 150 cm

**Traces sur fond jaune
et orange**
1999
huile sur toile
162 x 130 cm

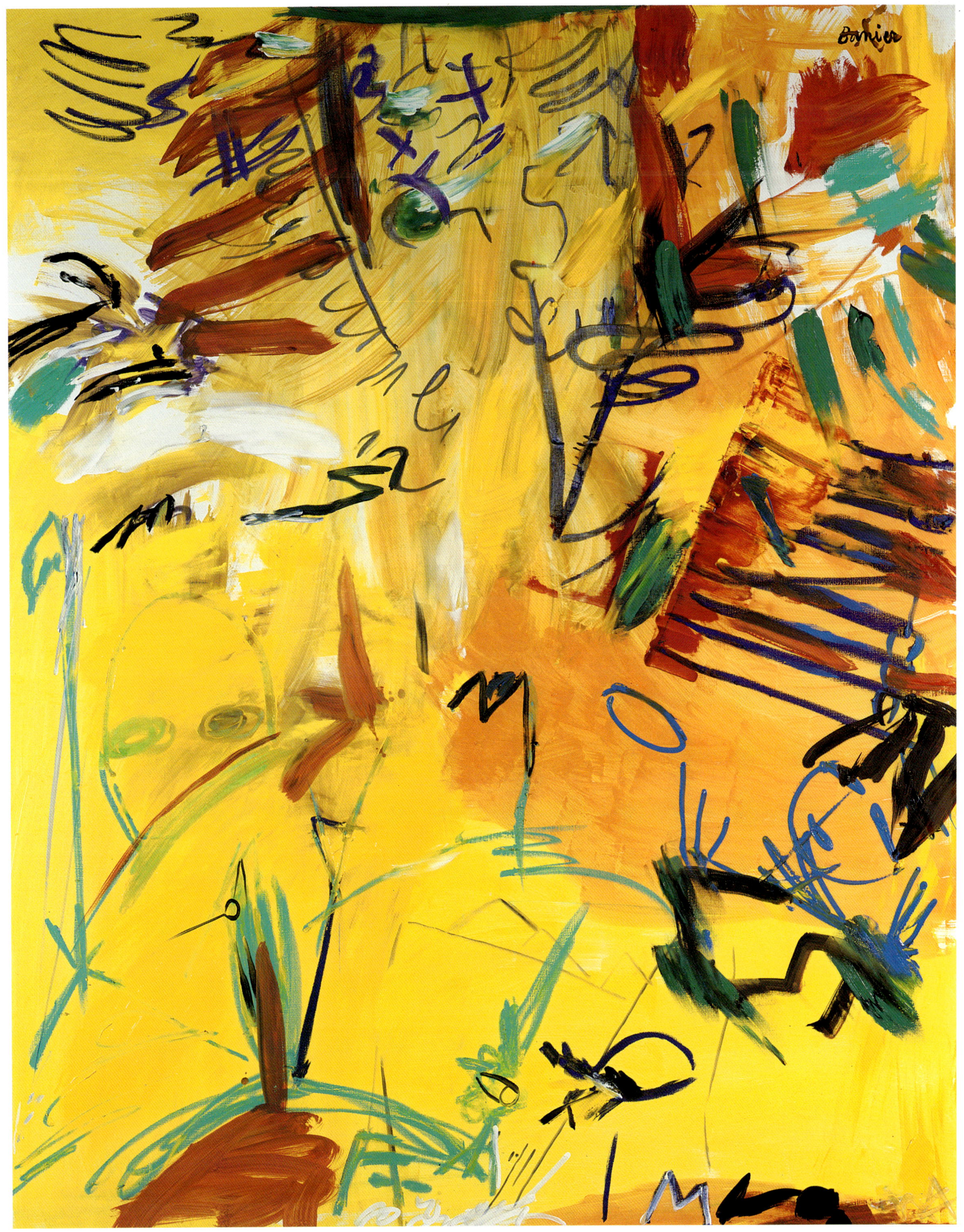

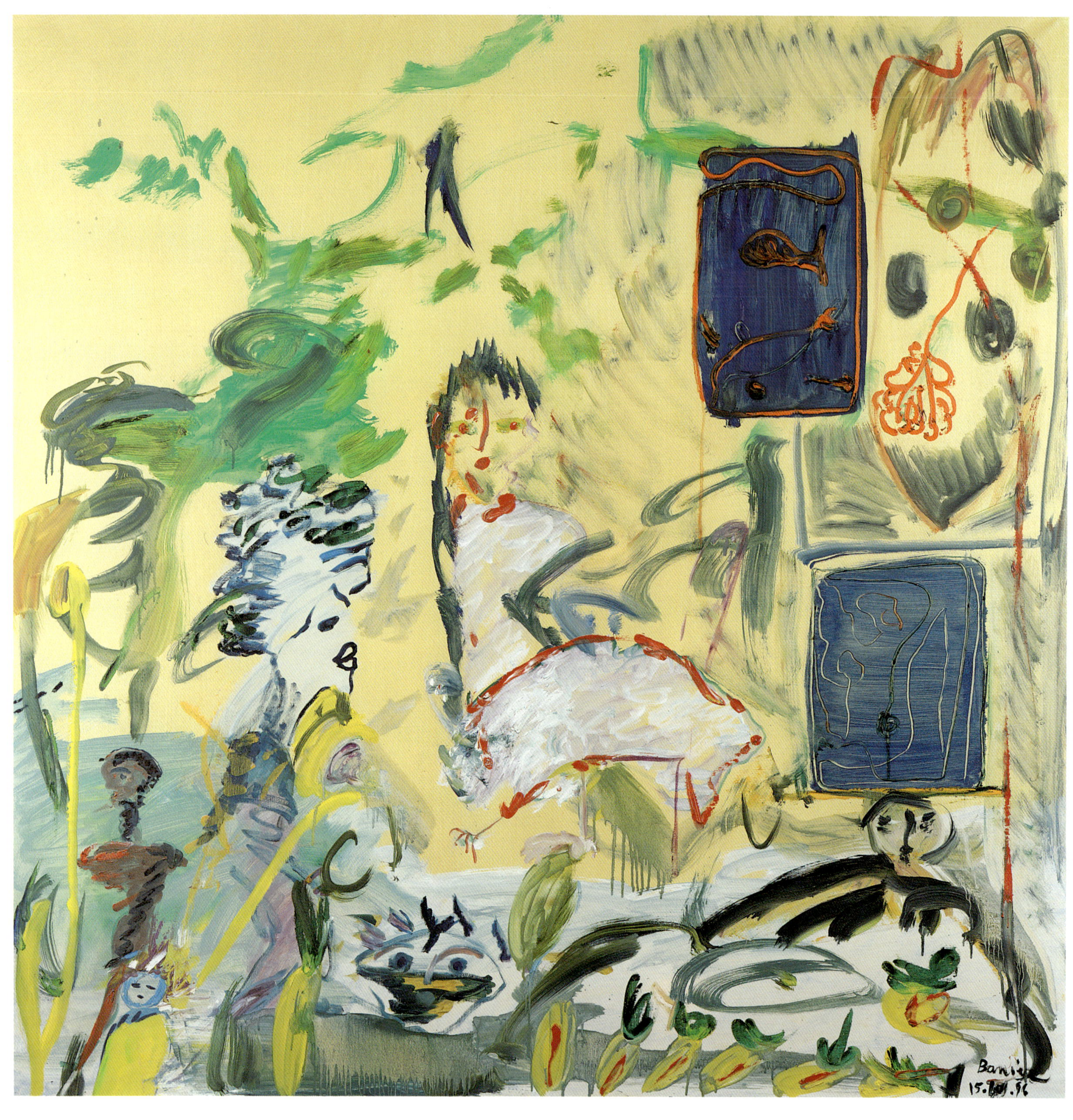

15 octobre 1996
huile sur toile
150 x 150 cm

Aime-moi
novembre 1998
huile sur toile
100 x 81 cm

Juge
février 1999
huile sur toile
114 x 195 cm

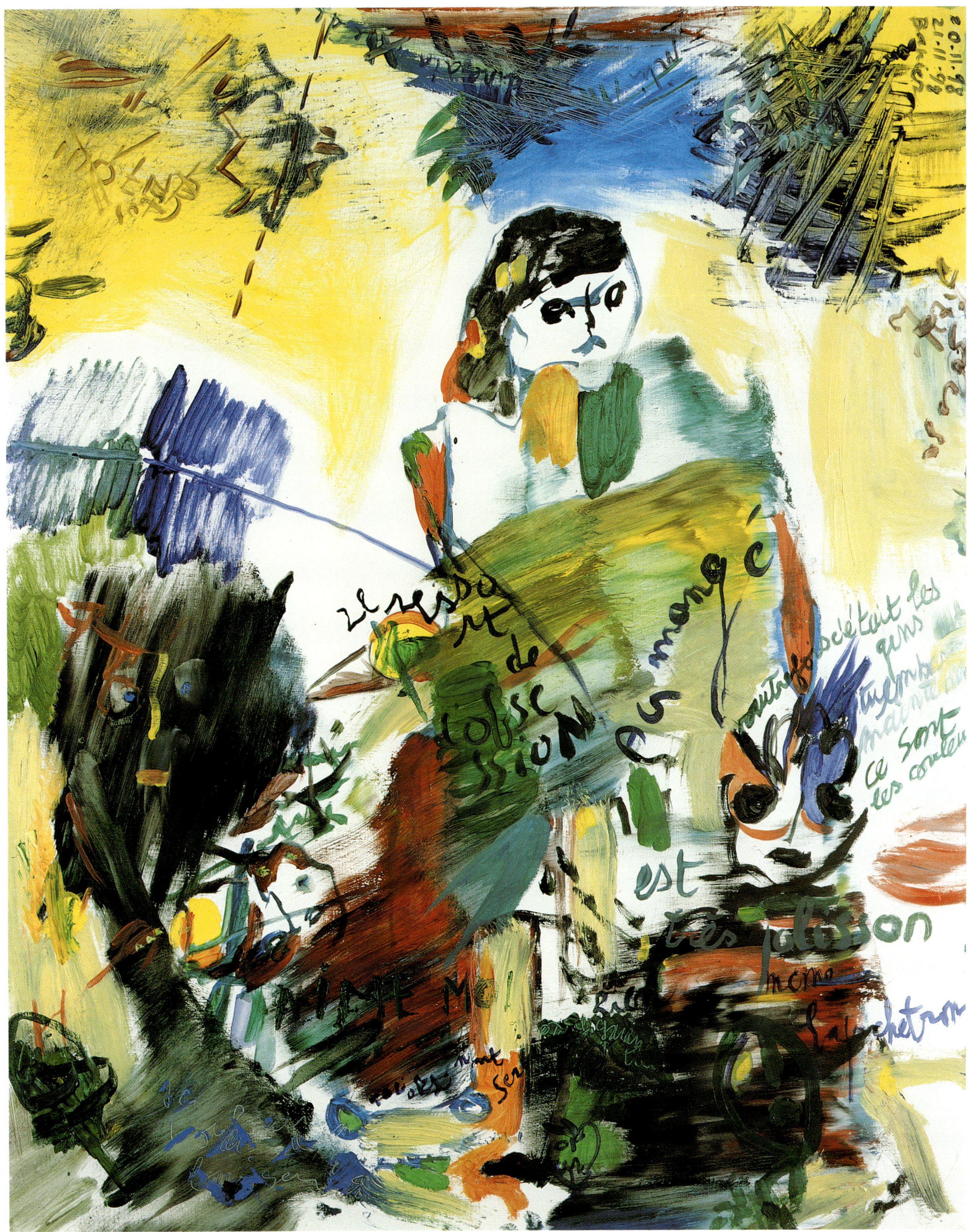

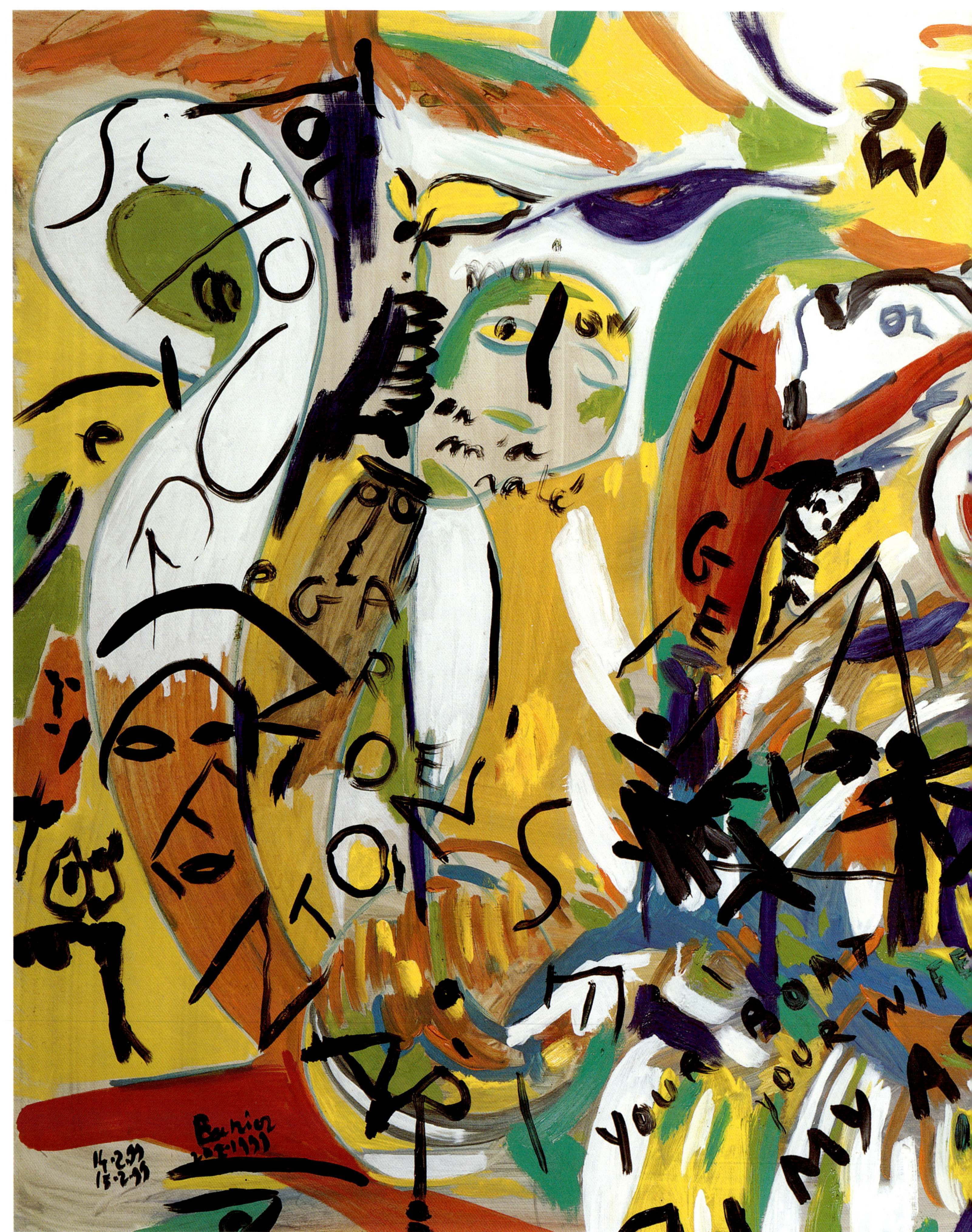

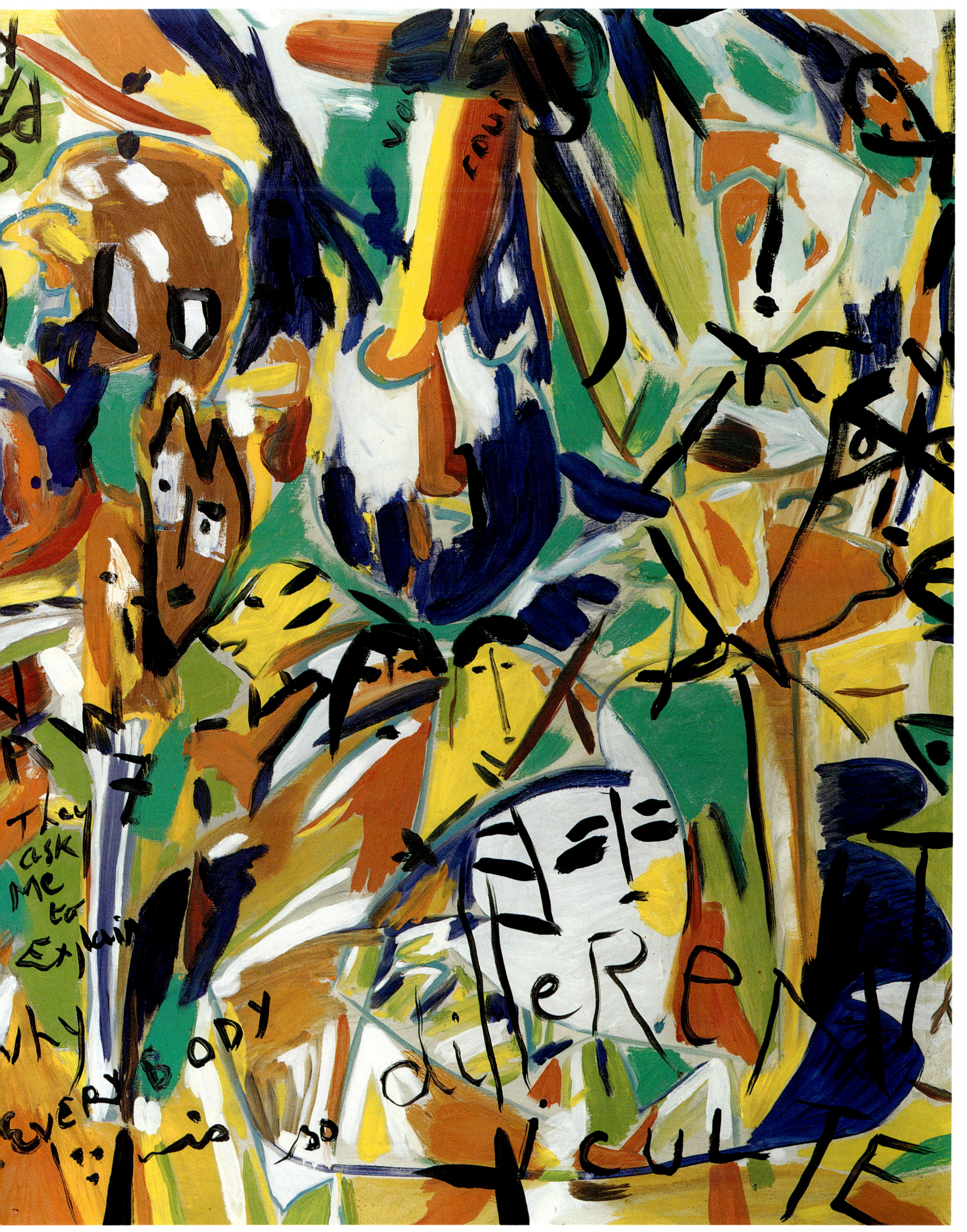

They
ask
Me
to
Explain
why
EVERYBODY
EVERY
different
Y'CULTE

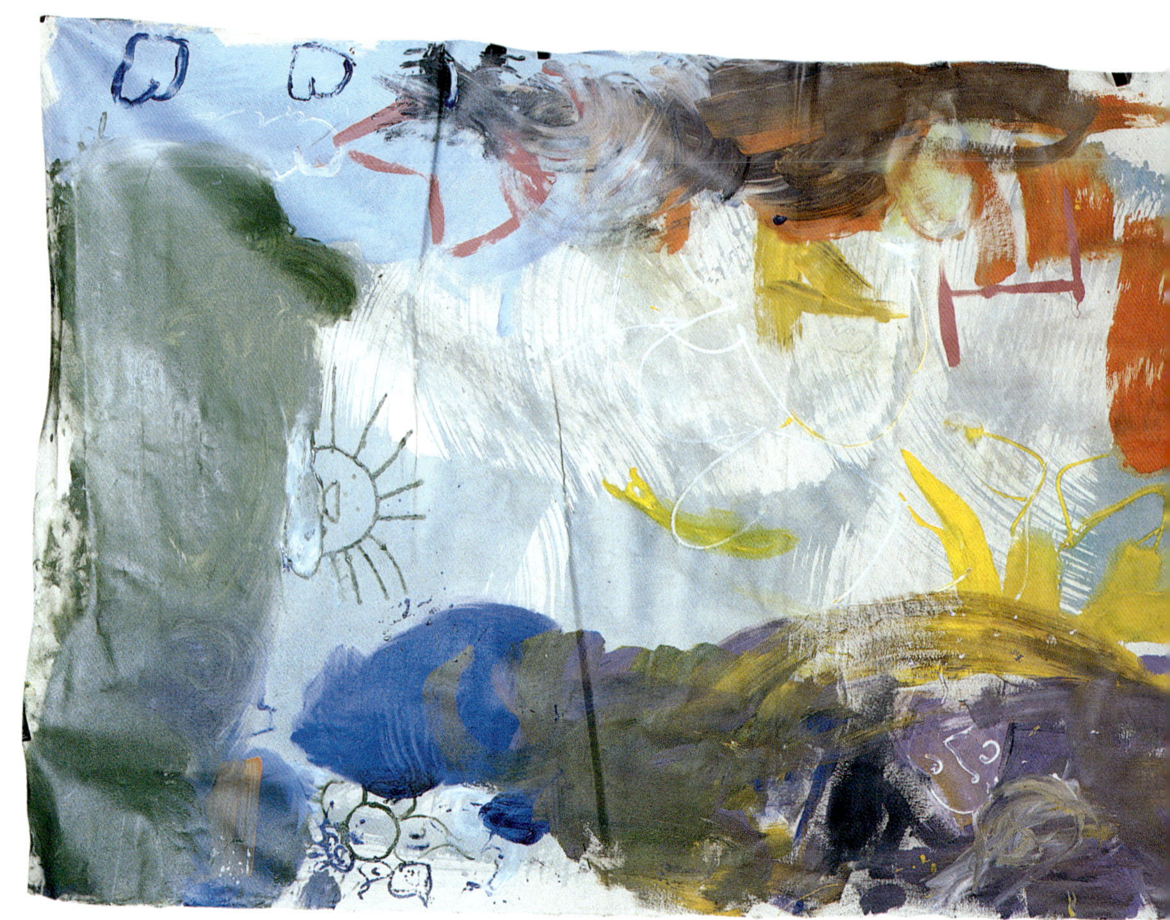

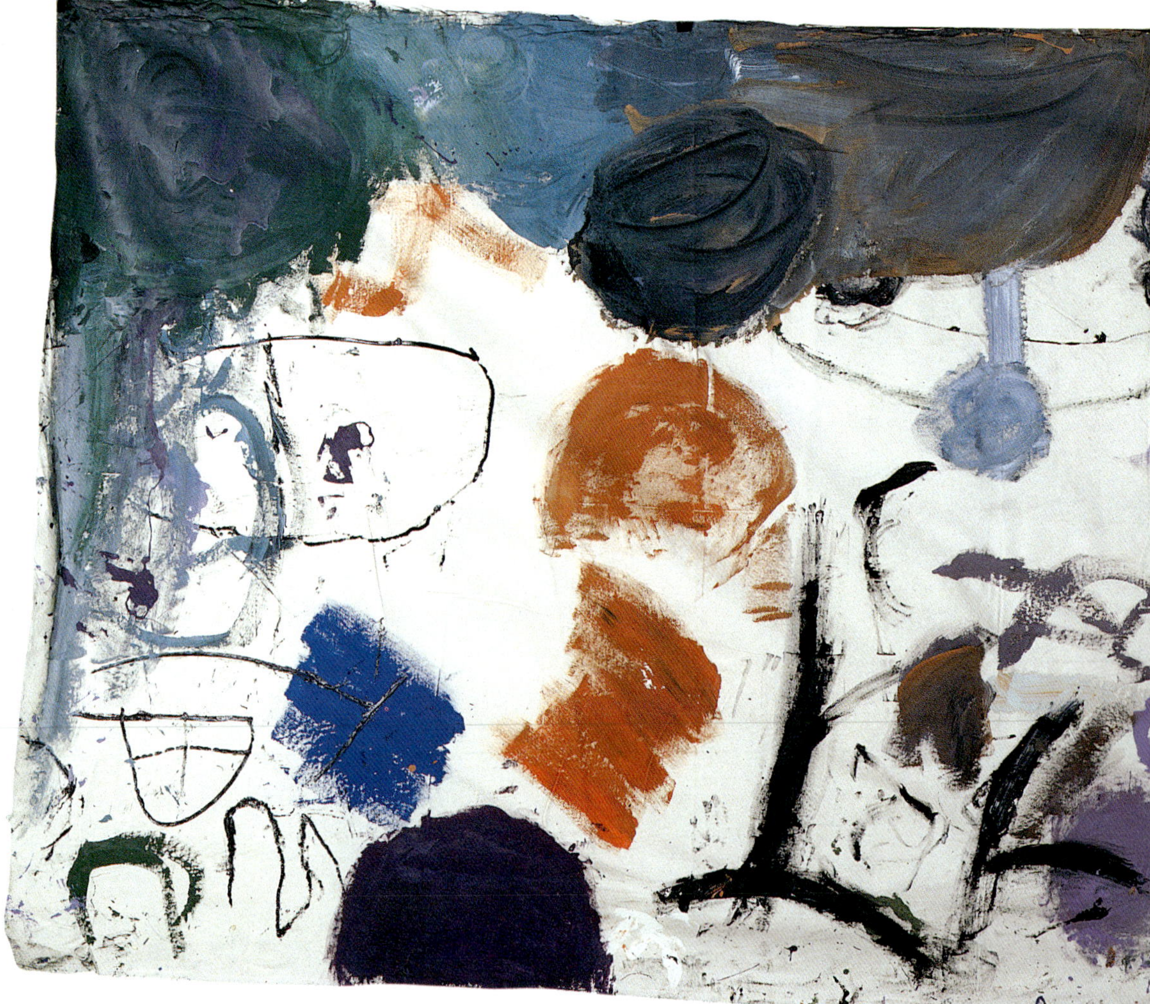

Peint avec les enfants
de Mangueira II
Rio De Janeiro 1999
acrilique sur toile
174 x 595 cm

Peint avec les enfants
de Mangueira I
Rio De Janeiro 1999
acrilique sur toile
168 x 500 cm

130

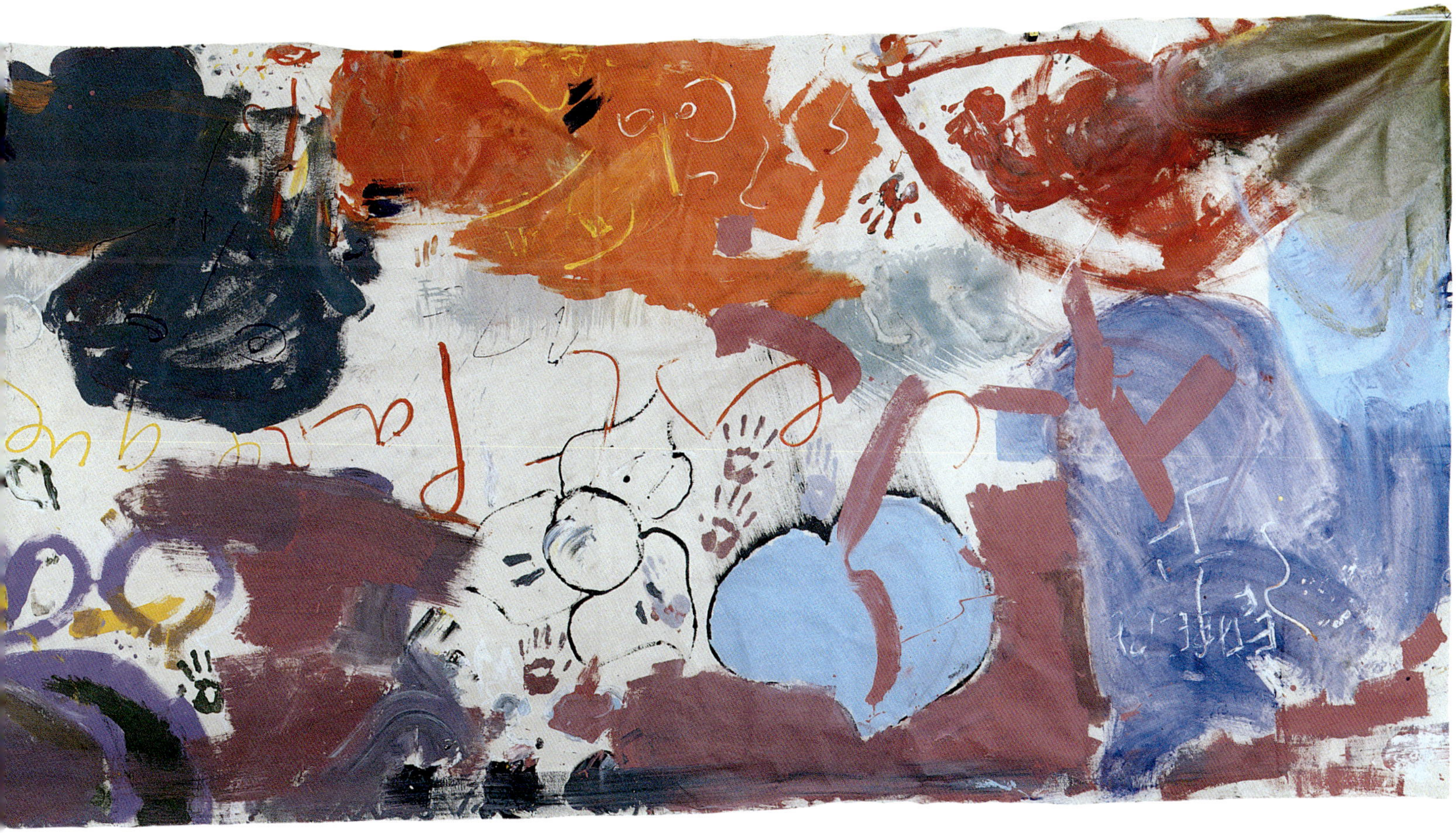

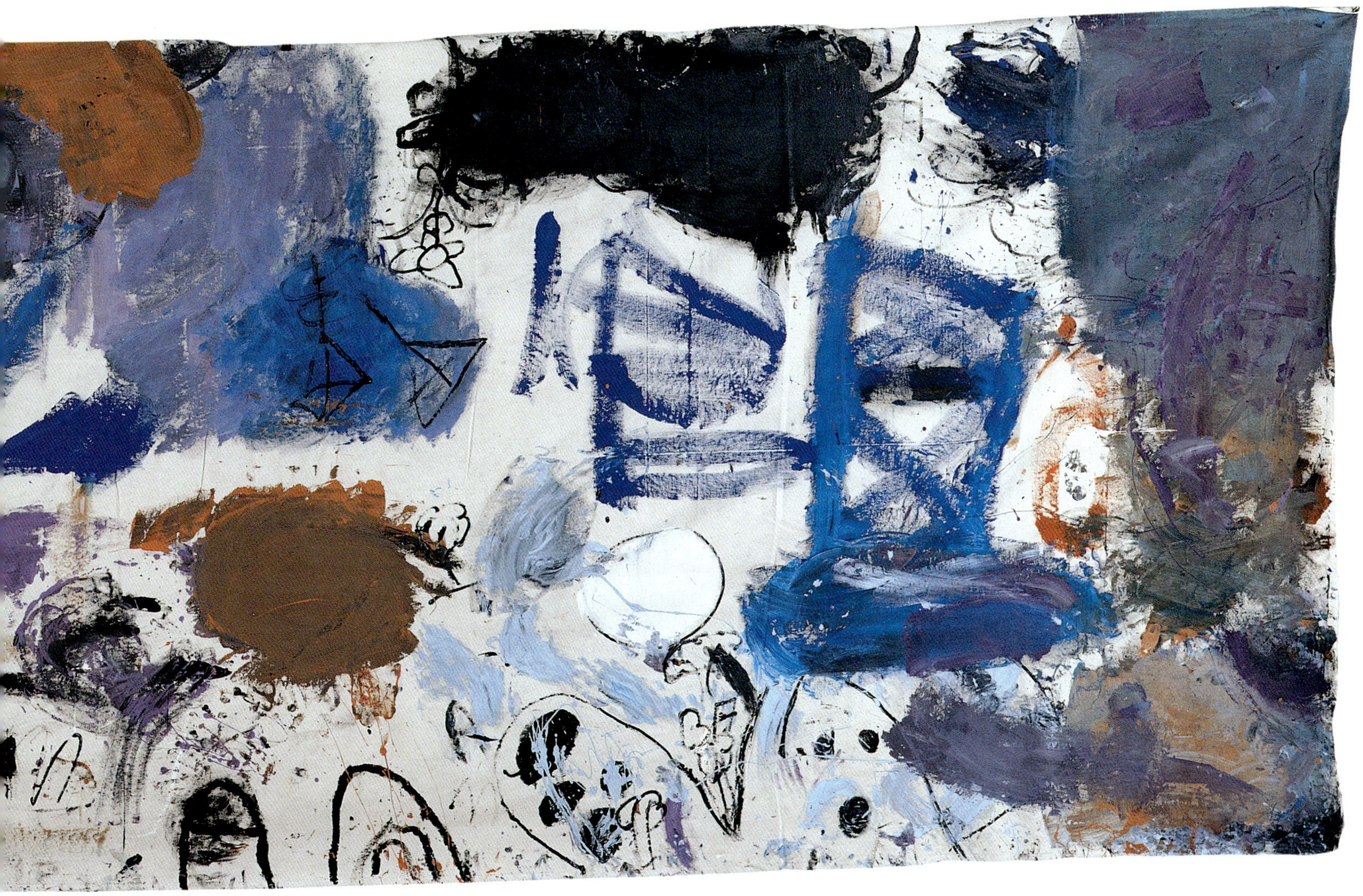

Autoportrait
avril 1998
photographie peinte
160 x 110 cm
(collection privée)

llery
ion)

eters on the second
all will show special
nternational curators
Committee will select
artists to present their
mon exhibition theme.

ory Forum of Multi-me-

second floor of the Ex-
 four-day video project
vies and documentaries
participation of artists,
xperts.

s, curators, art museum
ment representatives will
entre Conference Room to
hemes related to art.
mpanied by the numerous
Beijing in the beginning of
strict to the spring art auc–

osition. / **Jun Nguyen-Hatsushiba.**/

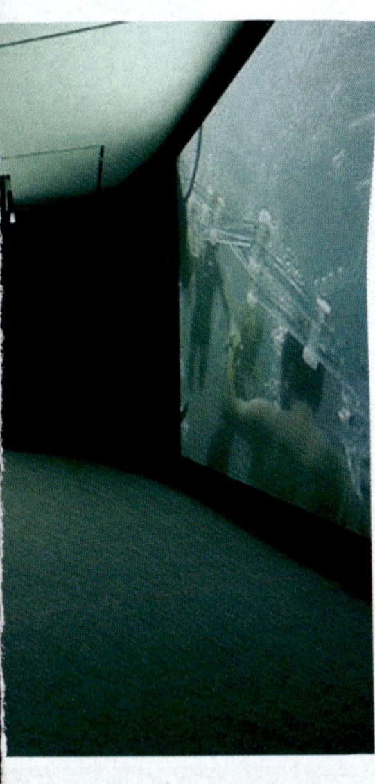

Additionally,
approached came
or "Too far out of
In spite of na
events across 35
over the midwinte
injected an estimai
economy. Of cours
paid, and the par
hands into their ow
fee. Similarly, no o
their travel to Dayl
managed to find eno
to contribute enough
any objective analysi
unqualified success.
In this process,
that could see the "t
event. They recognize
audience through the
And, even if they didn
most of our audience
they came. No matter w
throughout the local e
their cafes, restaurant
spaces.
The shows we att
could see our biennial's
it's good for photograph
allocated exhibition spac
of gallery lighting, clima
was part of the challeng
take your pictures into a

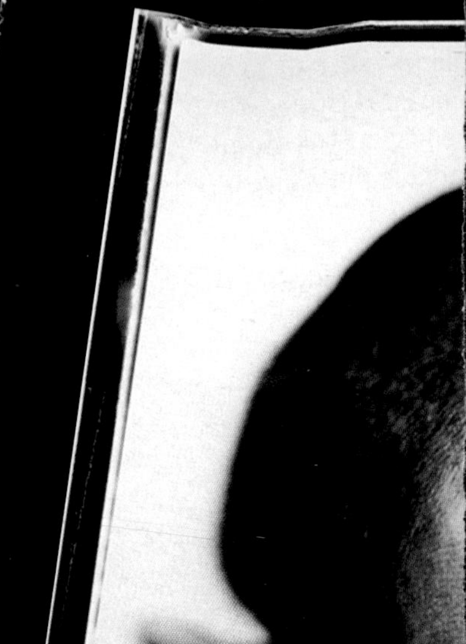

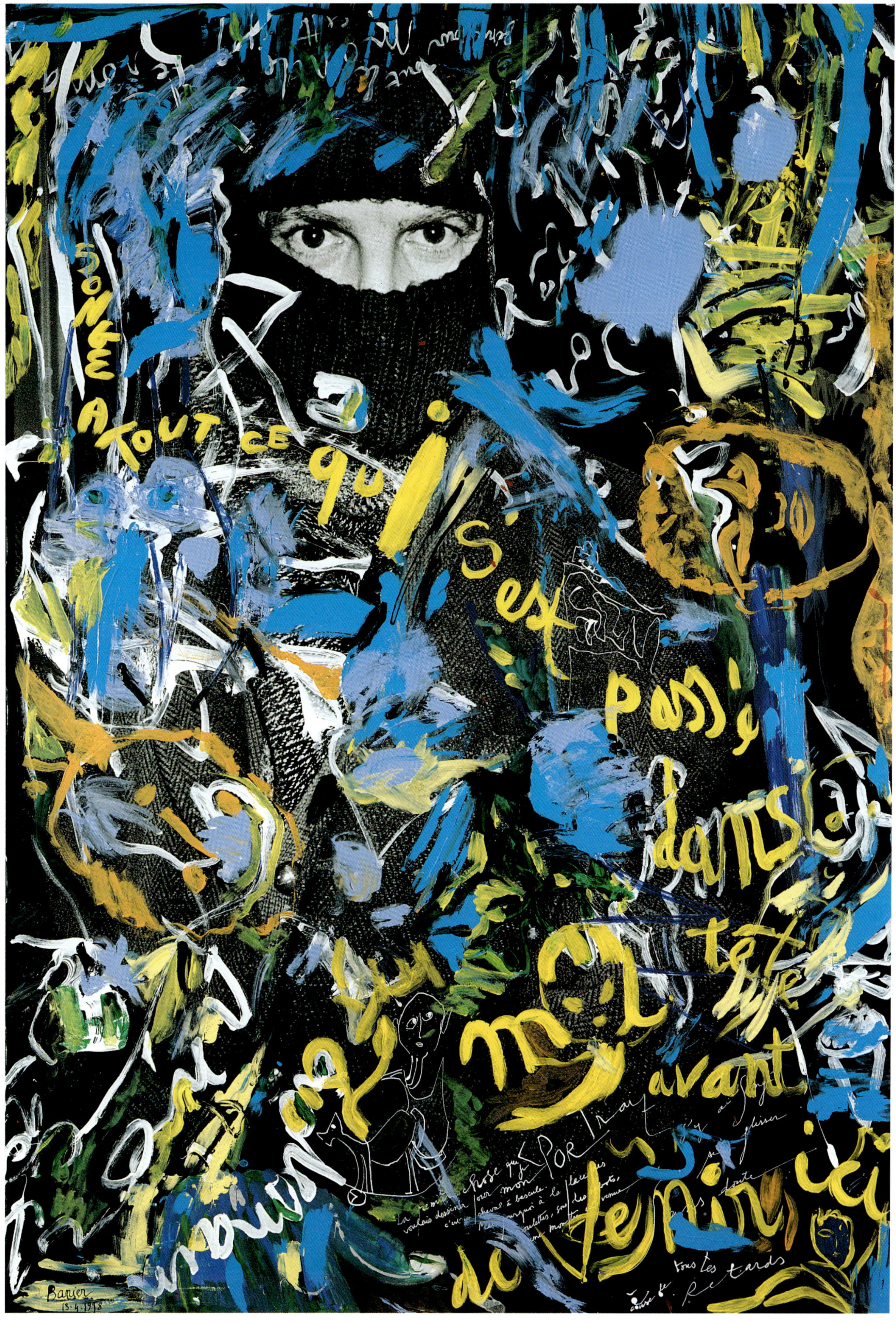

SONNE A TOUT CE QU IL S'est passé
dans ta tête
avant
de Venir ici
tous les retards
Bauer
15-1-1998

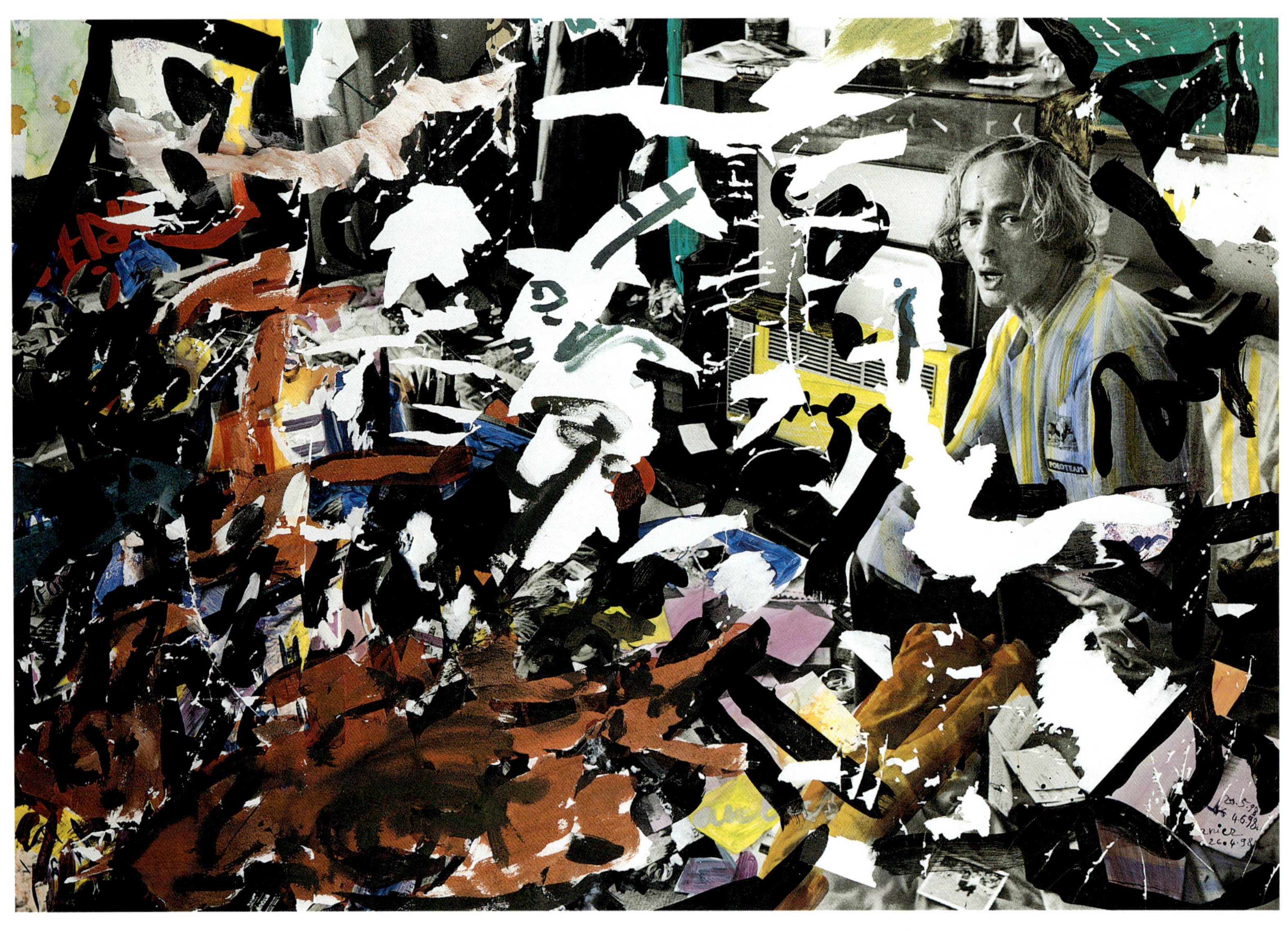

Pierre Clémenti
juin 1998
photographie peinte
110 x 160 cm

Ray Charles III
sans date
photographie peinte
160 x 110 cm

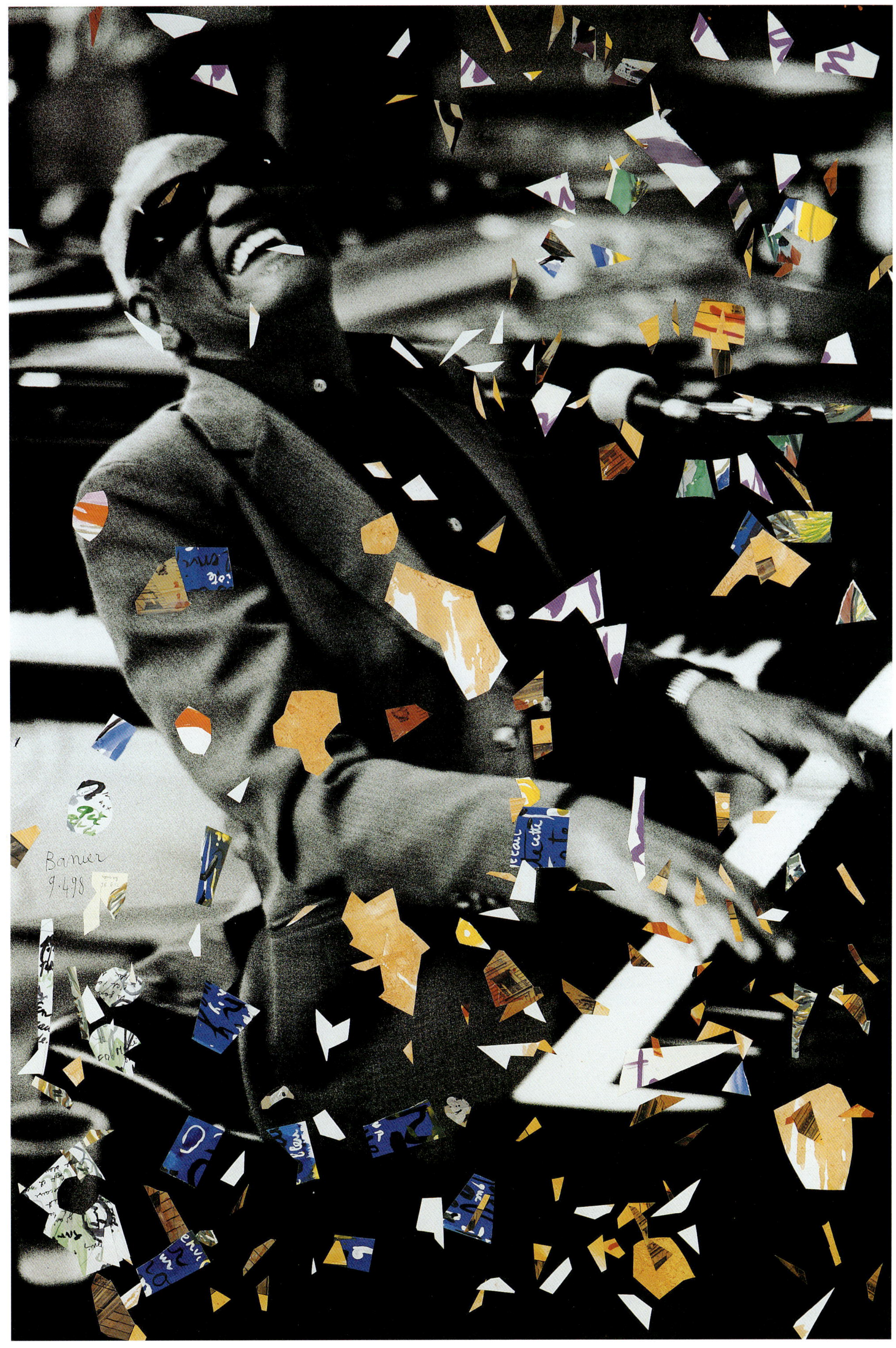
Banier
9.498

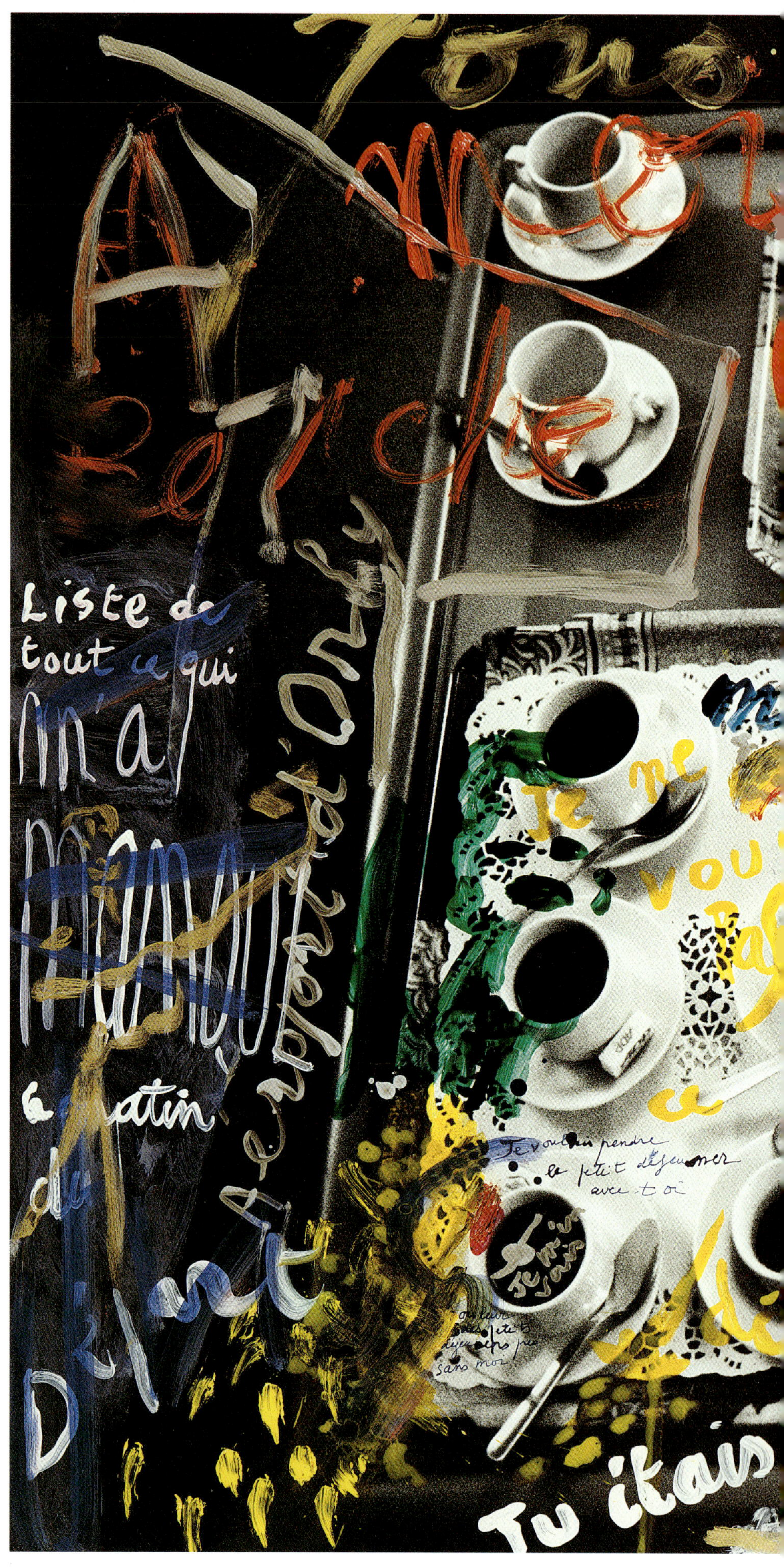

Les tasses de café
mai 1998
photographie peinte
110 x 160 cm
(collection
Mr. et M.me Zavala)

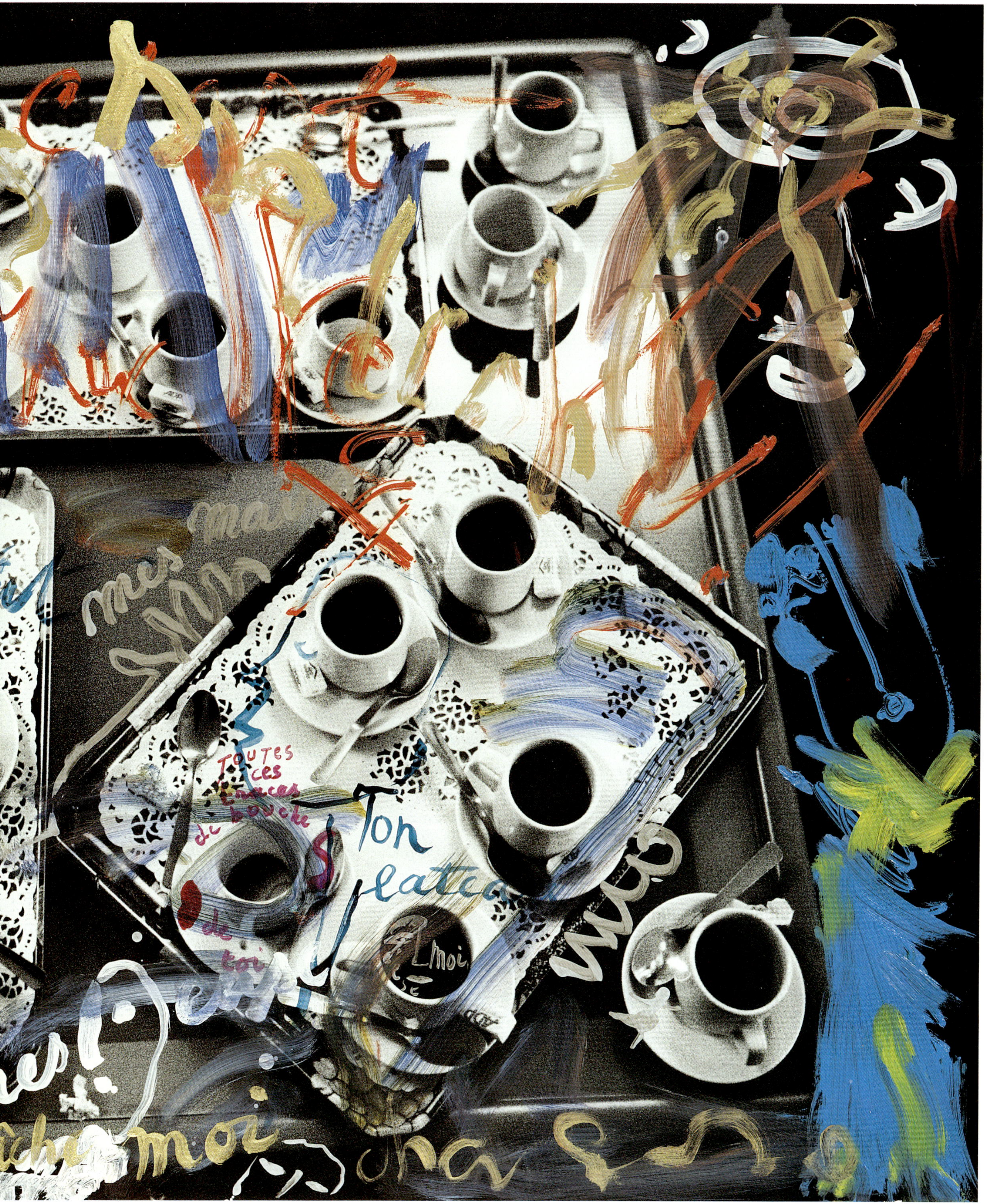

mes mar
mes
toutes
ces
traces
de boucle
Ton
bateau
de toi
moi
moi

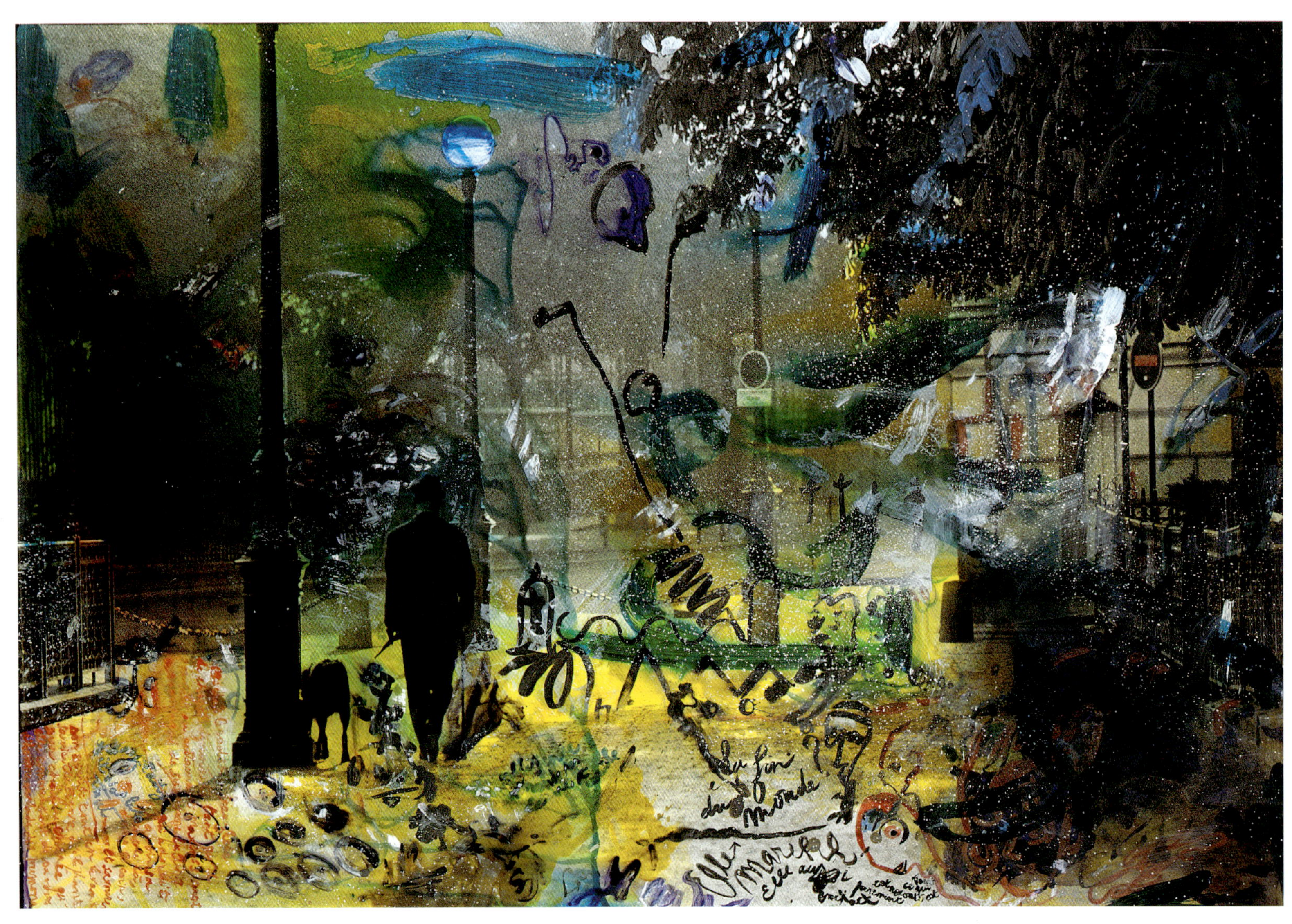

Matin de Paris I
octobre 1998
photographie peinte
110 x 160 cm

Matin de Paris III
2000
photographie peinte
110 x 160 cm

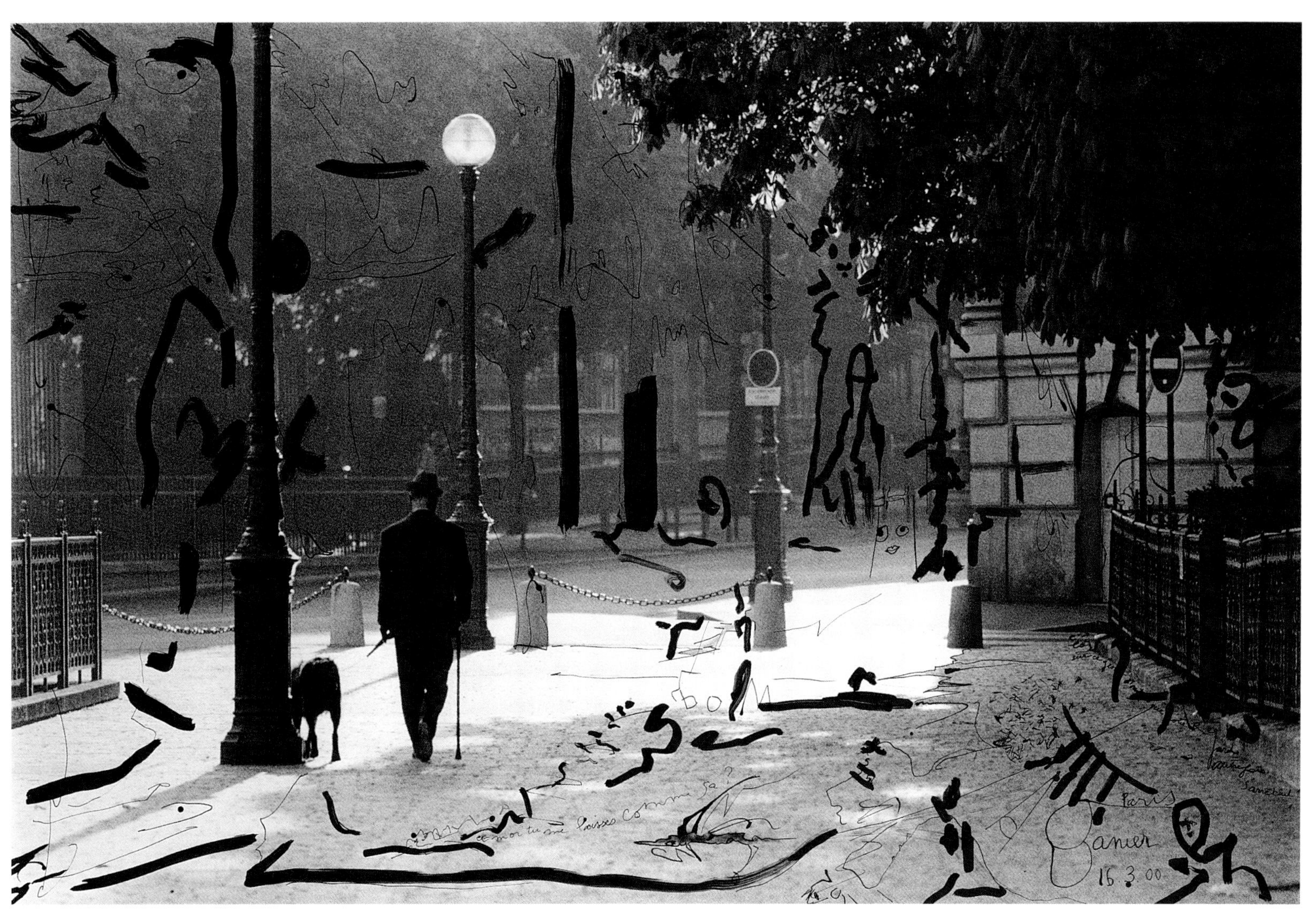

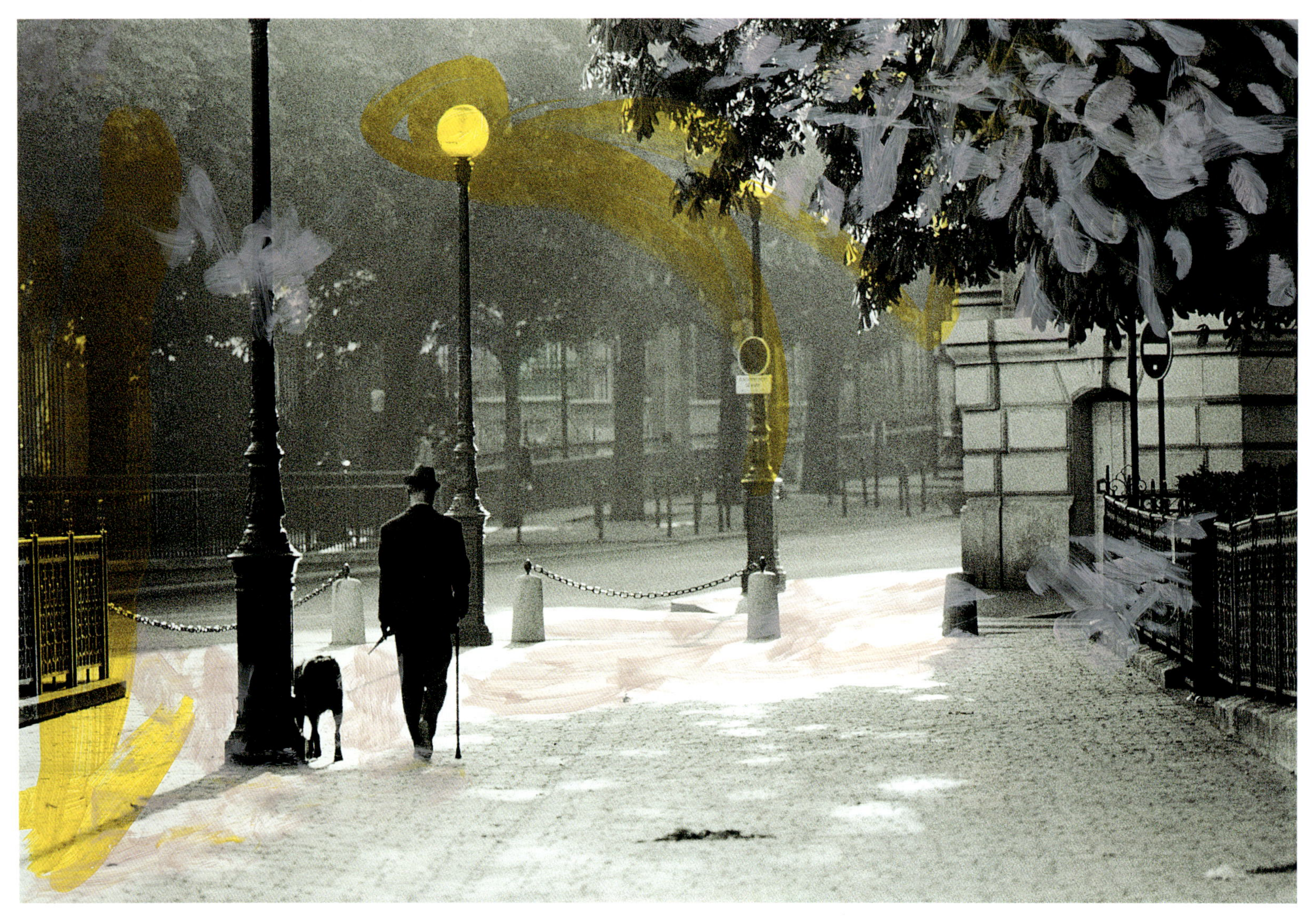

Matin de Paris II
octobre 1998
photographie peinte
110 x 160 cm

Isabelle Adjani I
juillet 1998
photographie peinte
120 x 85 cm

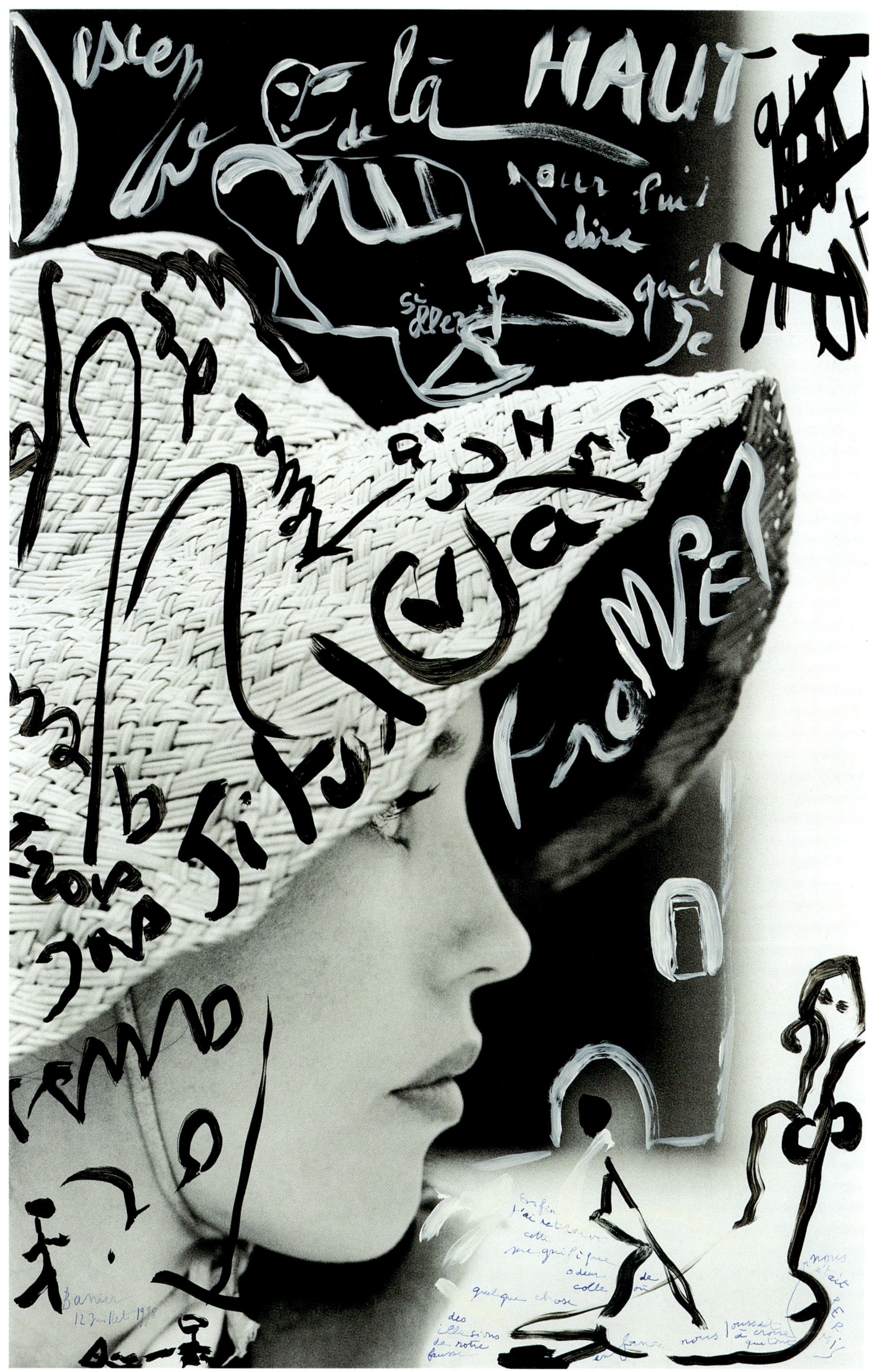

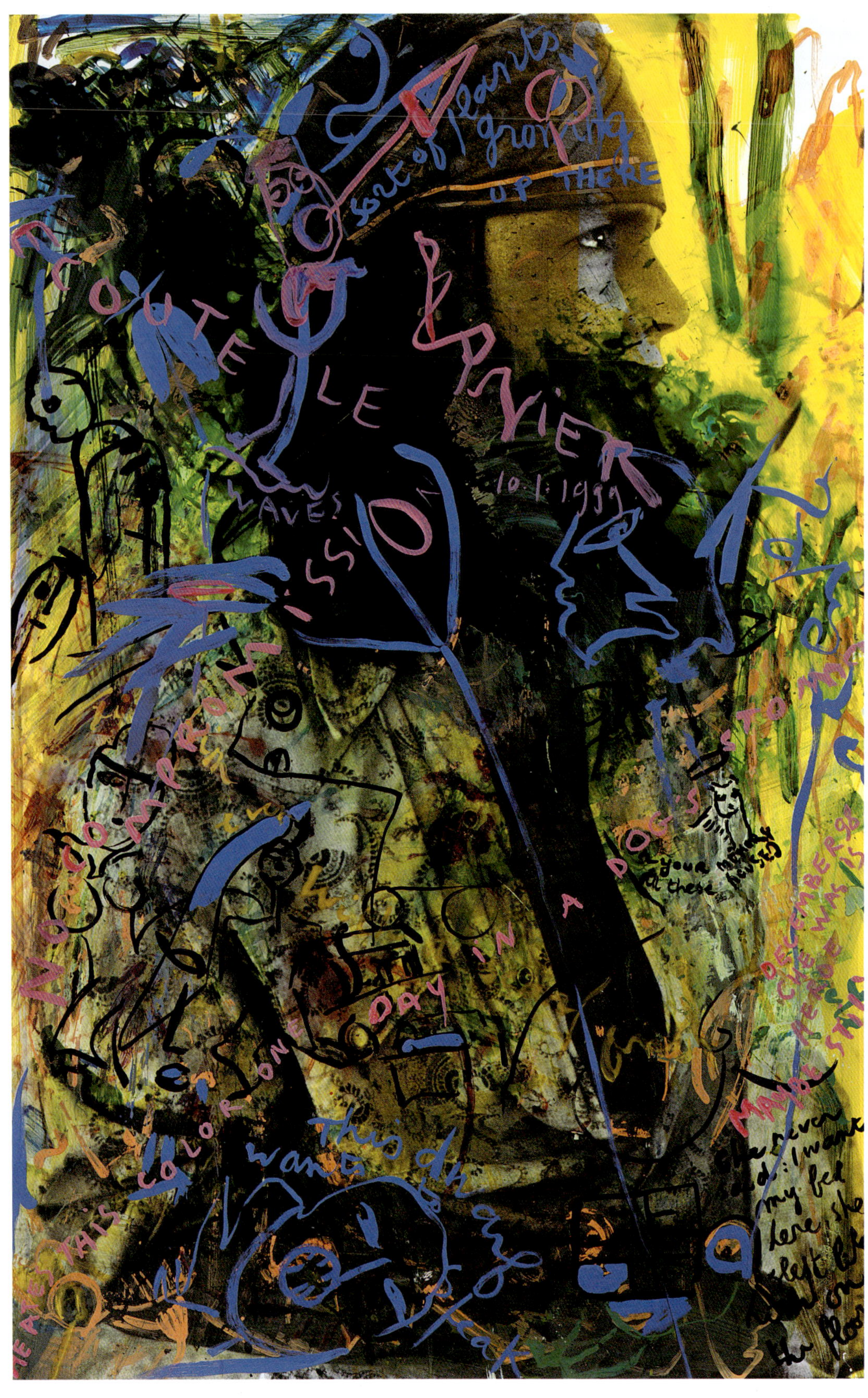

Johnny Depp II,
janvier 1999
photographie peinte,
120 x 85 cm
(collection privée)

They never sleep
janvier 1999
photographie peinte
110 x 160 cm

142

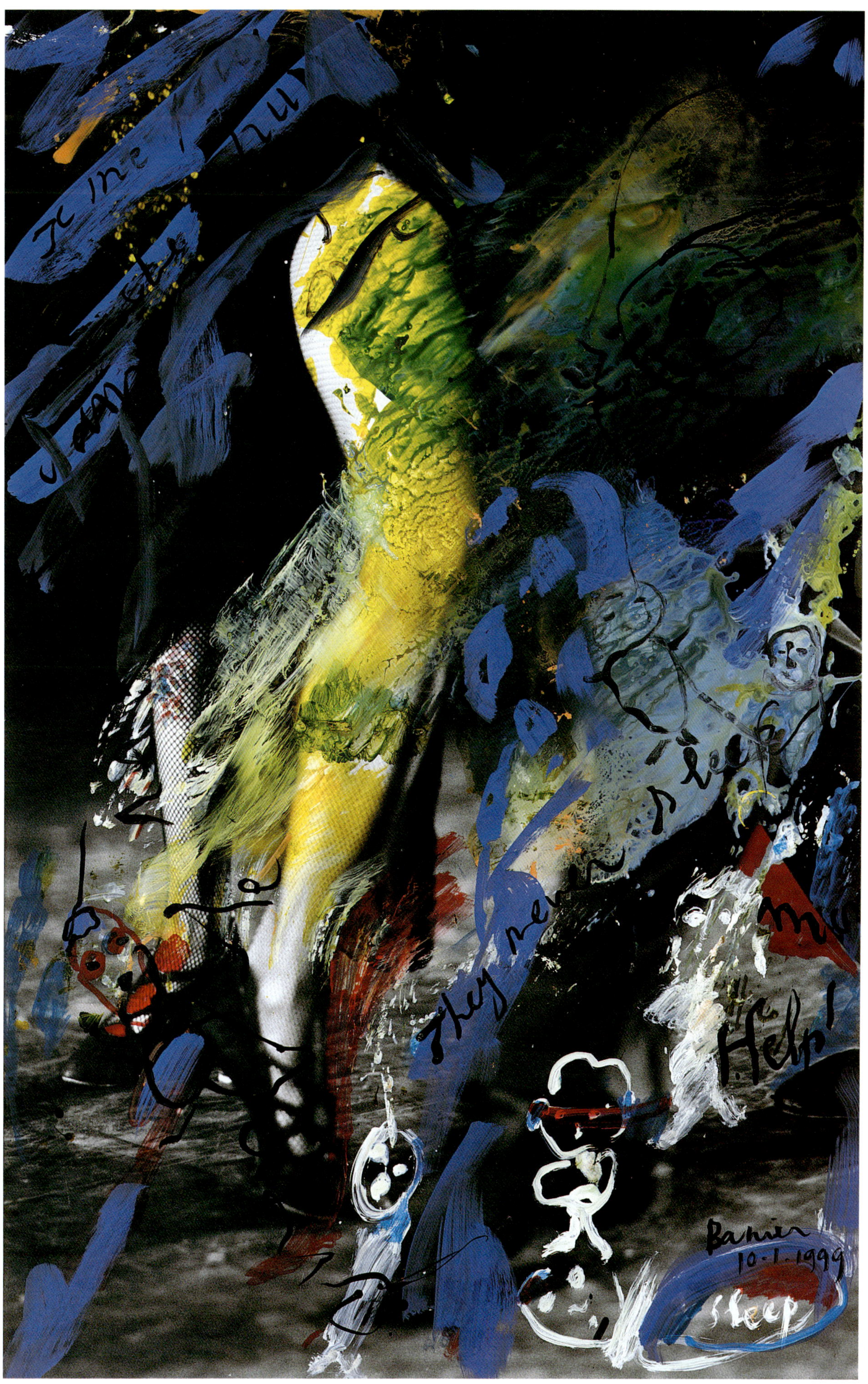

Help!
Banier
10-1-1999
sleep

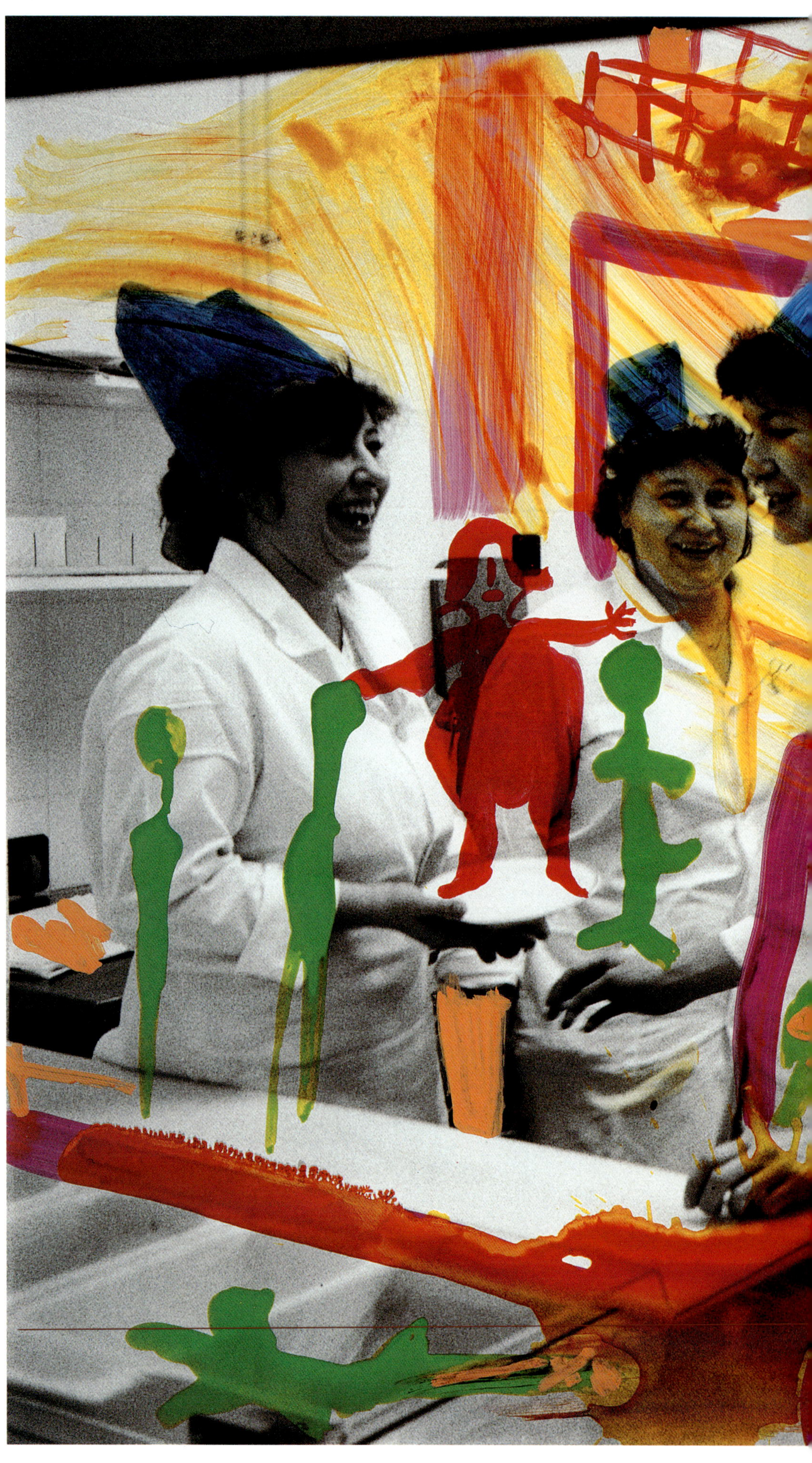

Saint-Pétersbourg
novembre 1991
photographie peinte
85 x 120 cm

144

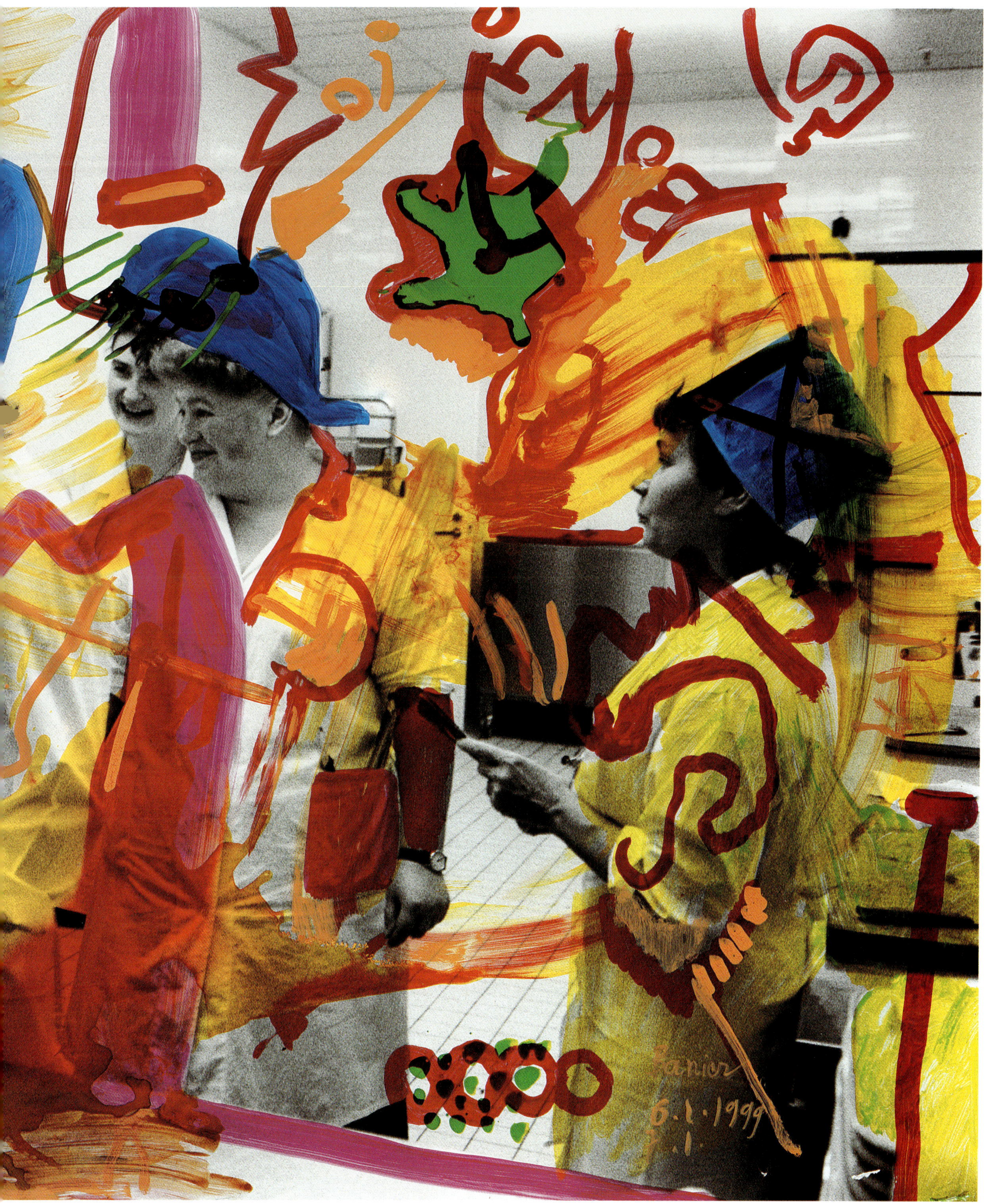

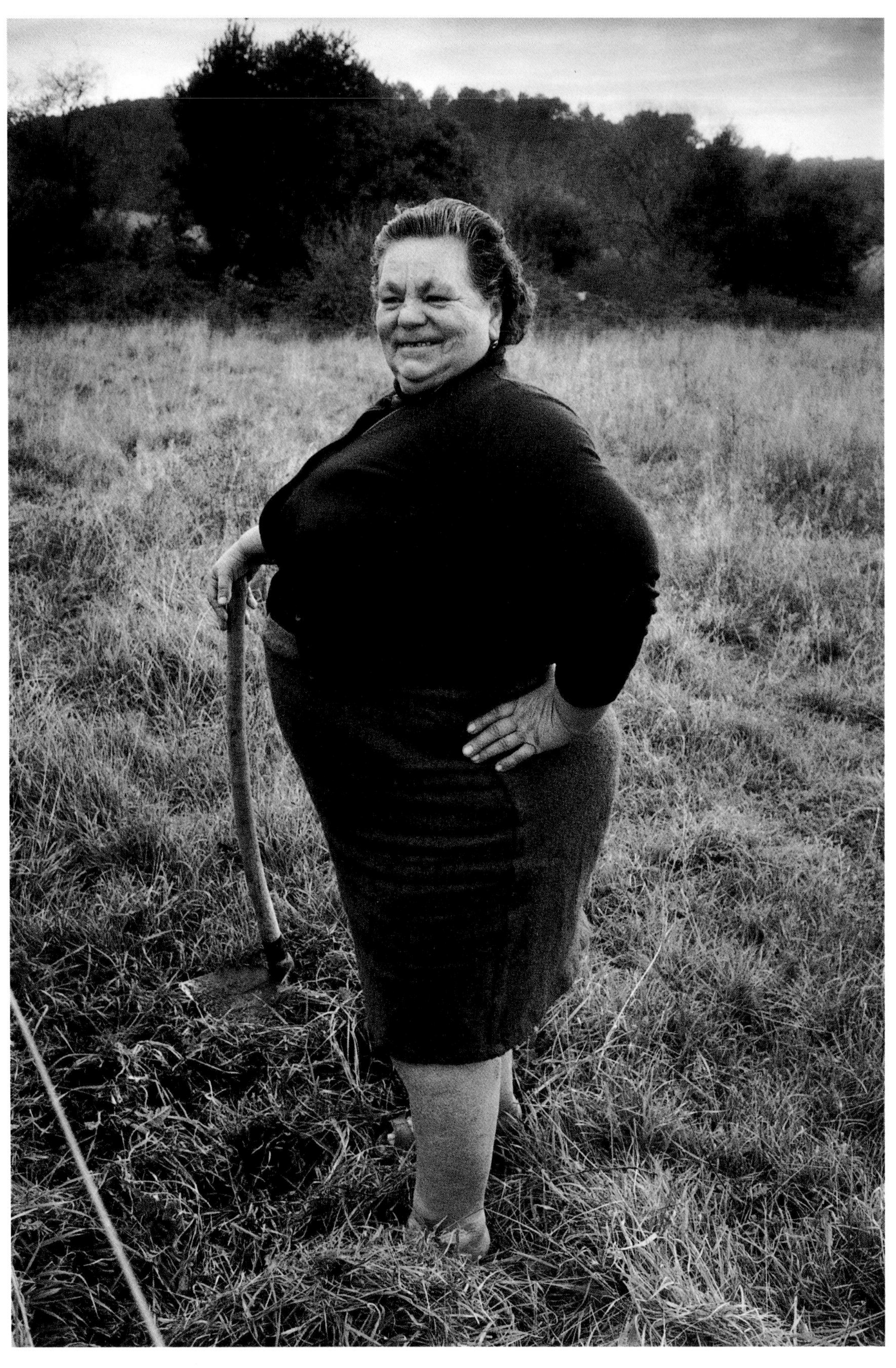

Sommières
janvier 1990
photographie
120 x 85 cm

Tournesol VIII
1999
photographie peinte
160 x 110 cm

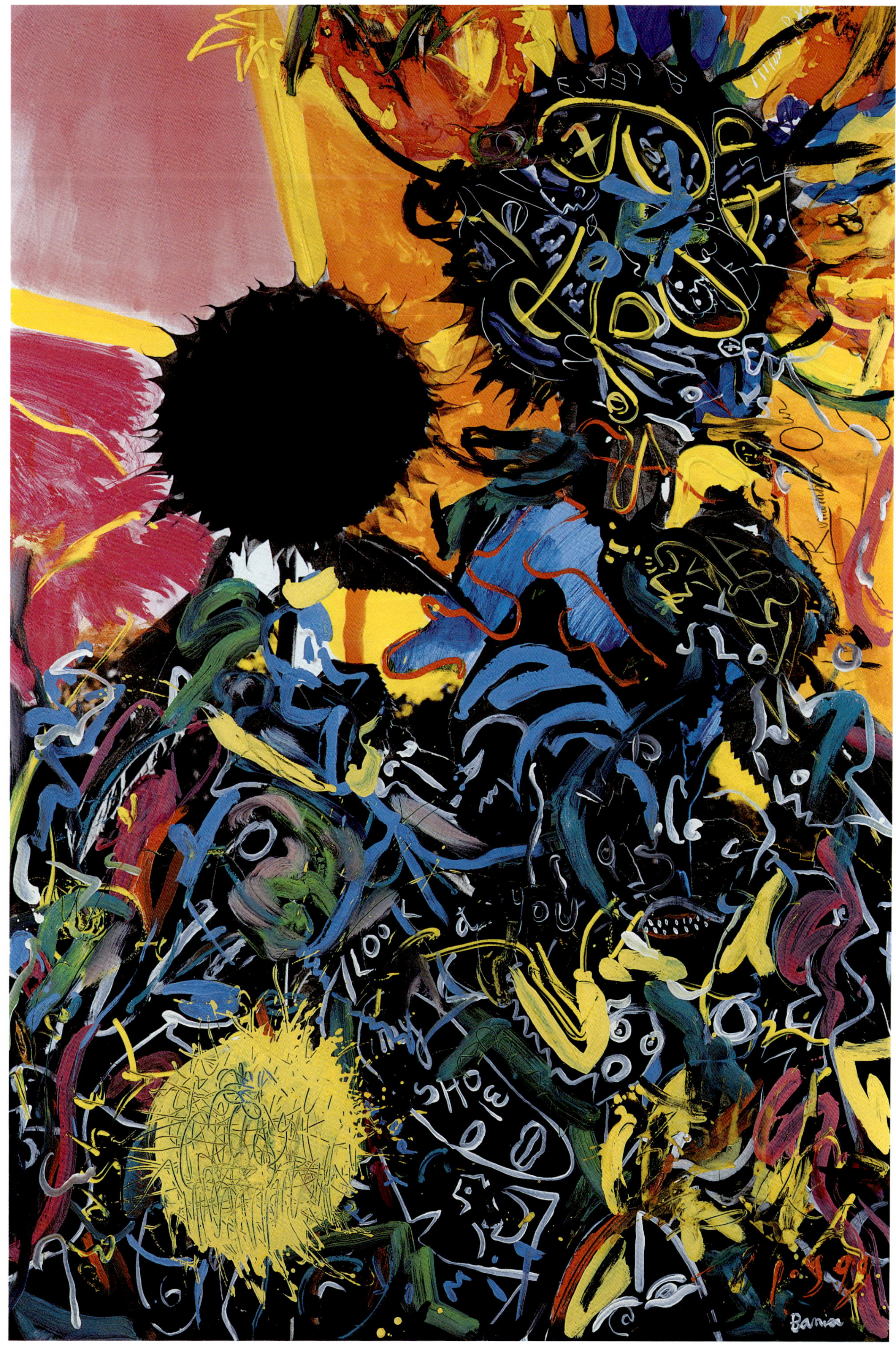

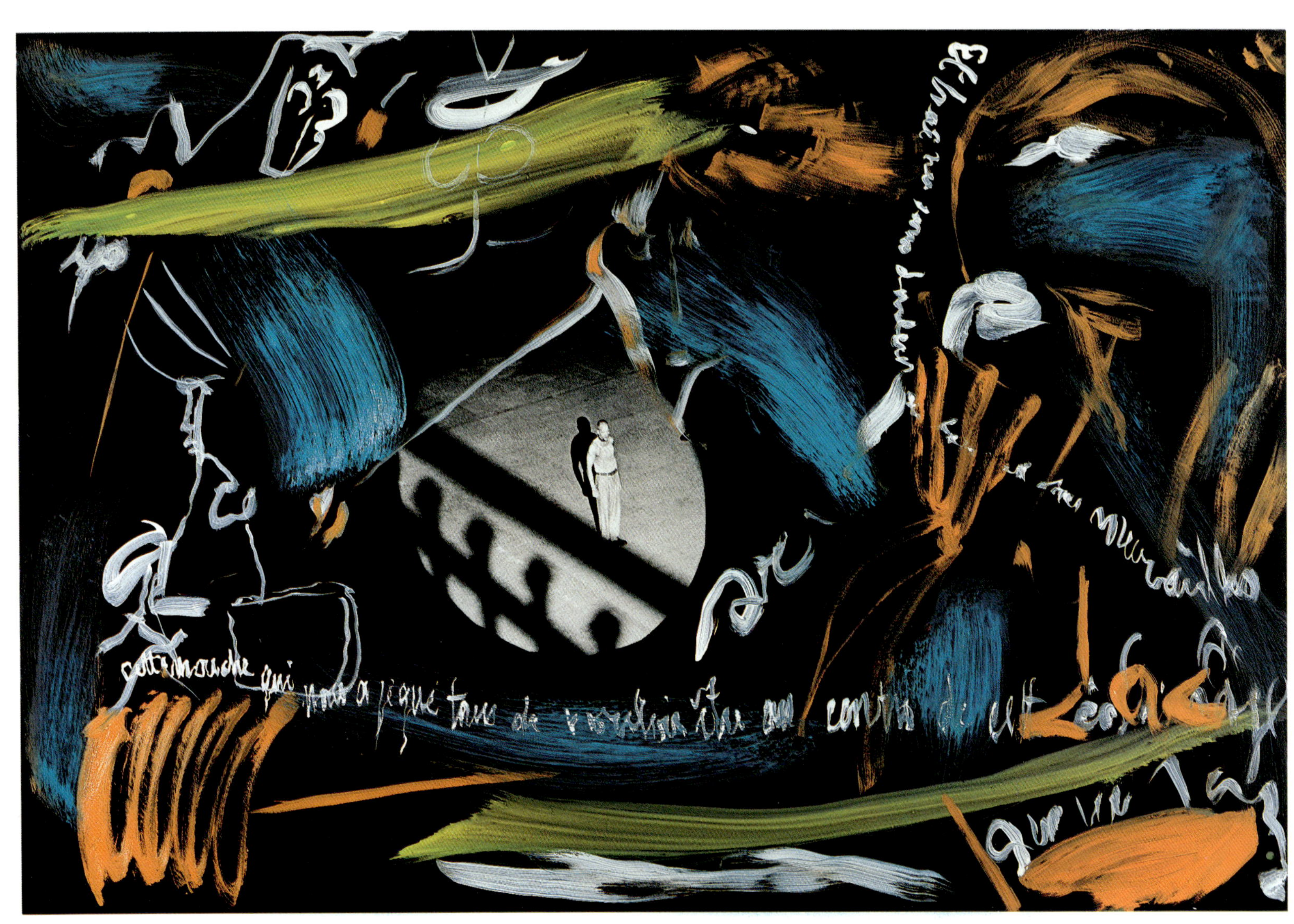

Pascal Greggory III
1999
photographie peinte
110 x 160 cm
(collection de l'artiste)

See
1999
huile sue toile
130 x 97 cm

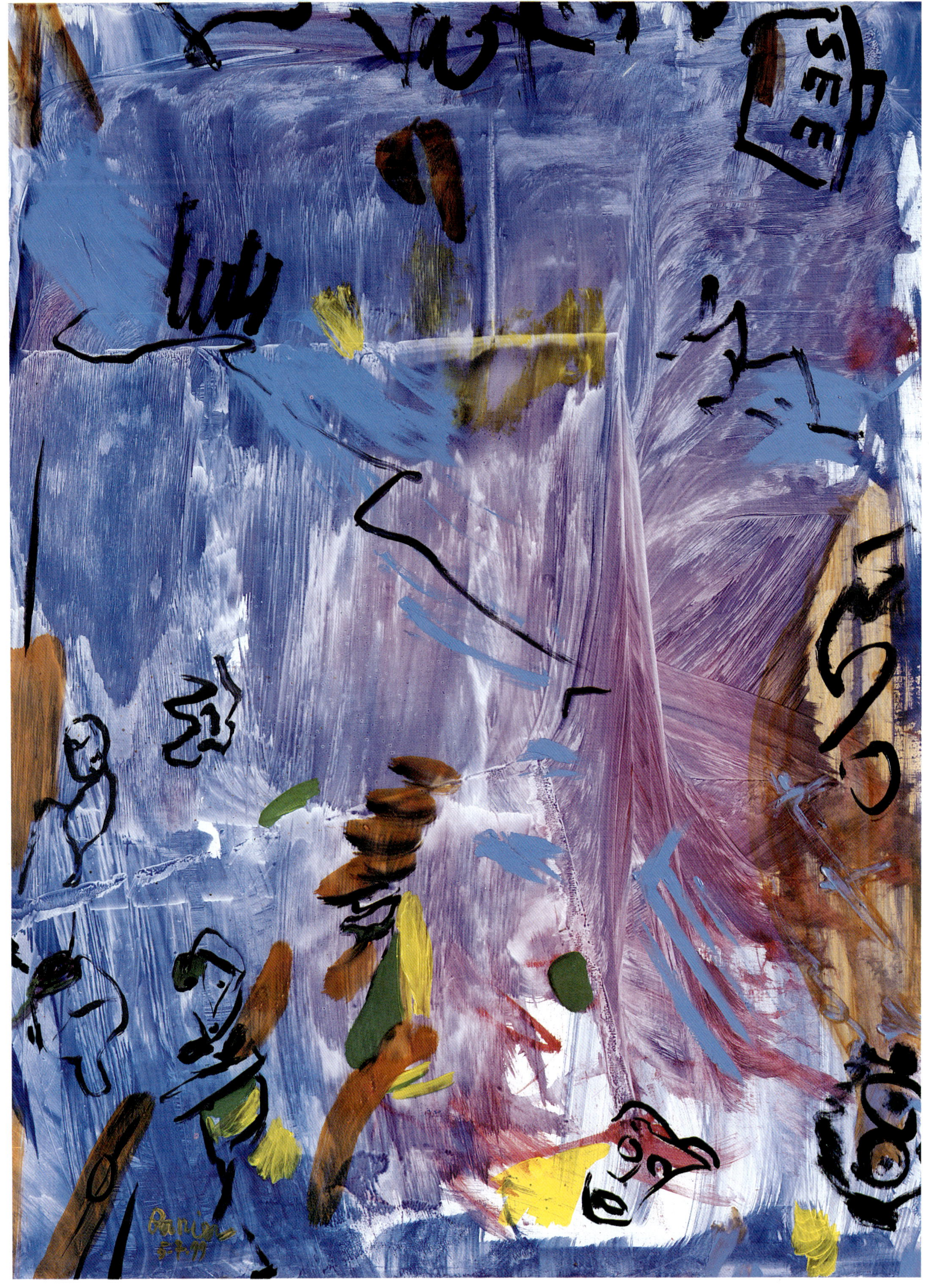
SEE

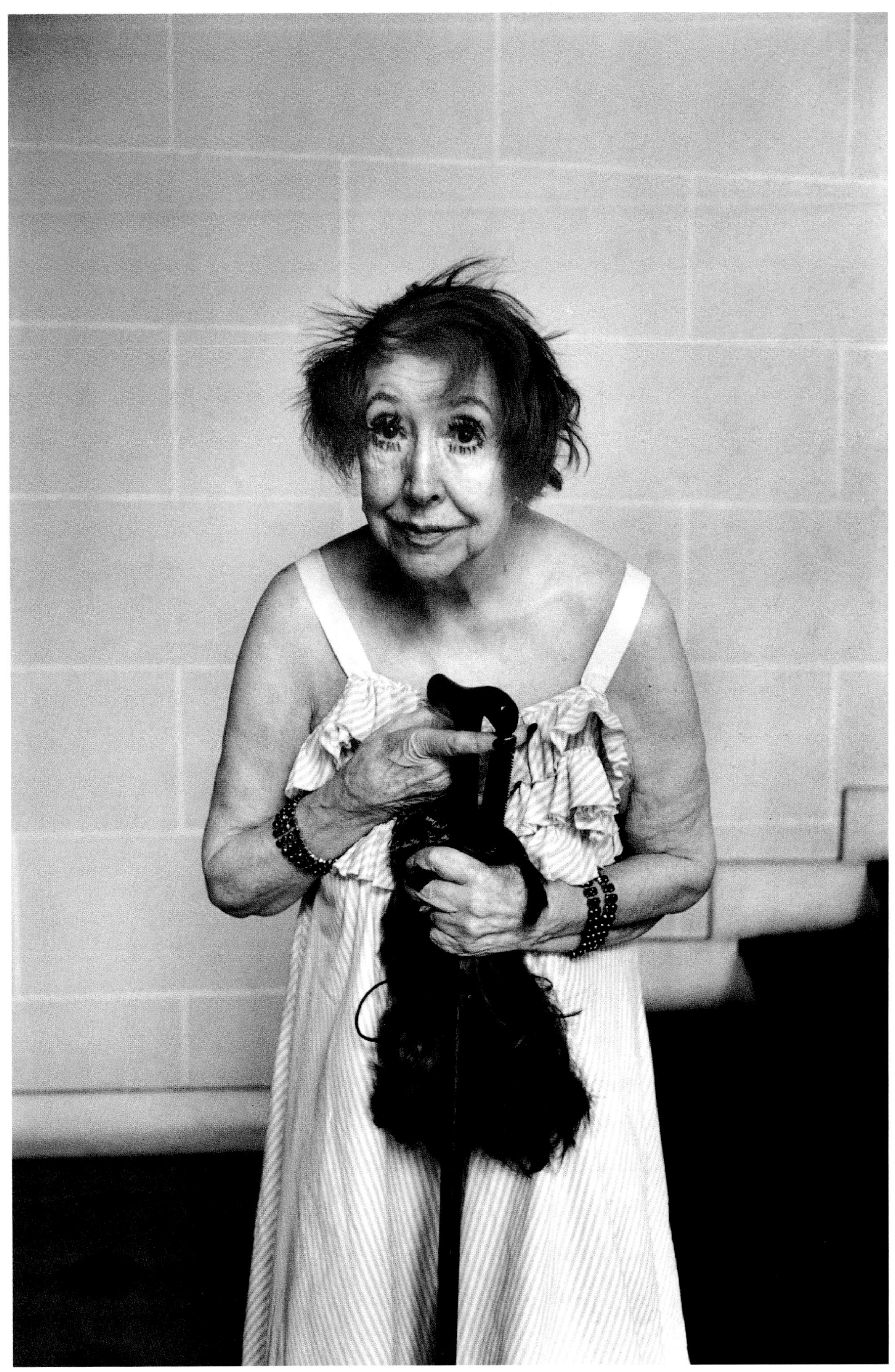

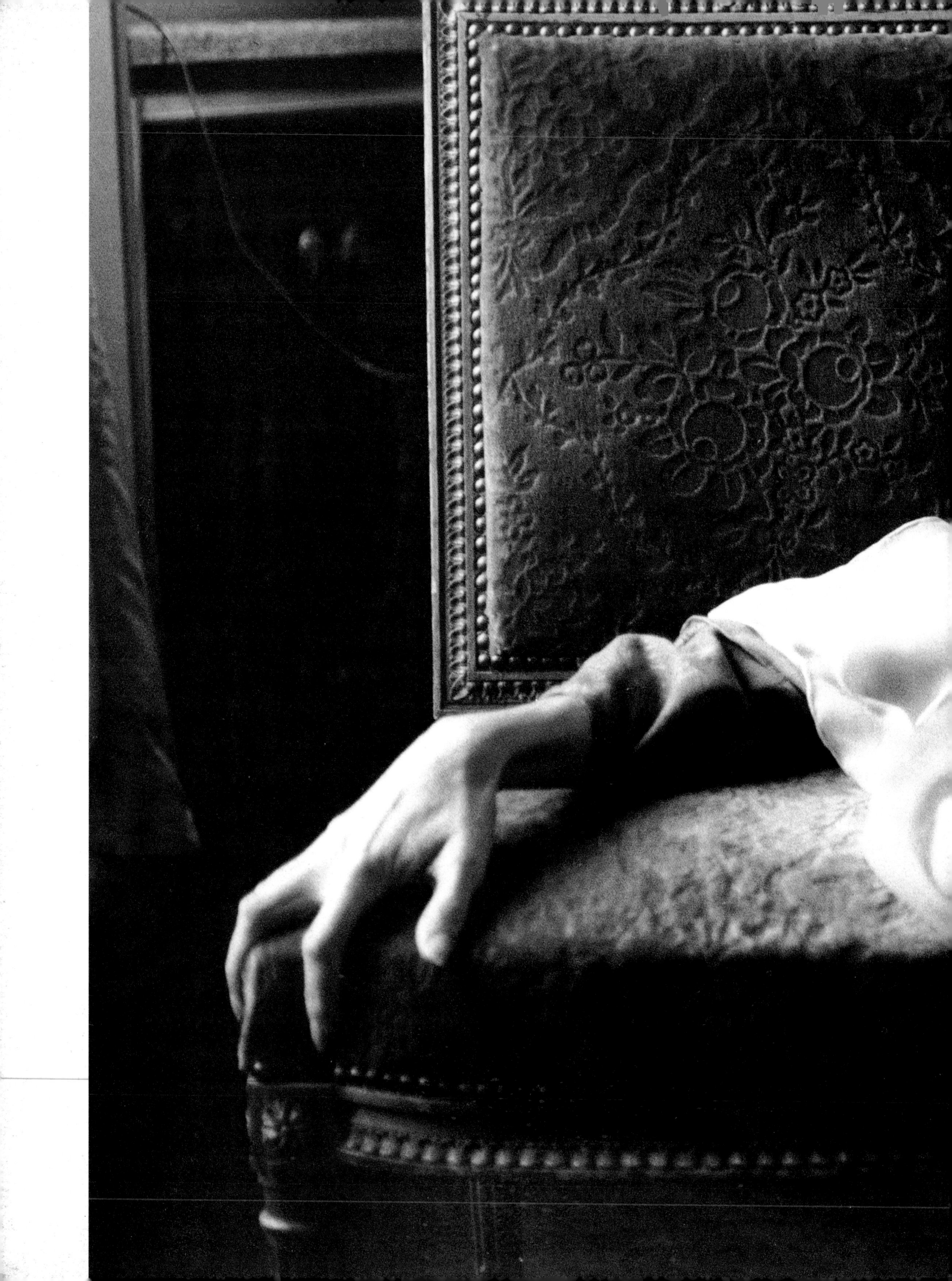

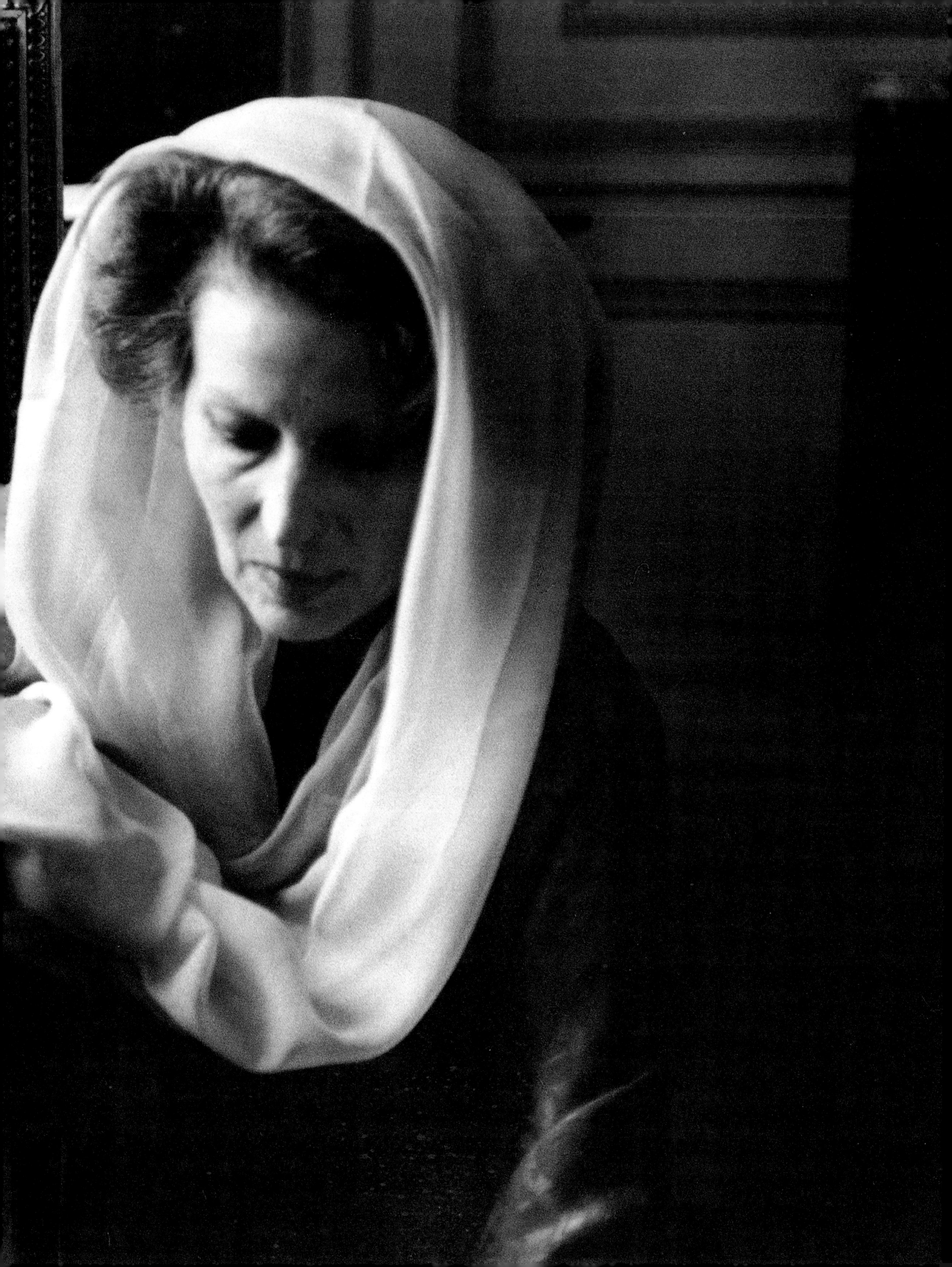

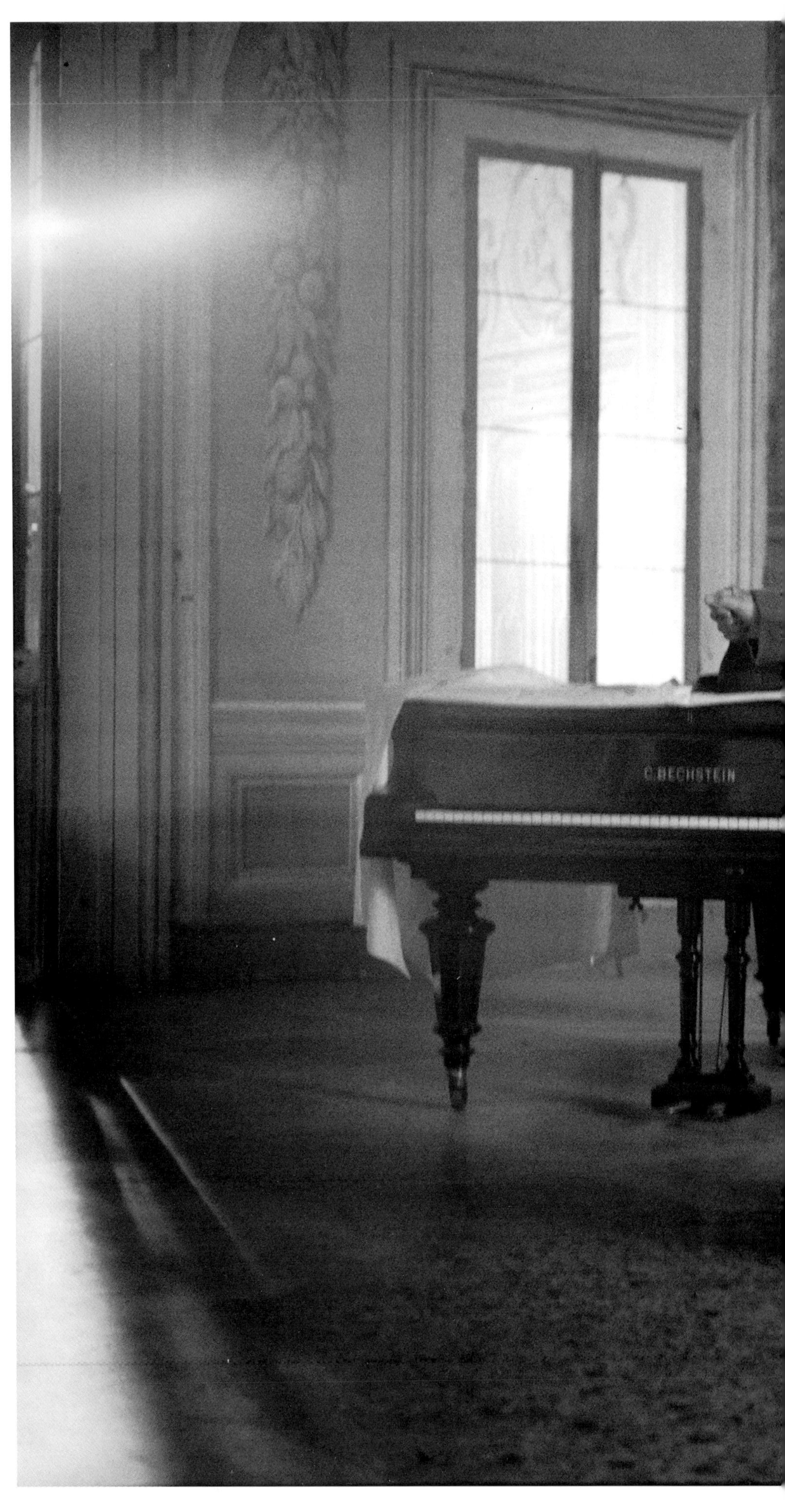

Marcello Mastroianni
Rome, octobre 1986
photographie
110 x 160 cm

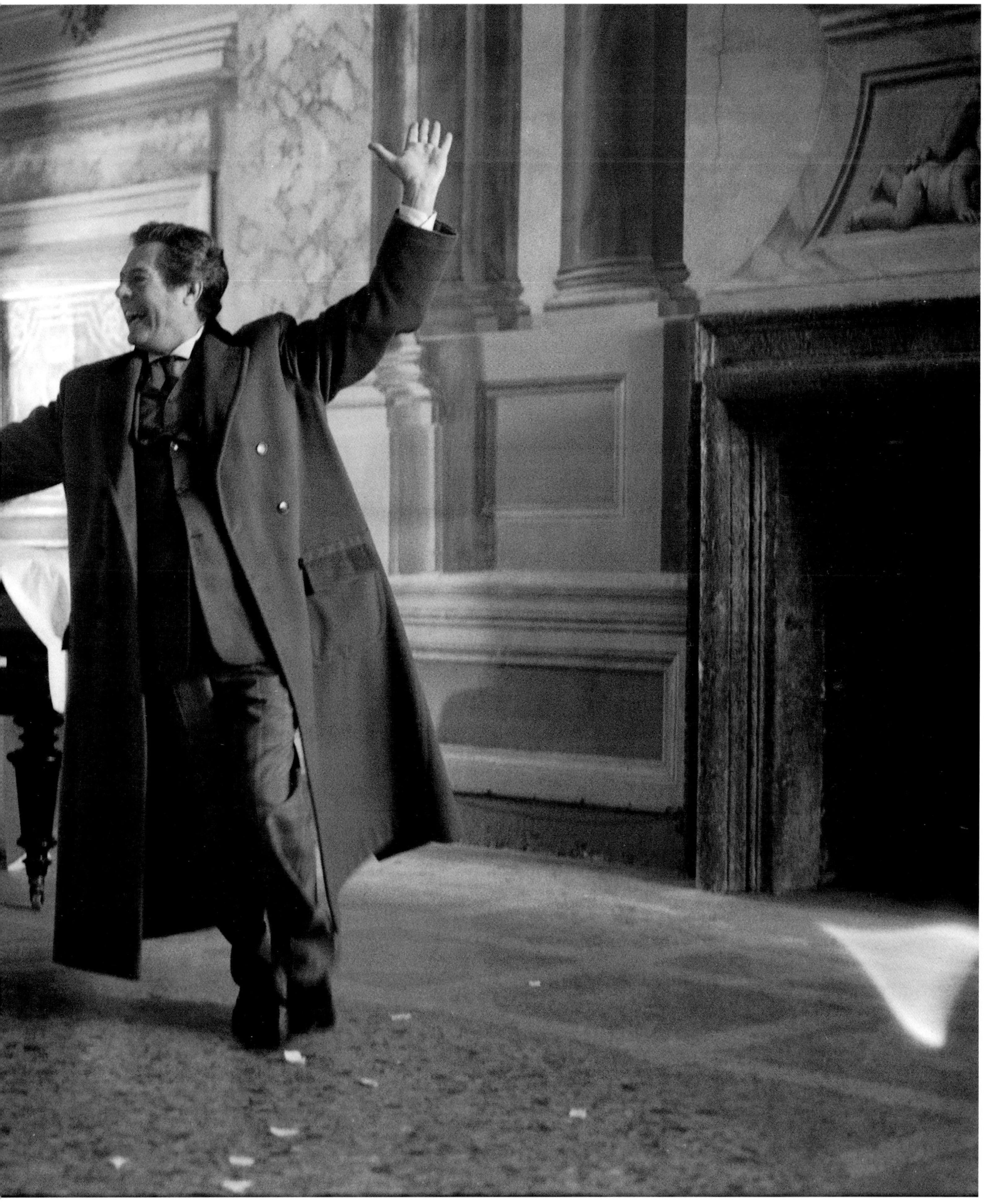

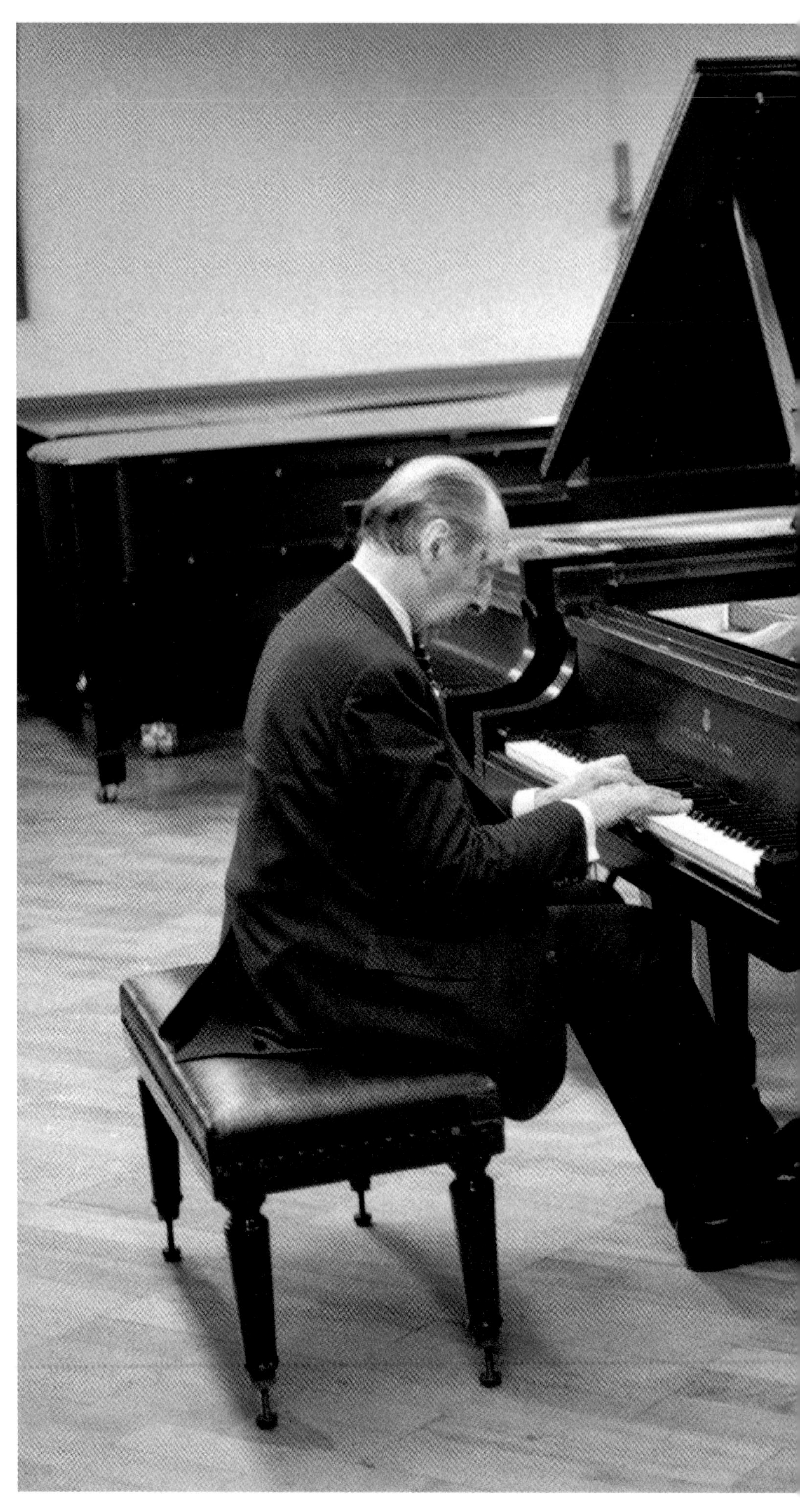

Vladimir Horowitz
New York, 1982
photographie
160 x 110 cm

156

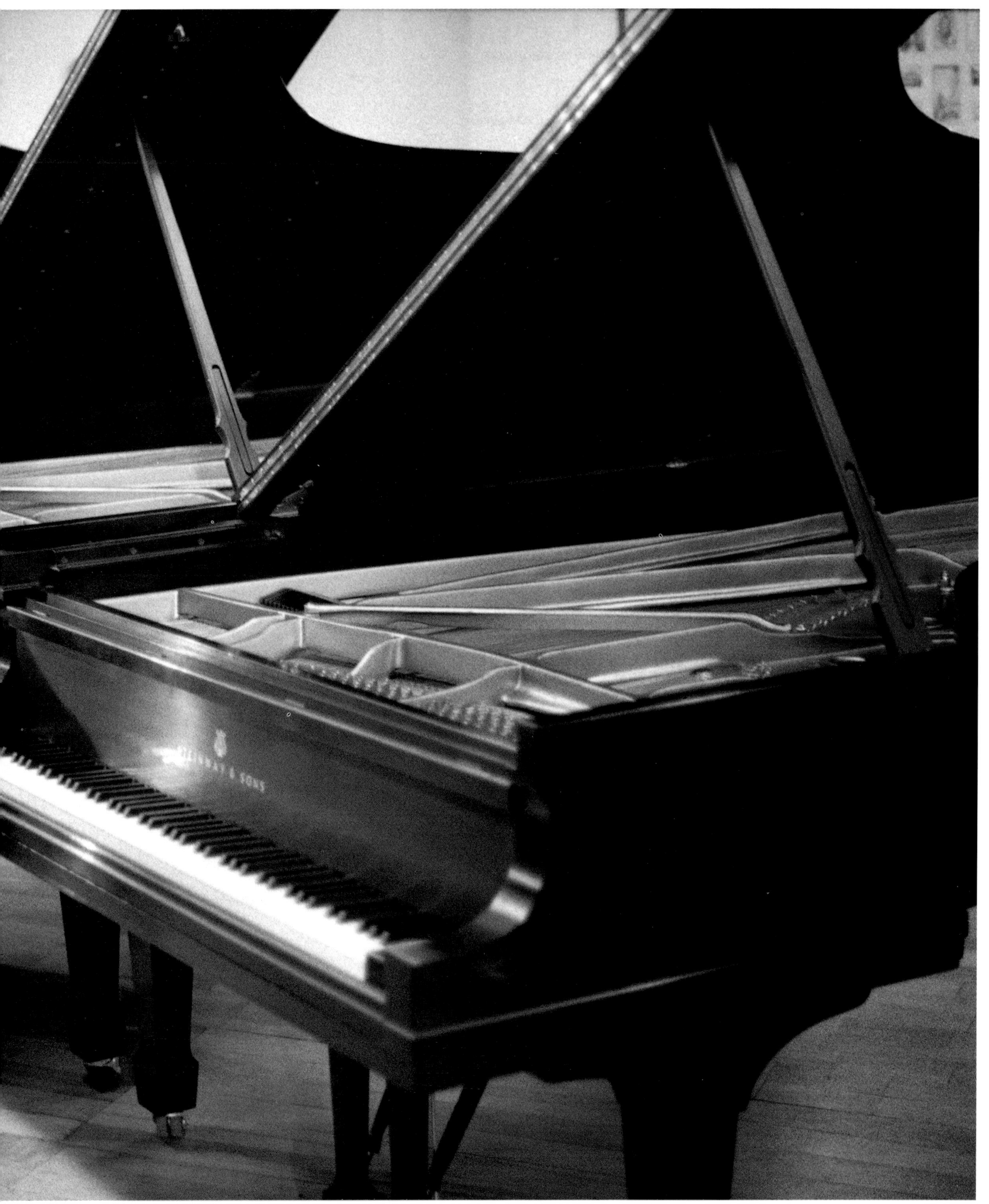

Nathalie Sarraute
Paris, juin 1998
photographie,
160 x 110 cm

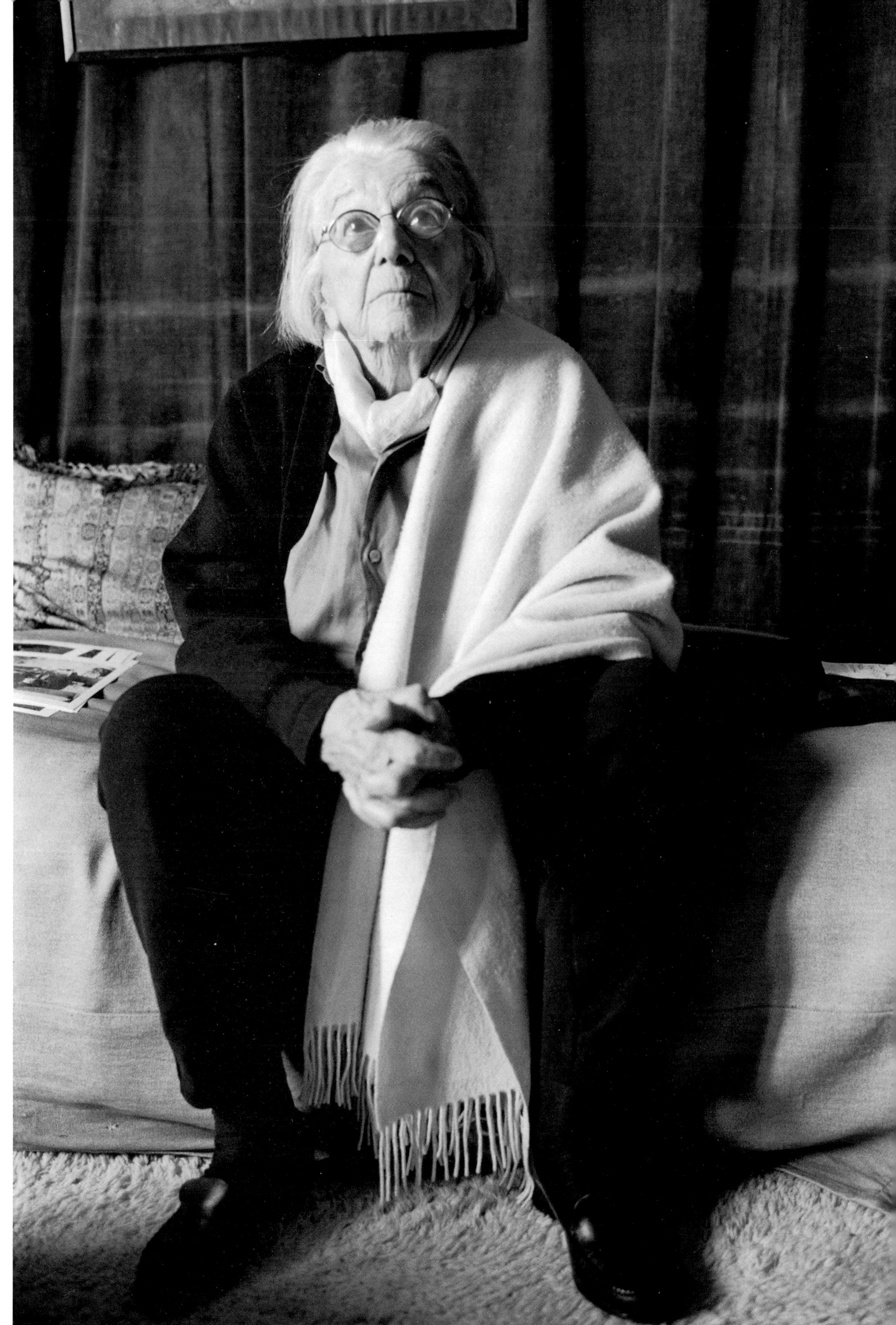

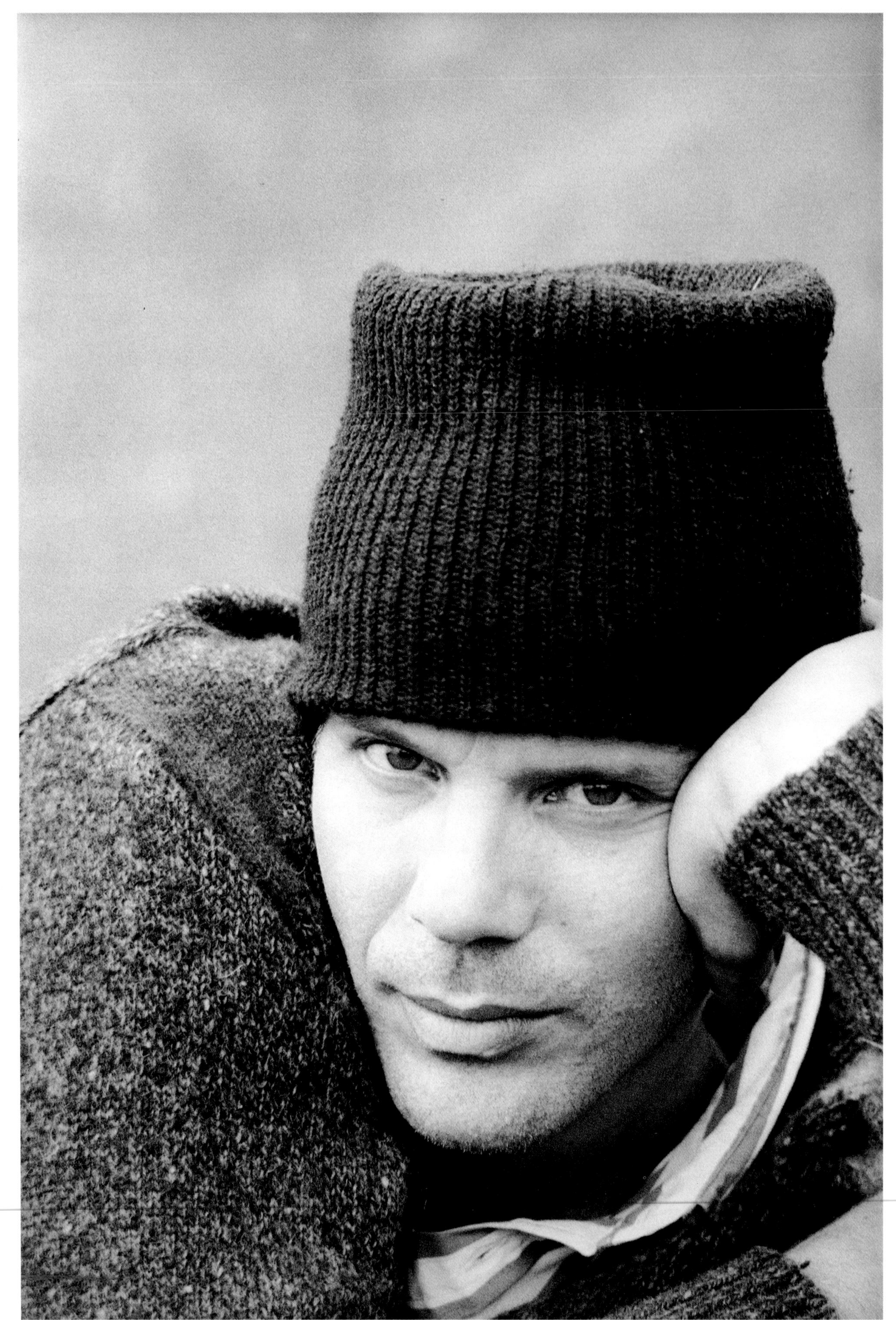

Pascal Greggory
Houghton, juin 1994
photographie
160 x 110 cm

Pascal Greggory IV
août 1999
photographie peinte
160 x 110 cm

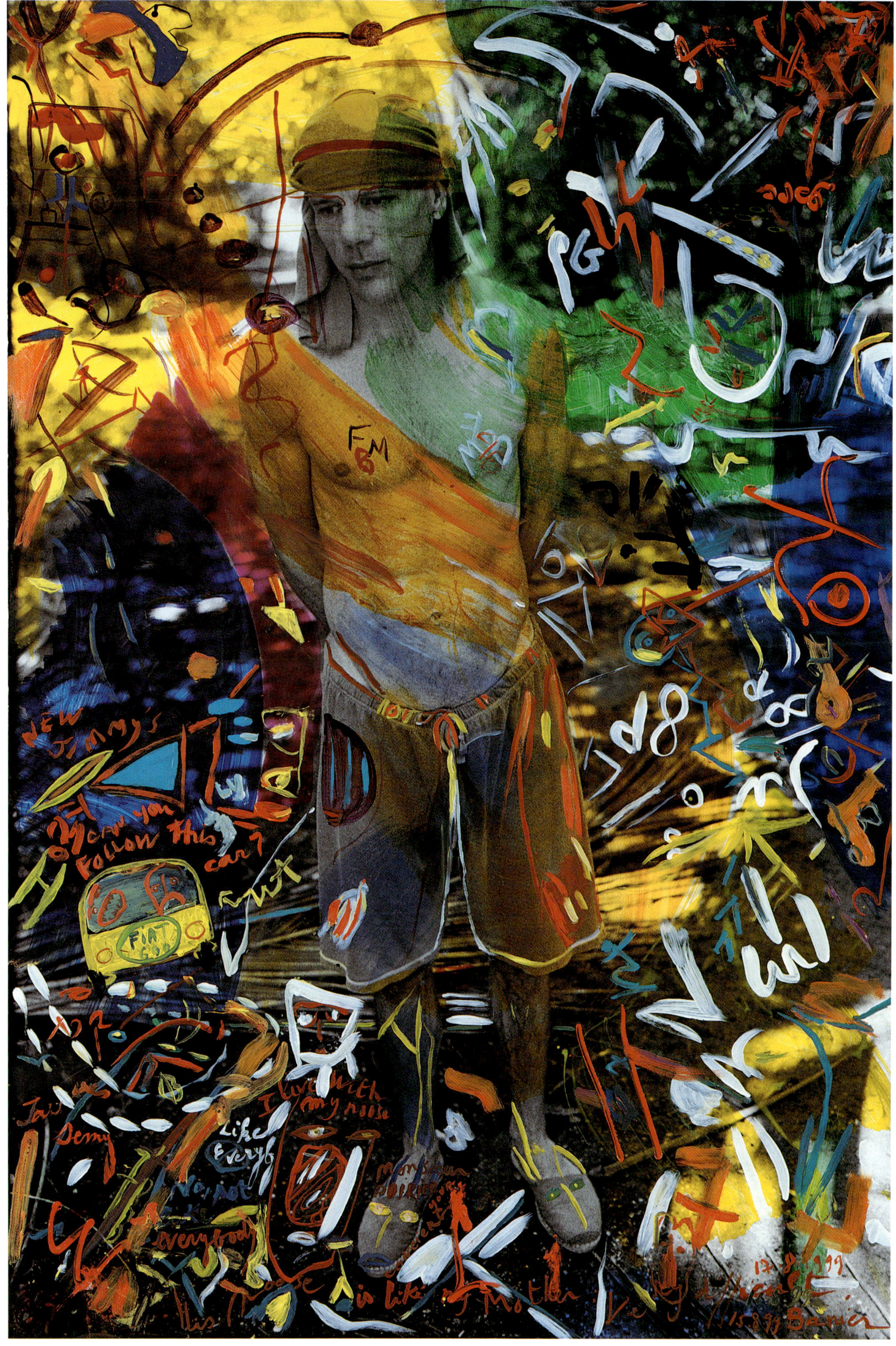

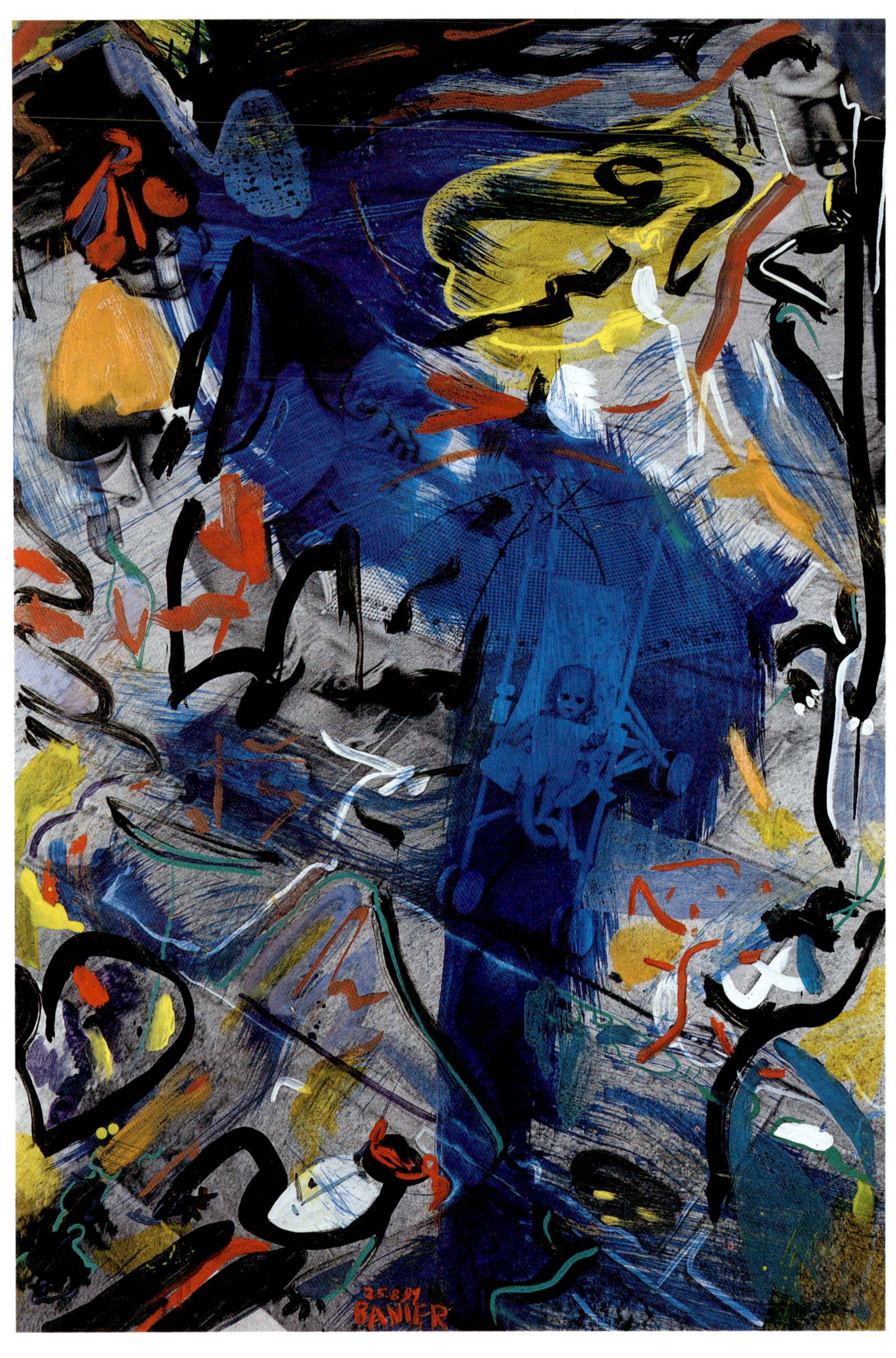

L'enfant perdu dans le
bleu de son landeau
25.08.1999
photographie peinte
160 x 110 cm

Tournesol IV
mars 1999
photographie peinte
160 x 110 cm

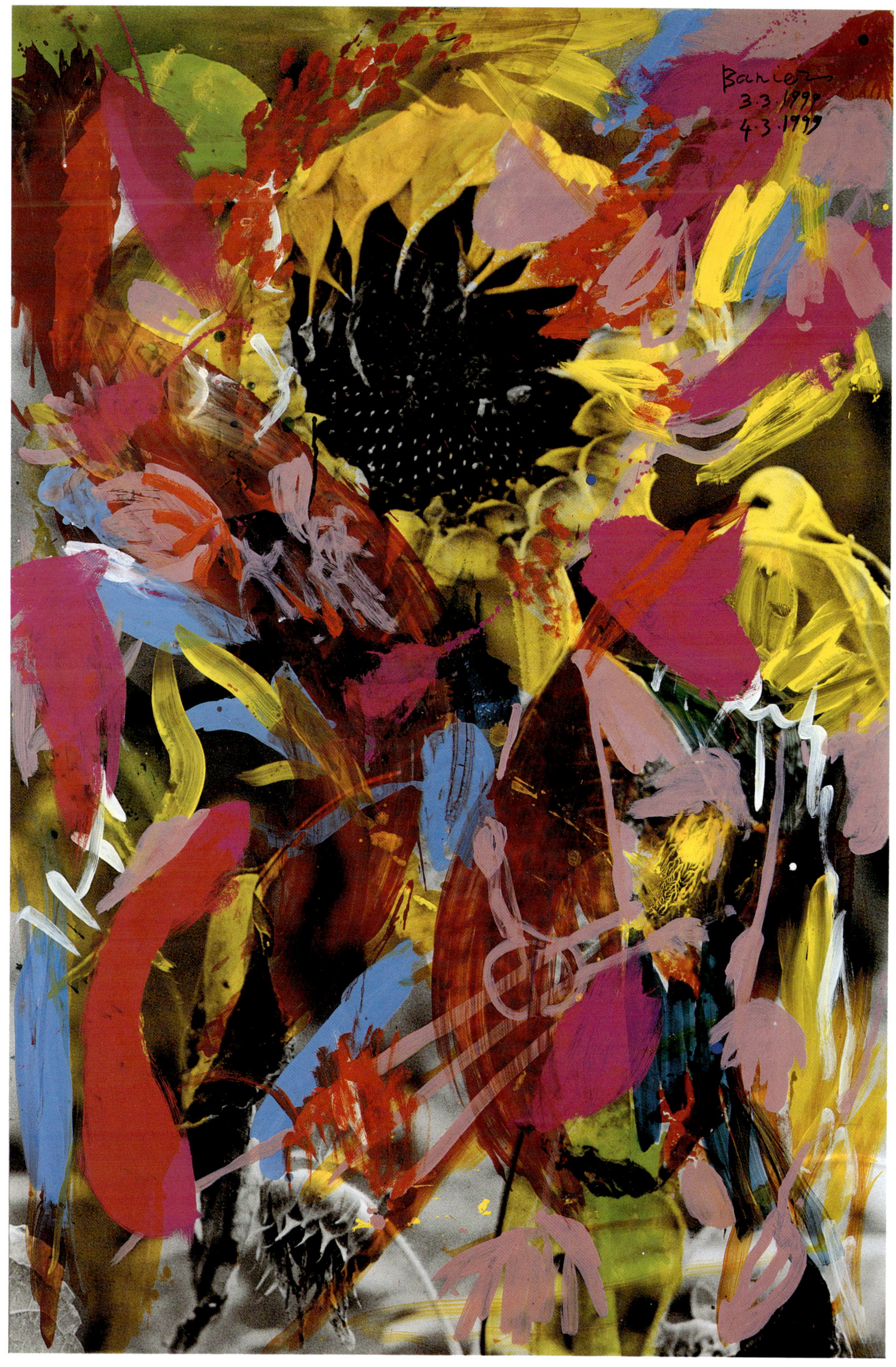

Baüer
3.3.1999
4.3.1999

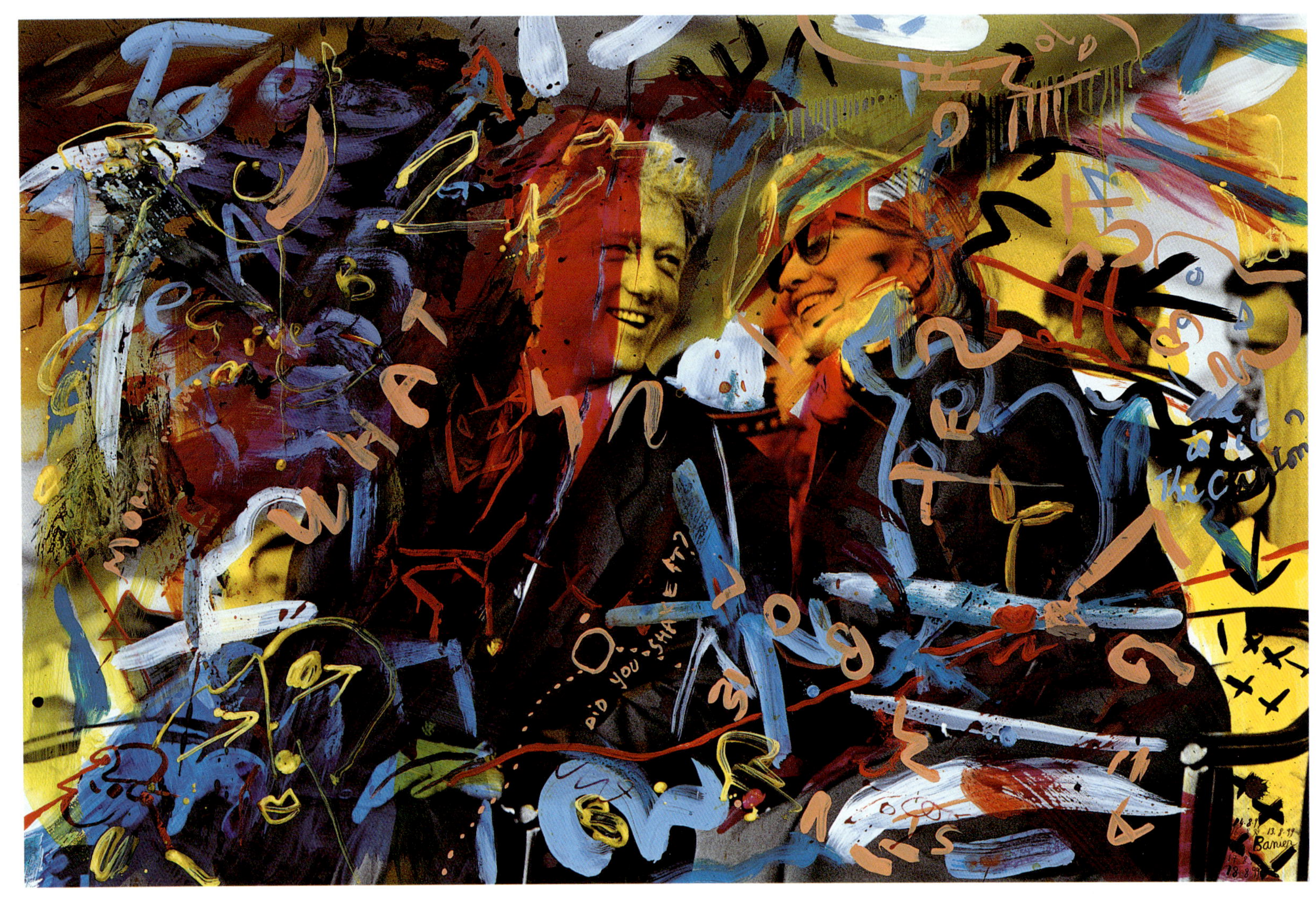

Bill et Hillary Clinton
Omaha Beach,
1994-1999
photographie peinte
85 x 120 cm

Palmiers
1999
photographie peinte
160 x 110 cm

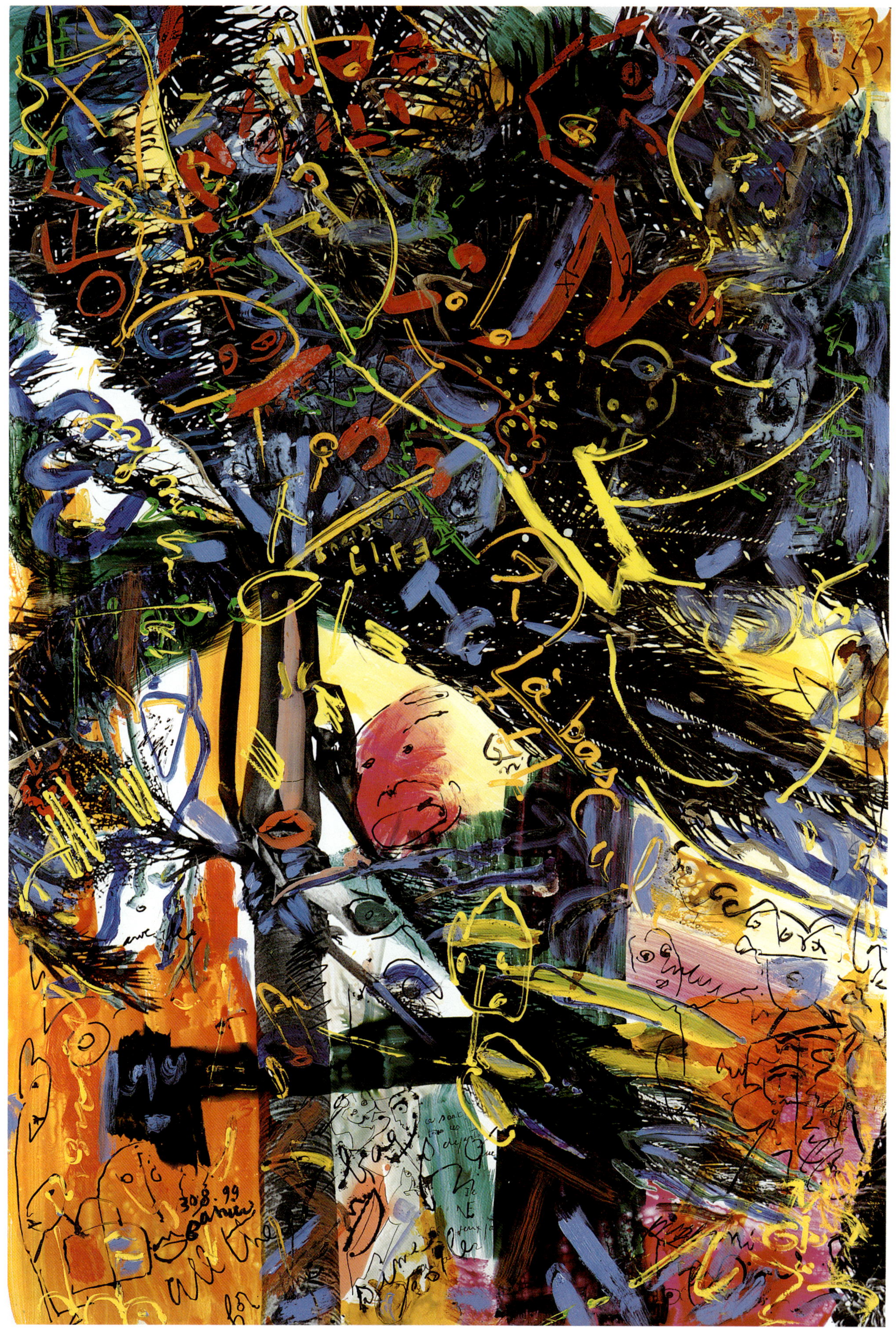

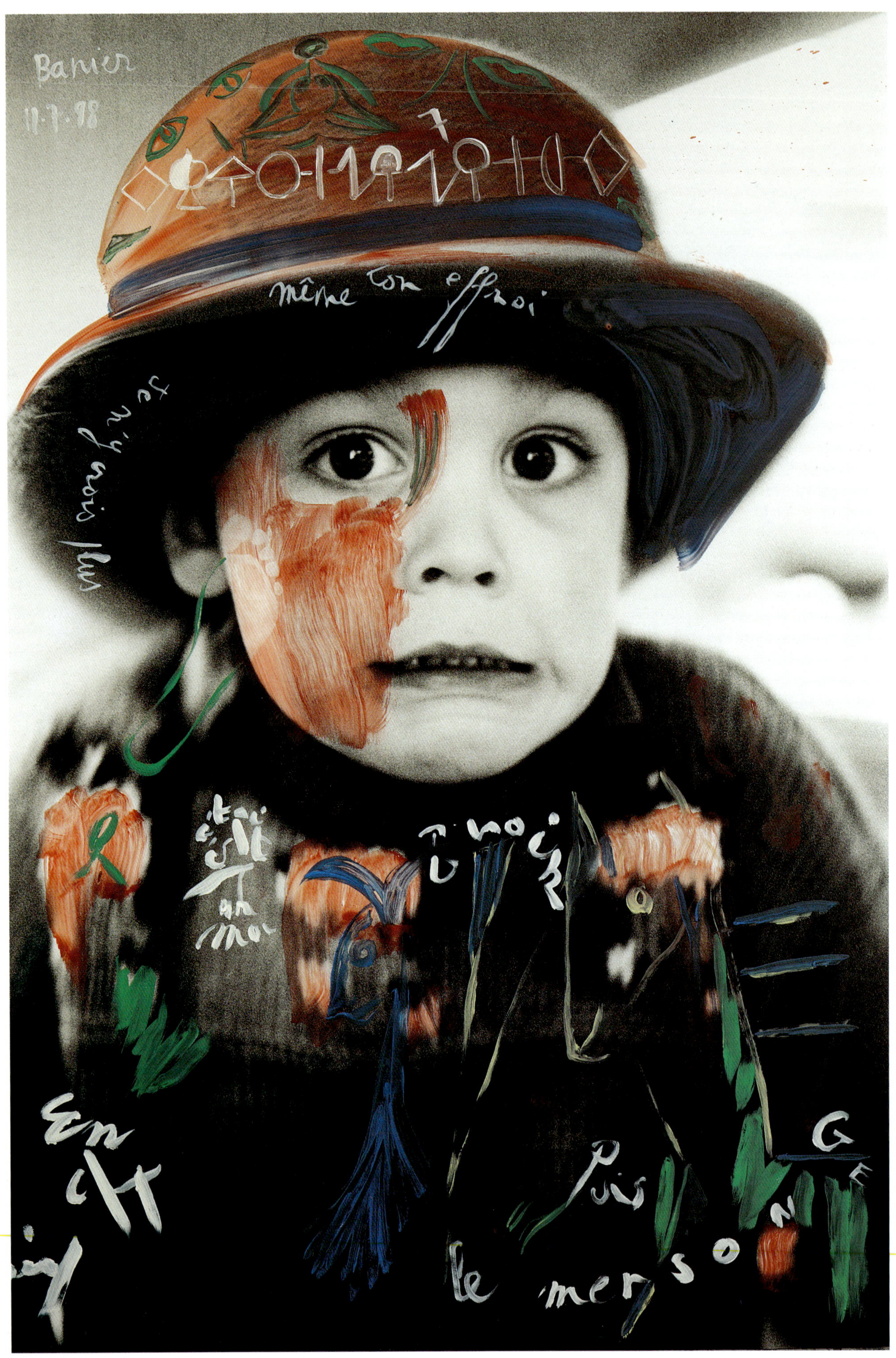

Matthew Huston
juillet 1998
photographie peinte
160 x 110 cm

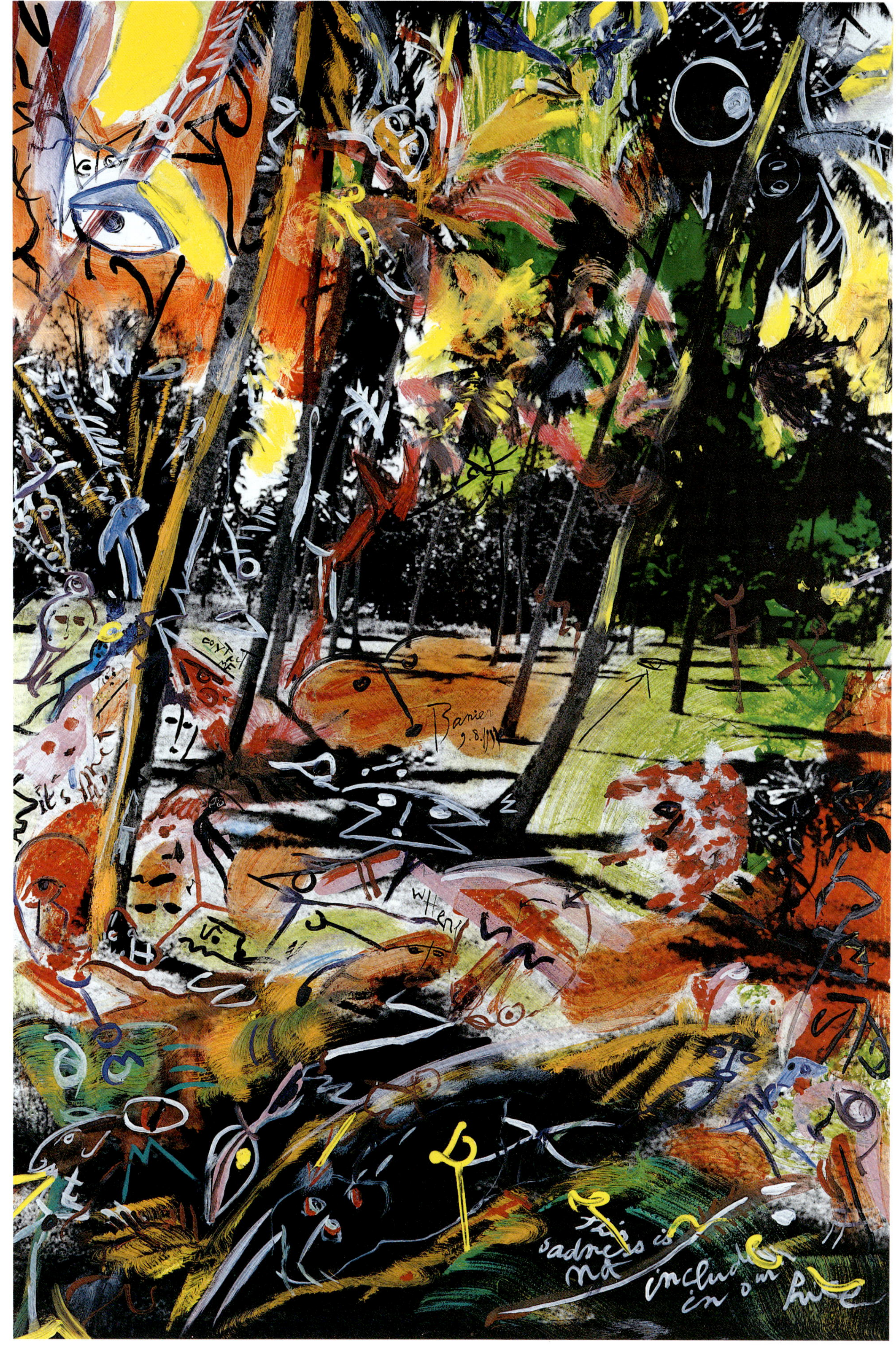

This sadness is not
included in our price
1999
photographie peinte
160 x 110 cm
(collection M.me
Bettencourt)

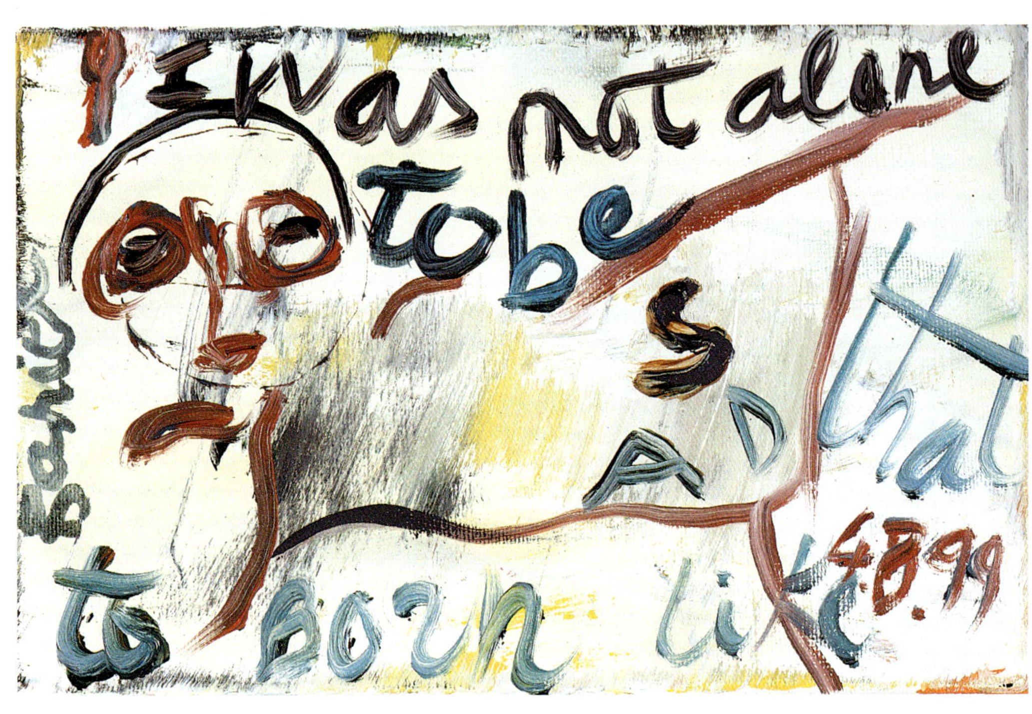

Sans titre
1999
huile sur toile
14 x 22 cm

Sans titre
1999
huile sur toile
24 x 16 cm

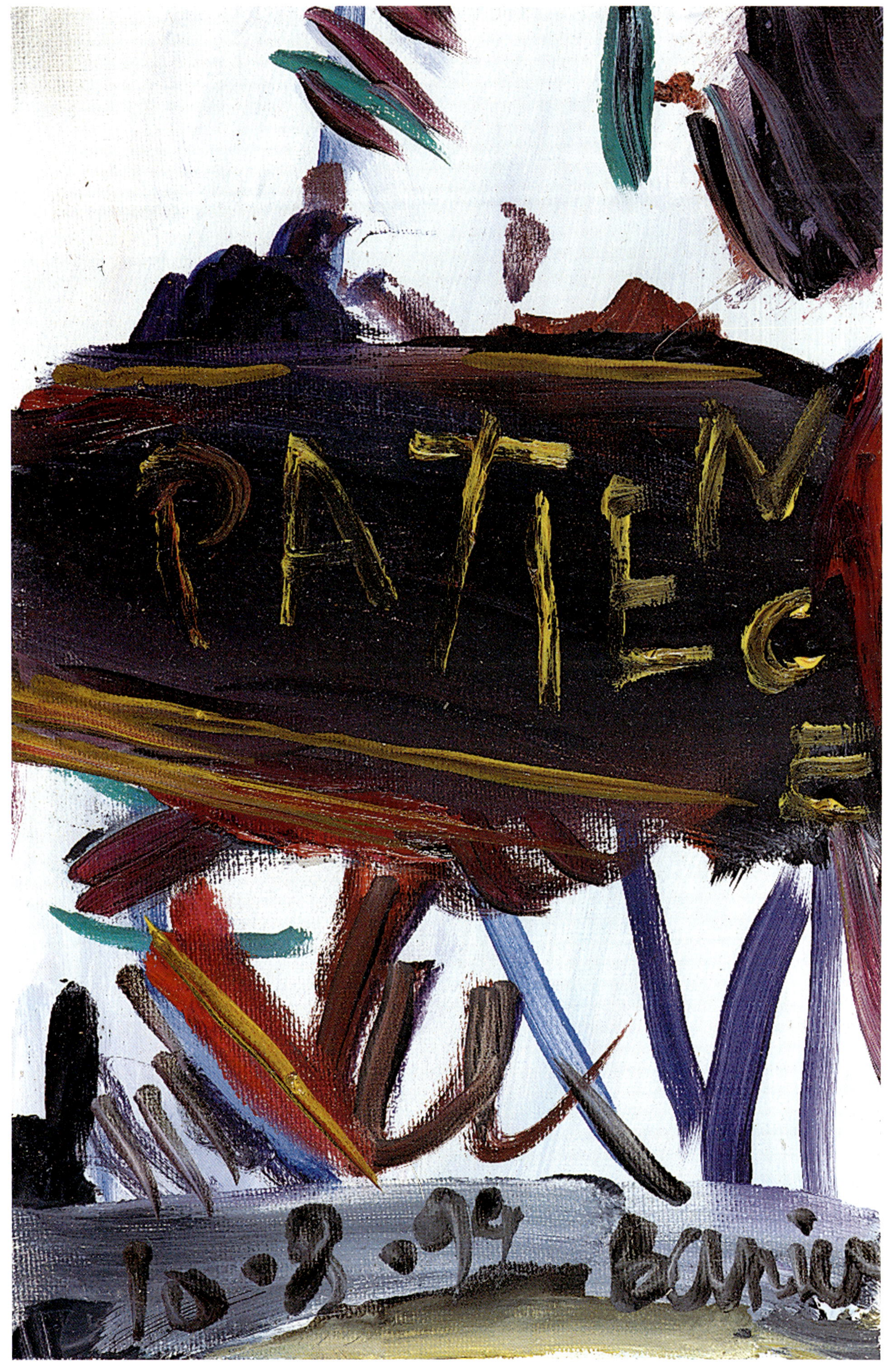
PATIEN-C
10·8·99

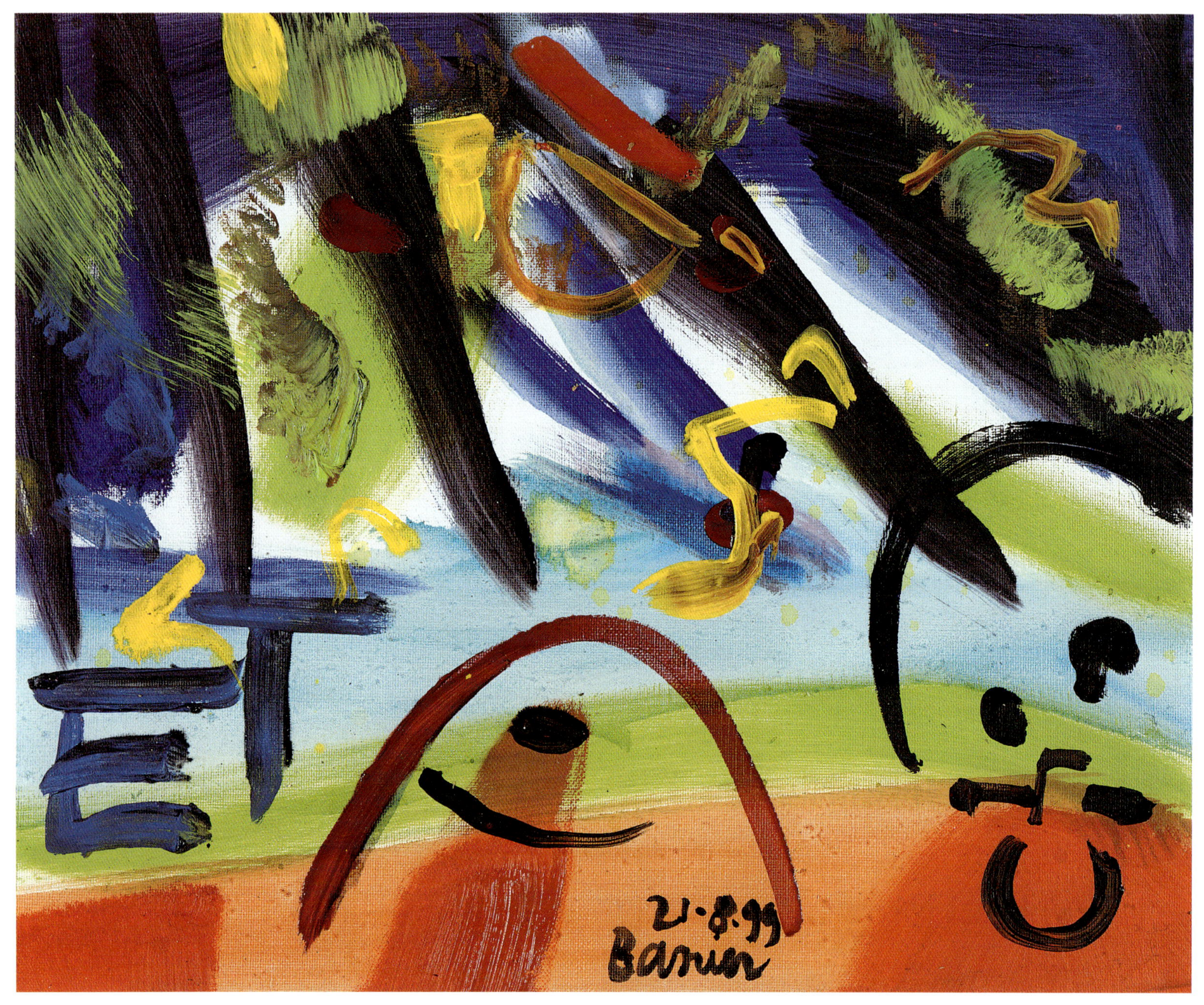

Sans titre
1999
huile sur toile
33 x 41 cm

Sans titre
1999
huile sur toile
41 x 33 cm

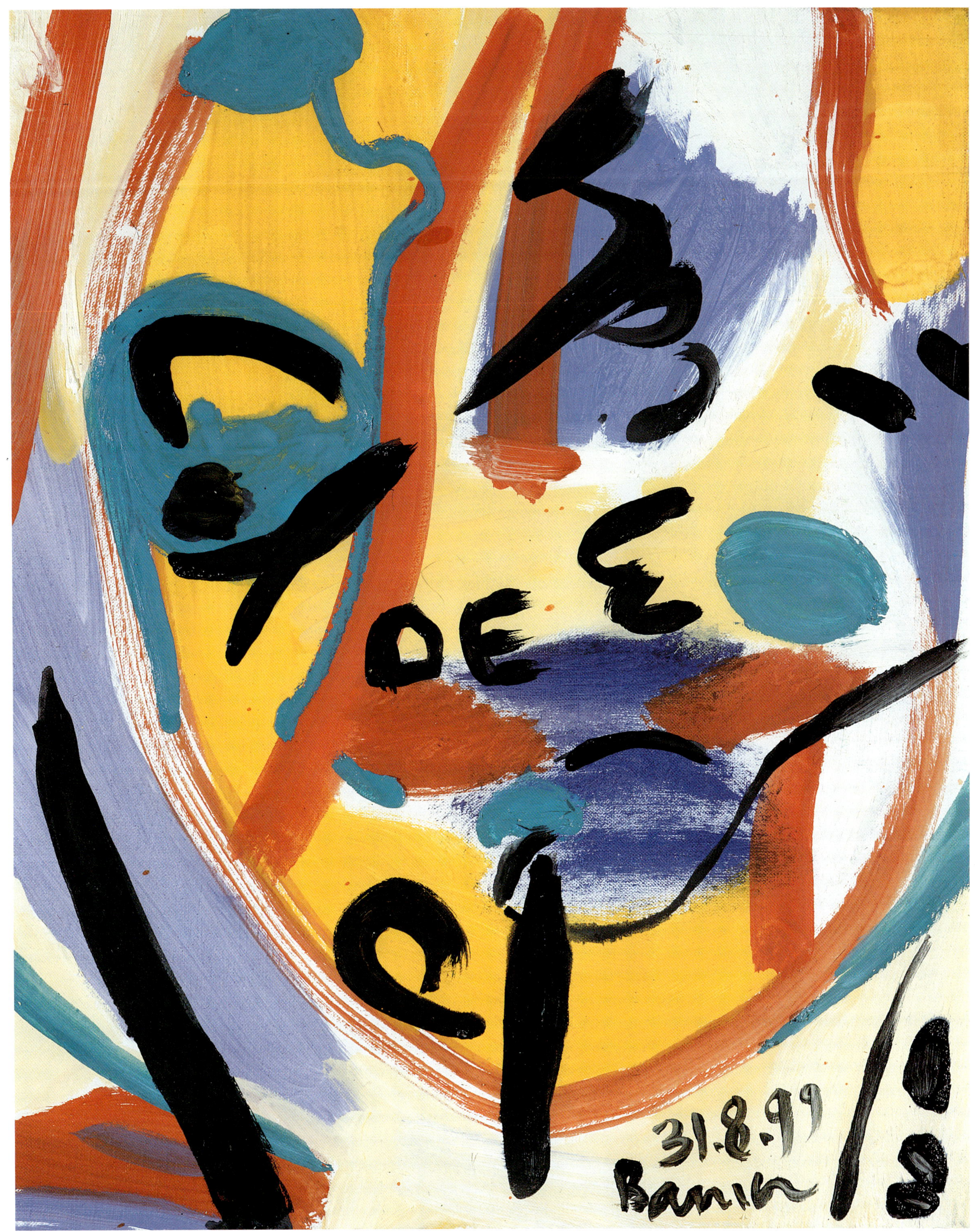

31.8.99
Banin

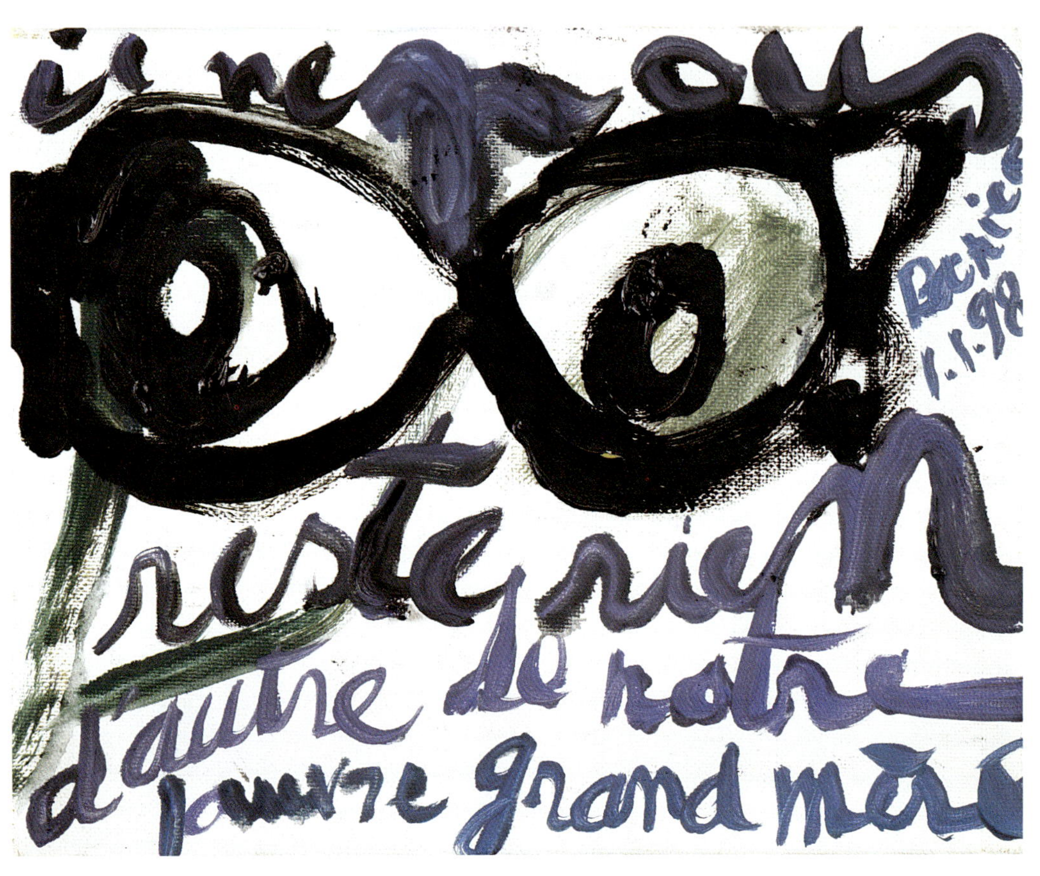

Il ne reste rien d'autre	Dany tu oublies
de notre pauvre	1997
grand-mère	huile sur toile
1.01.1998	20 x 20 cm
huile sur toile	
10 x 24 cm	

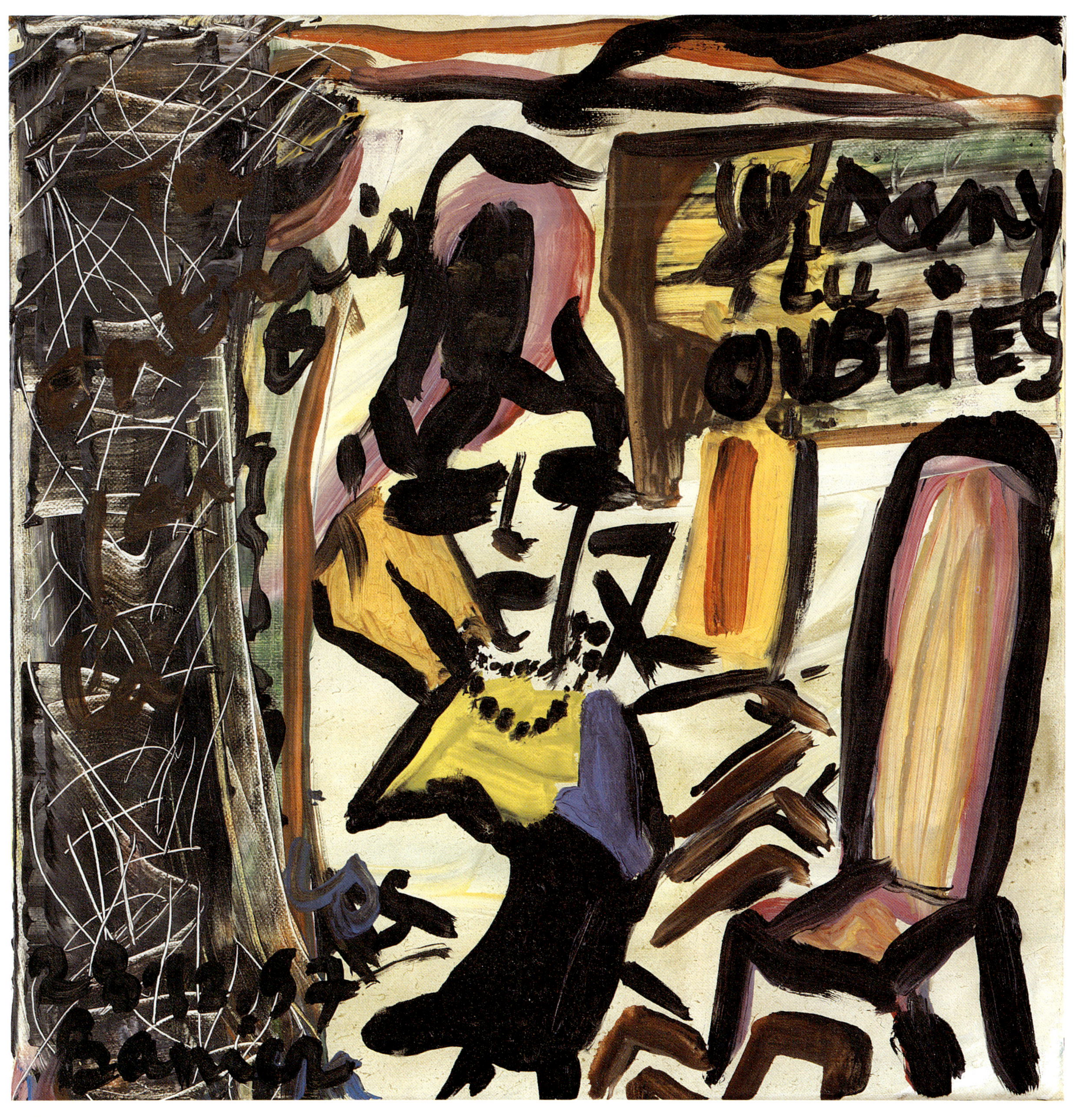
SYDANY
LU
OUBLIES

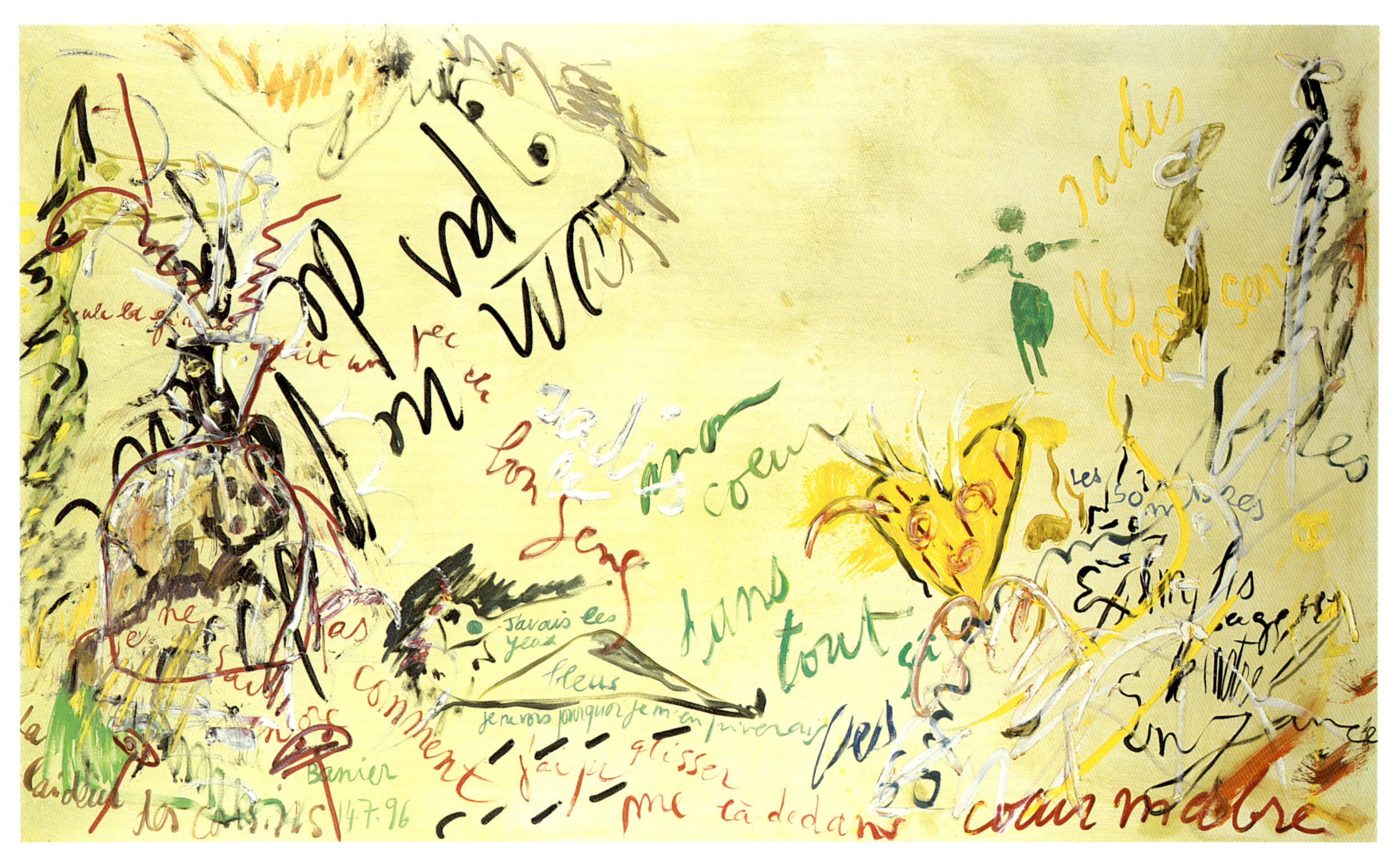

14.07.96
huile sur toile
113 x 195 cm

Sans titre
huile sur toile
130 x 89 cm

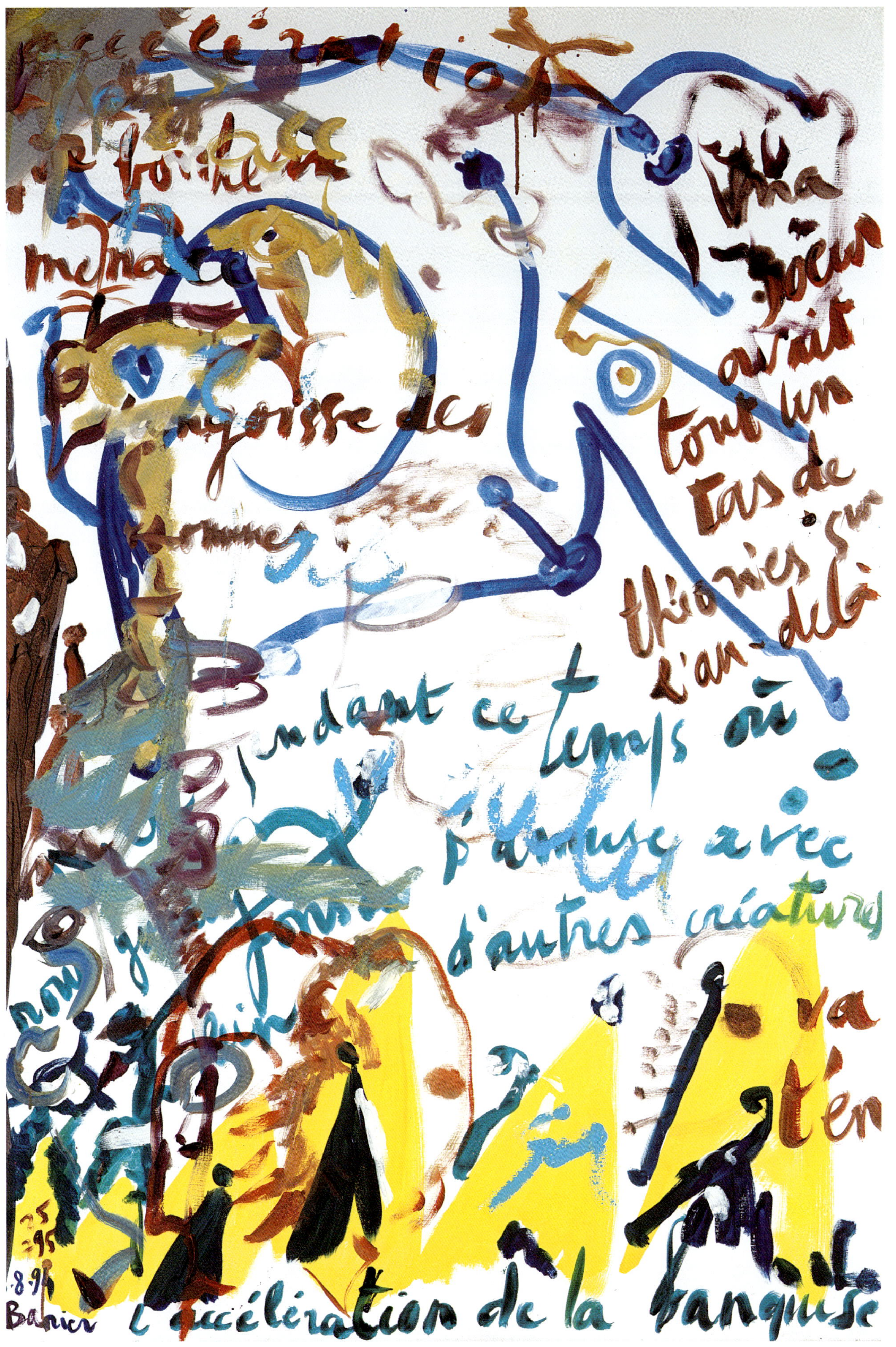
accélération
ma
boire
ma-
soeur
menace
avait
tout un
tas de
angoisse des
théories sur
l'au-delà
pendant ce temps où
s'amuse avec
d'autres créatures
va
t'en
l'accélération de la banquise
Bahia

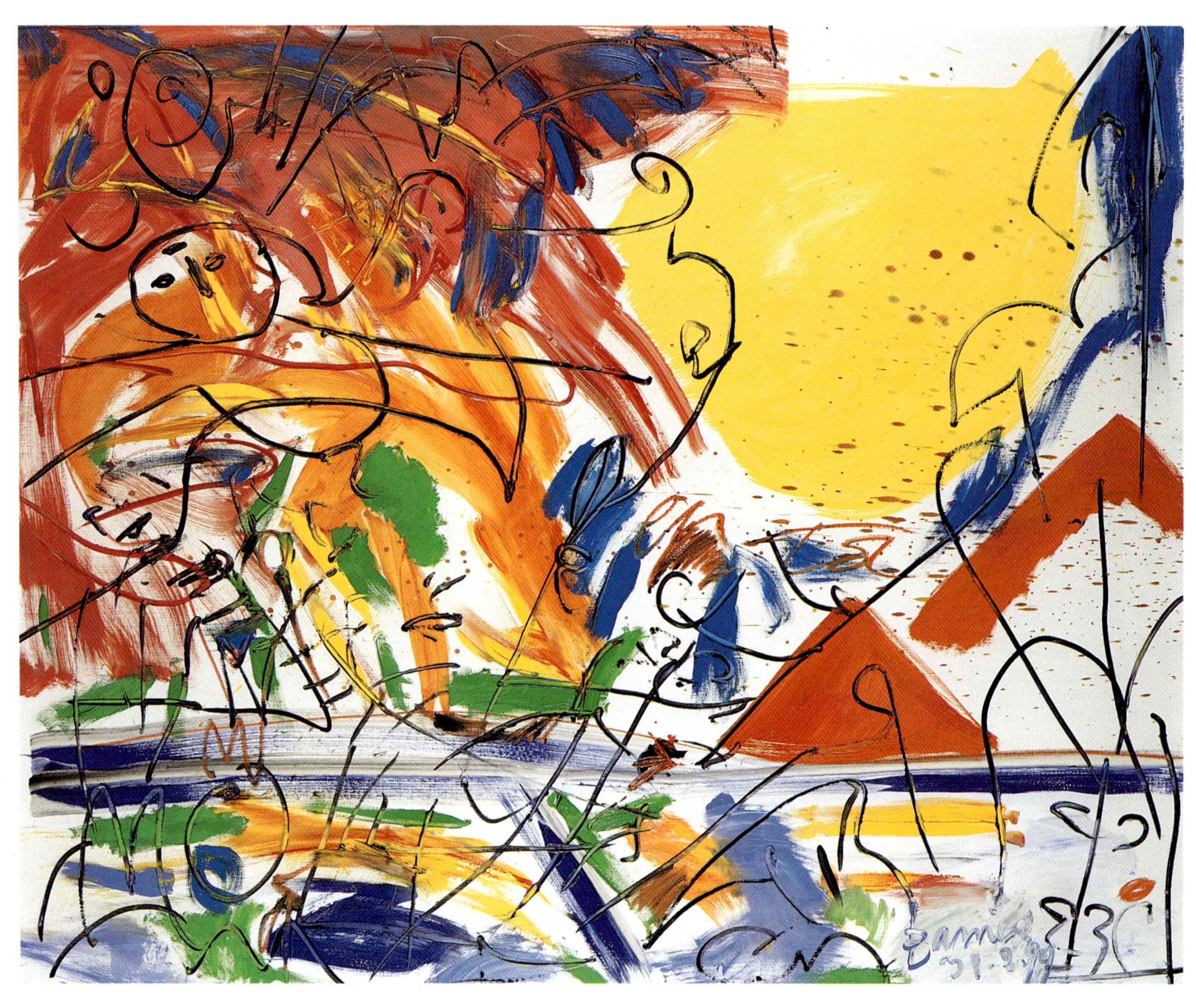

Red mountains
1999
huile sur toile
130 x 162 cm

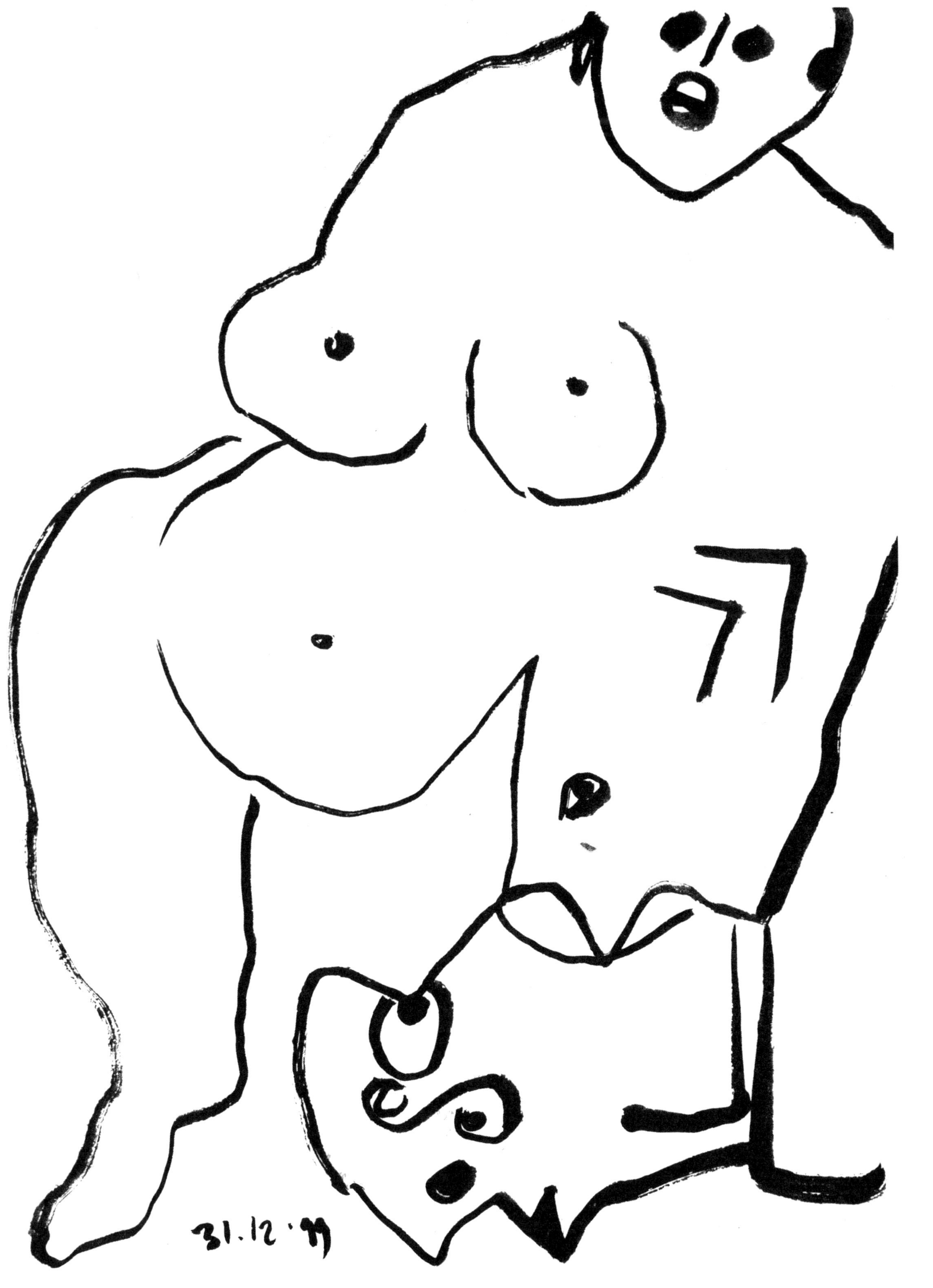

31.12.'99

(Pas : j'ai cru comprendre qu'il
j'avait un froid en...

idée (COMIQUE)
de la Maladresse
à ... par ex. à M. Brider...
du parler à ... de ma présence

à transposer   7.11.1991

en voyant les grosses
avec boules du bowling
de la paumerie ...
sur la pointe des
... aux bras
l'air de ...

comme
les faiseuses
de bouquet
avant un grand
dîner chez du

NE METTEZ ... LES PIEDS DANS LE PLAT

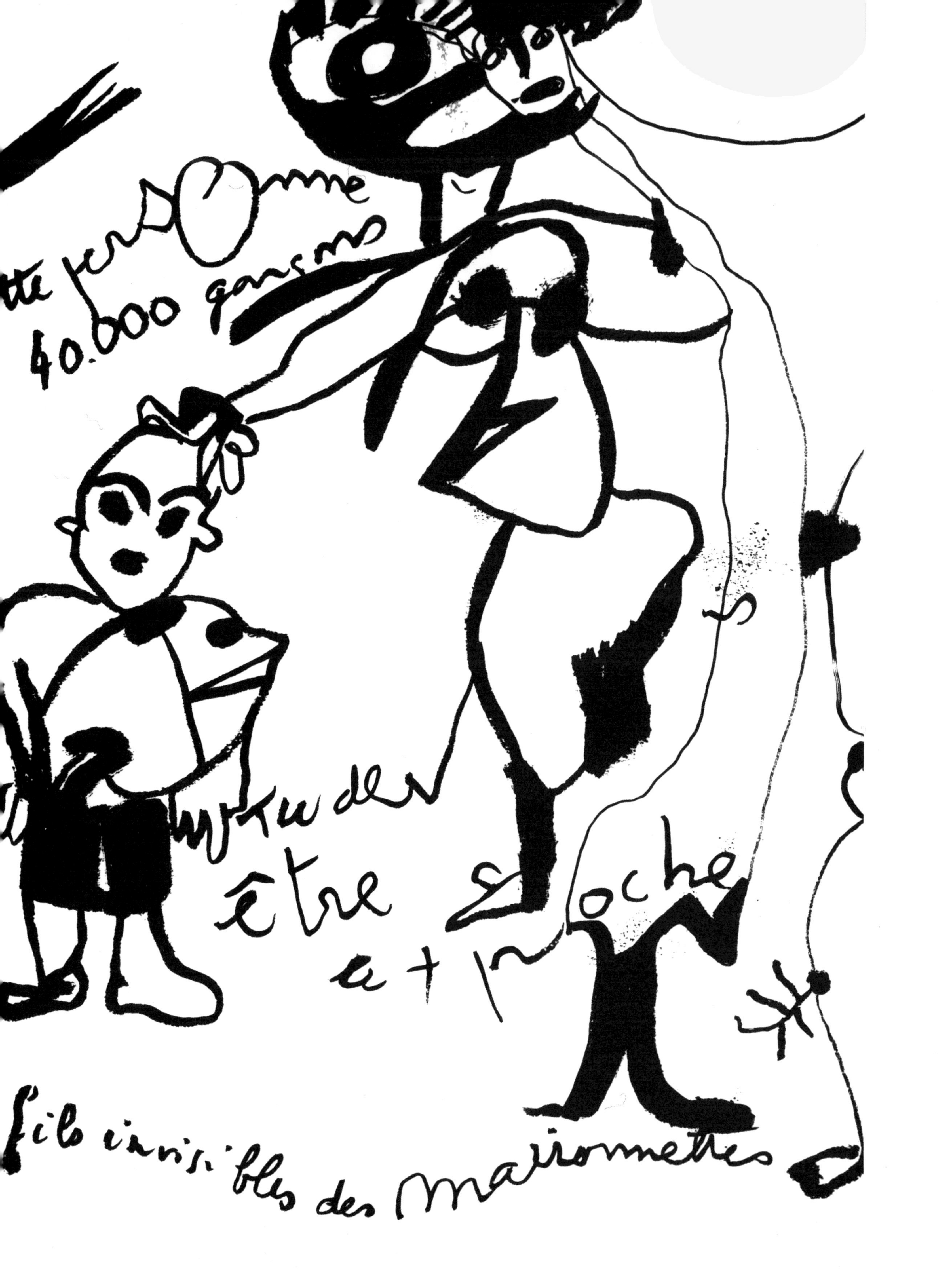

tte persOnne
40.000 garçons
tu der
être et proche
a +
fils invisibles des Marionnettes

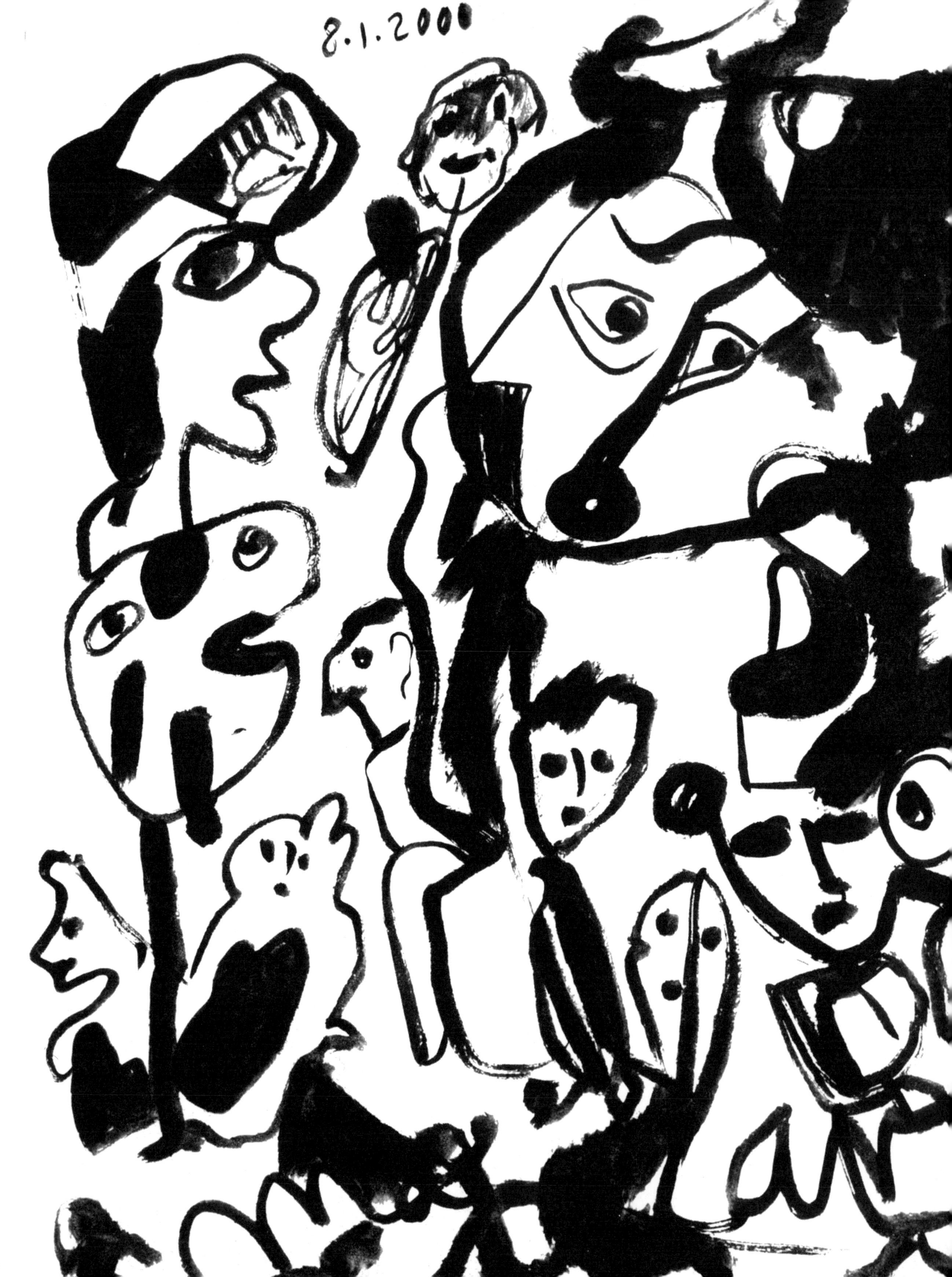
8.1.2000

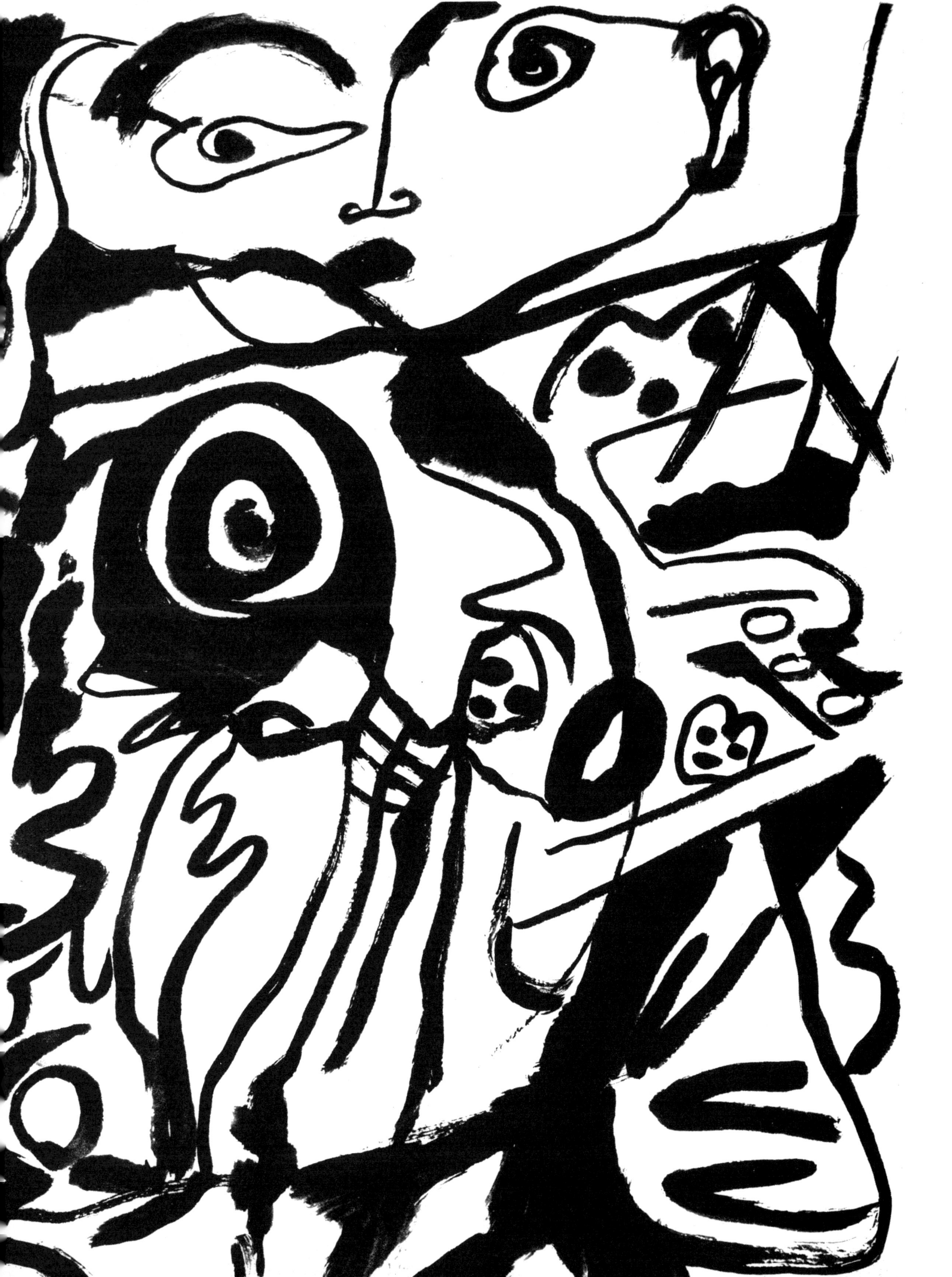

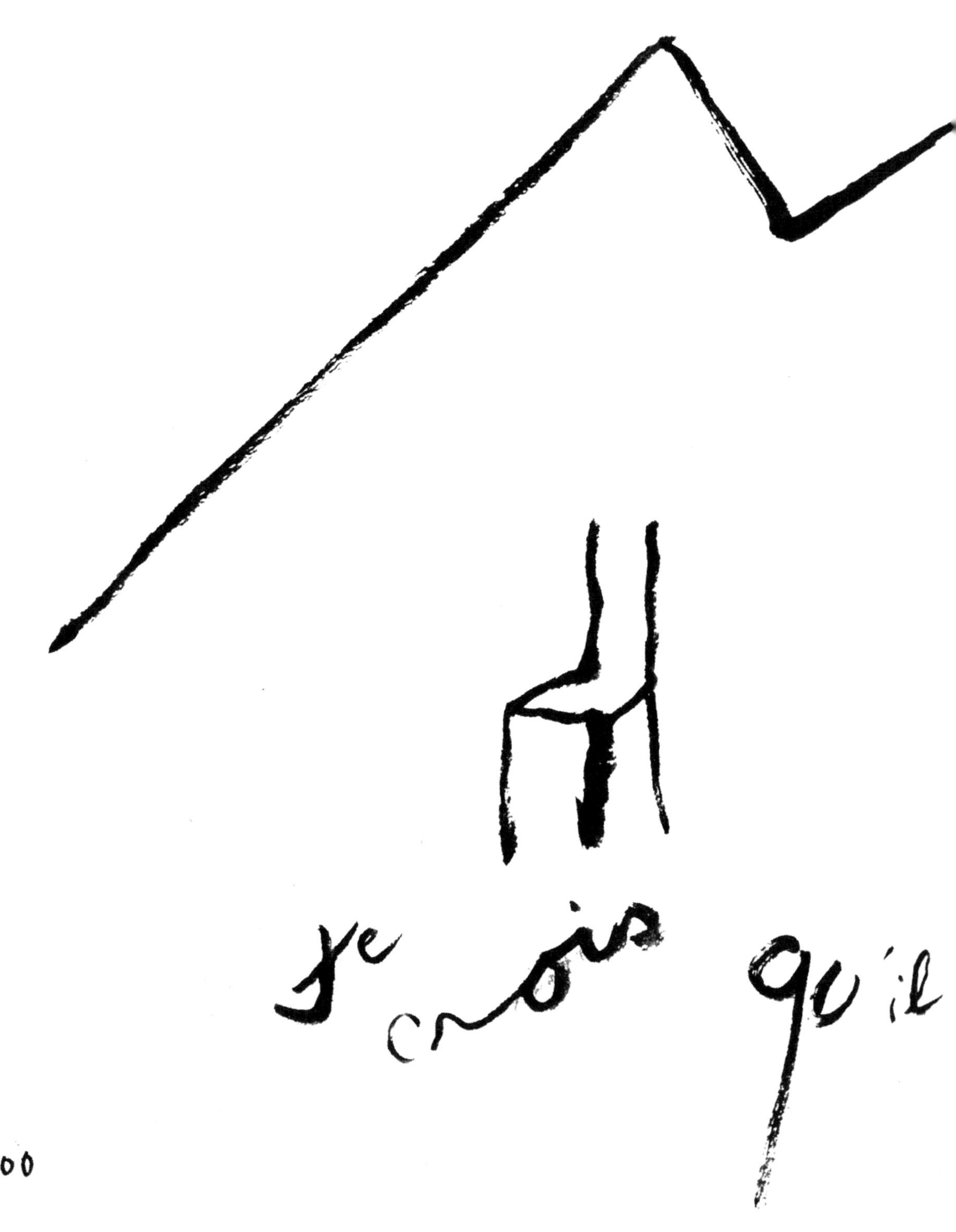

el Drouot sans avis, annonce, Cou
au moins la table sur laquelle elle écrive
mais chaise en schintzflame, sa lampe disqua
Anna-Sophia Drouet qui l'a acheté sans savoir

je crois qu'il

8.1.2000

le poignard que j'essaye de rattraper
, / la table russe, les fauteuils idiots
Bourgeois je pourrais l'attraper chez
elle éclairait ni d'où elle venait.

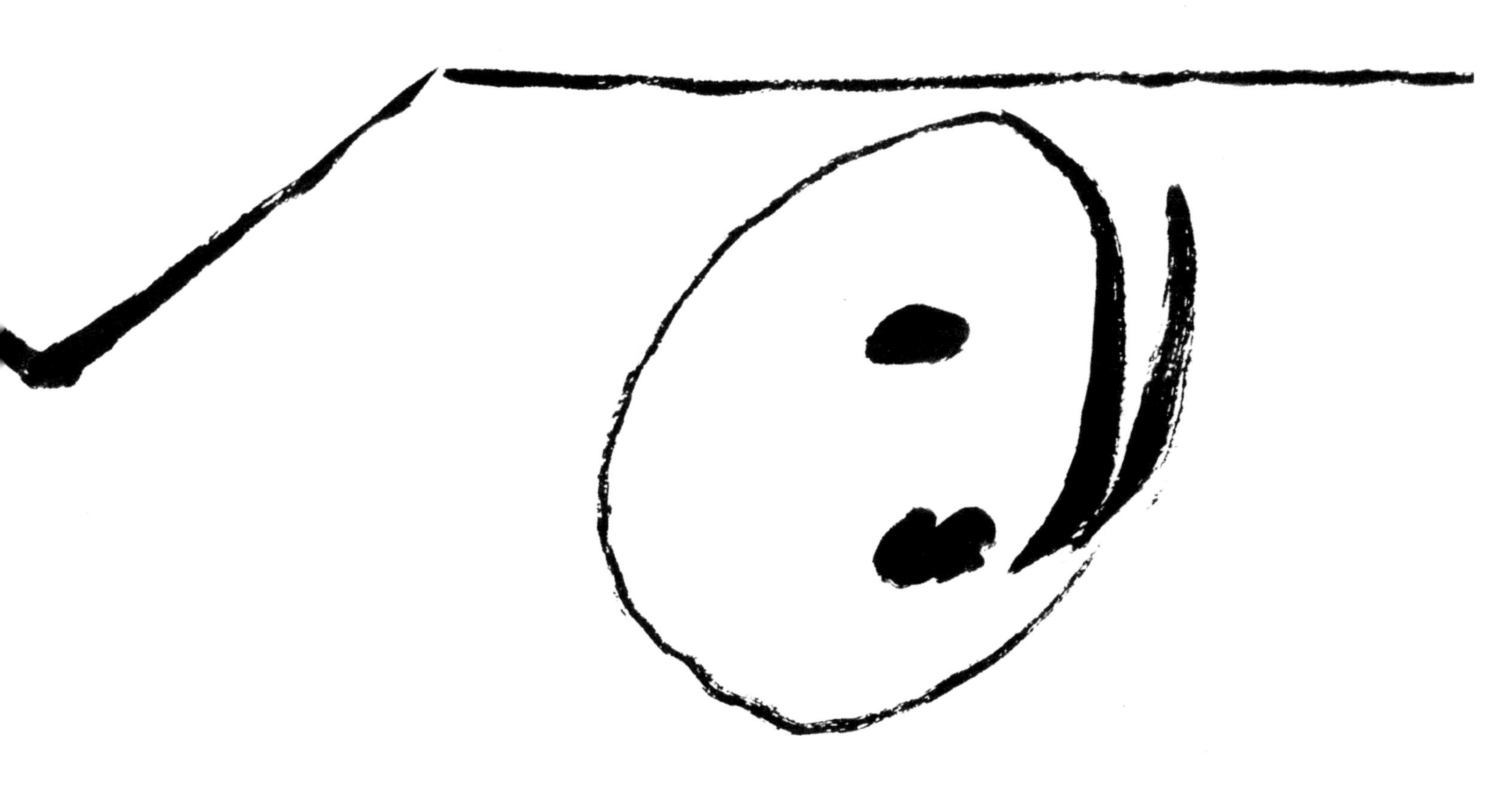

commence à comprendre...

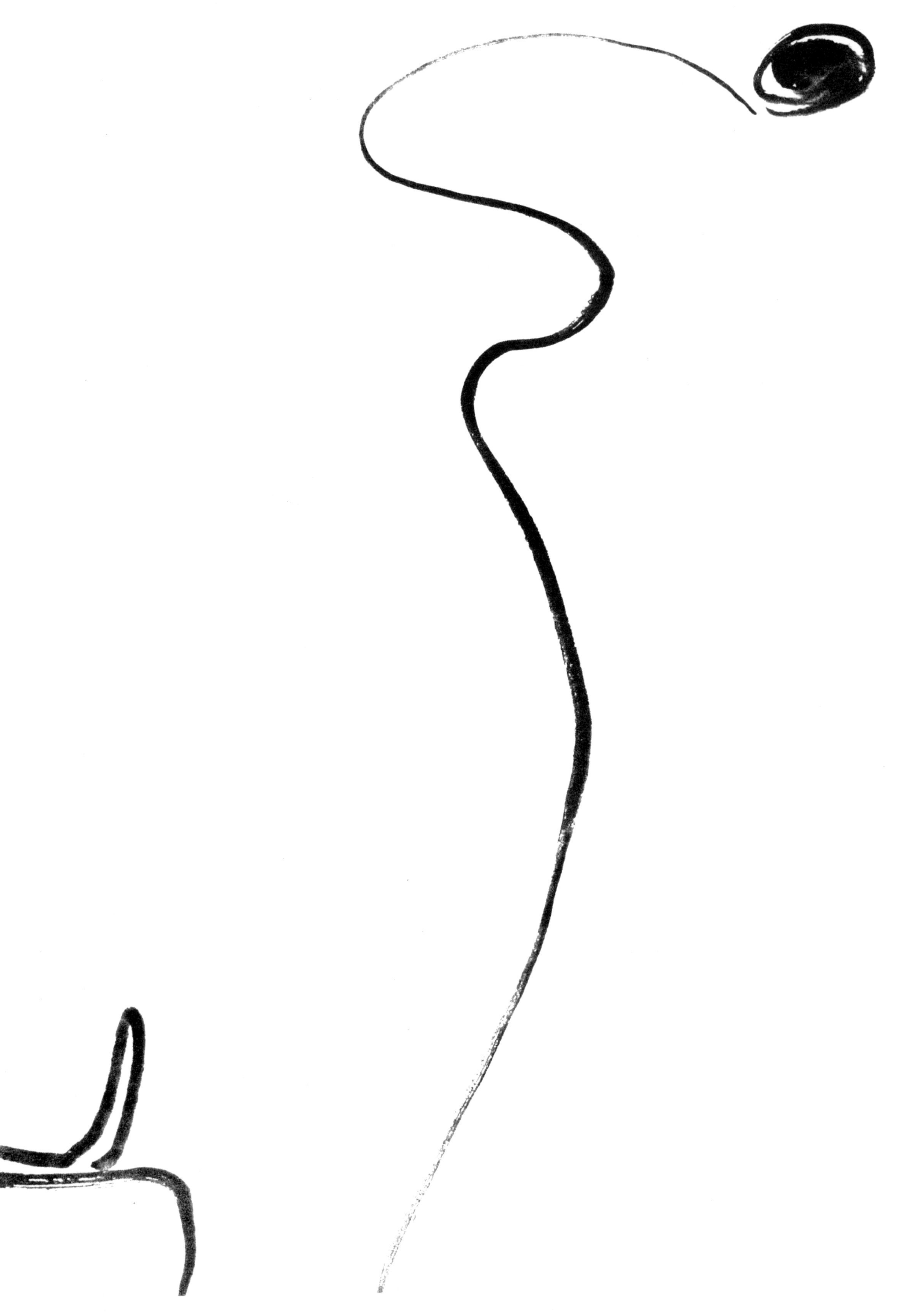

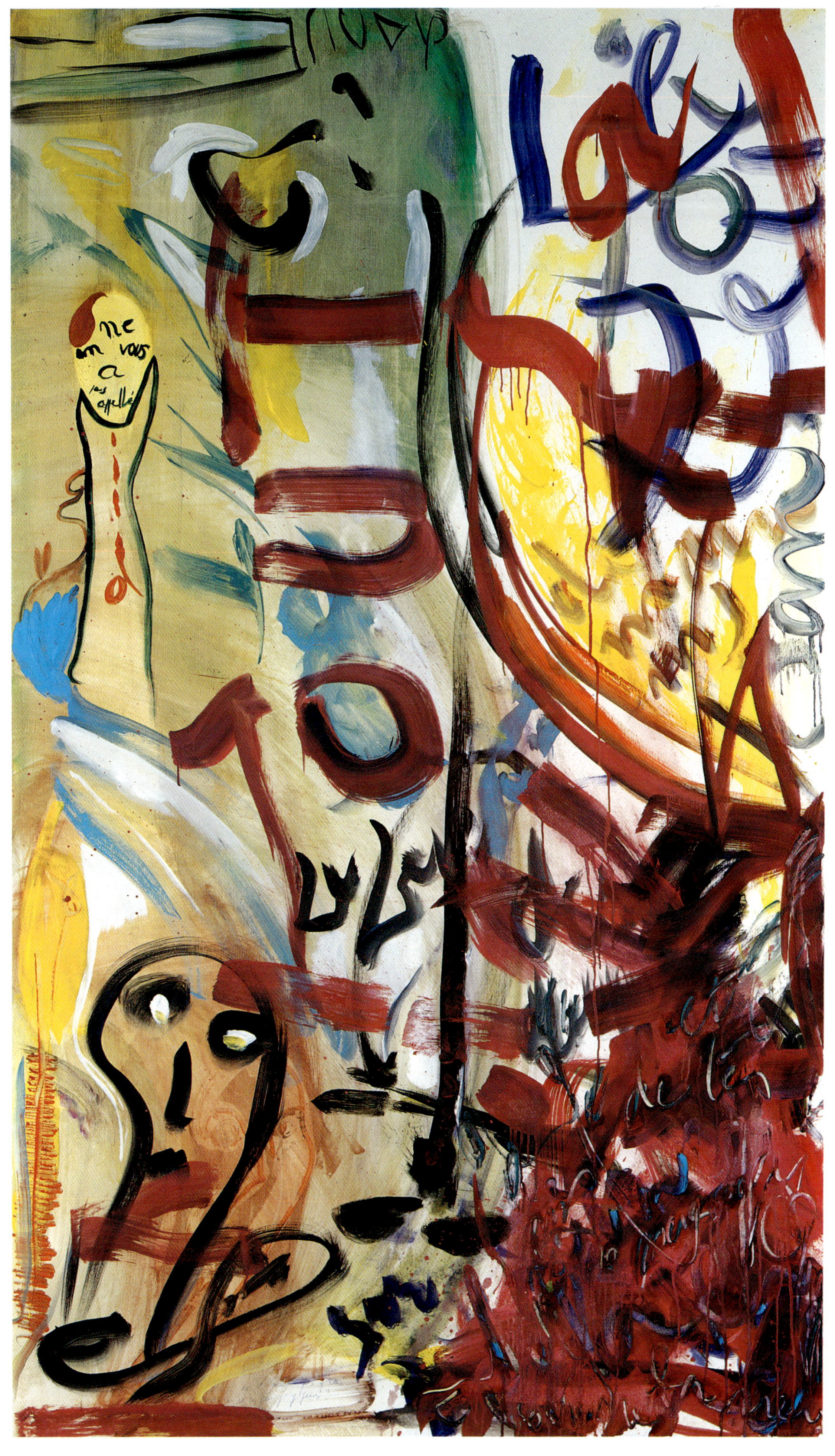

Sans titre
huile sur toile
195 x 114 cm

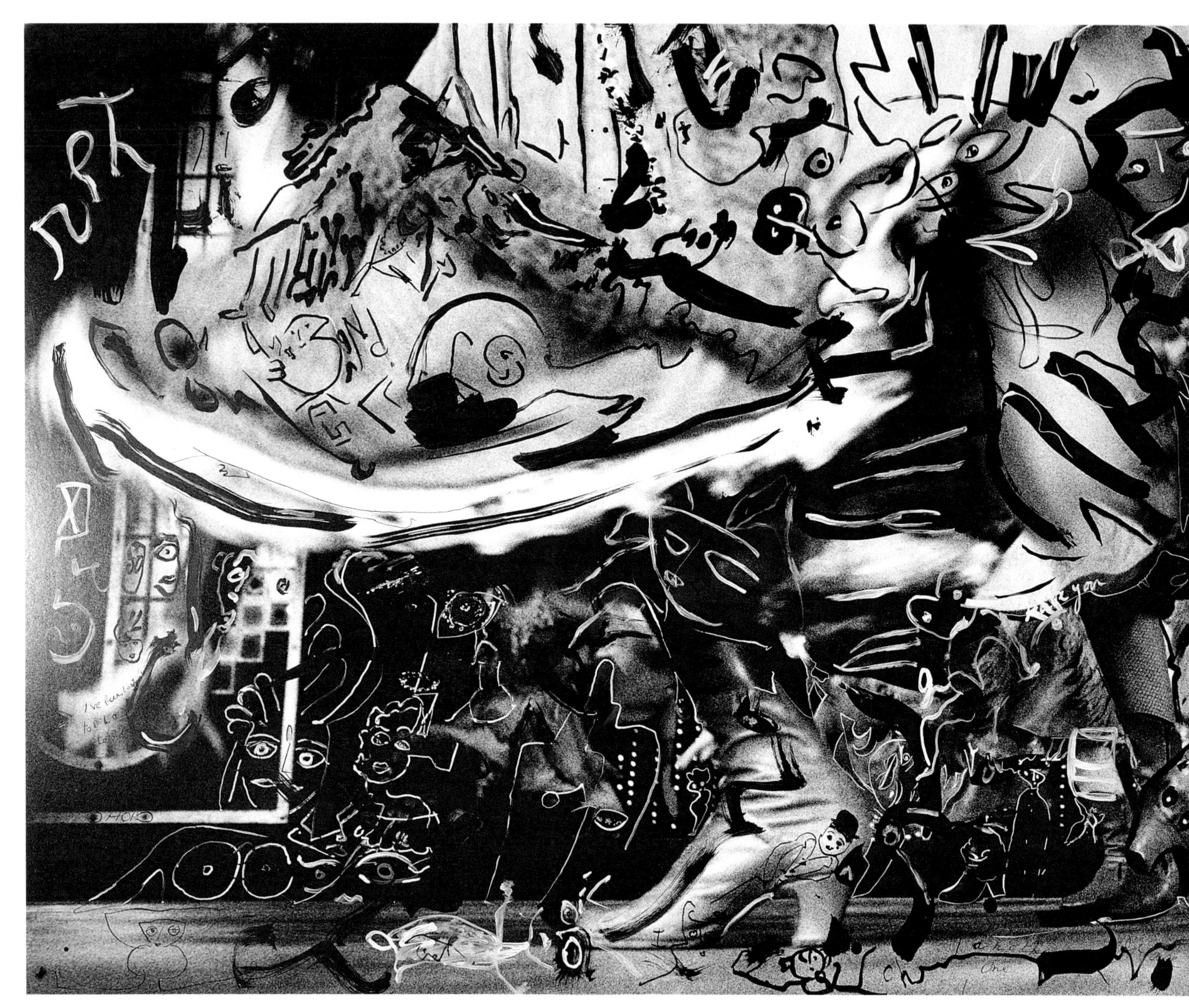

Moulin-Rouge III
1999
photographie peinte
120 x 320 cm

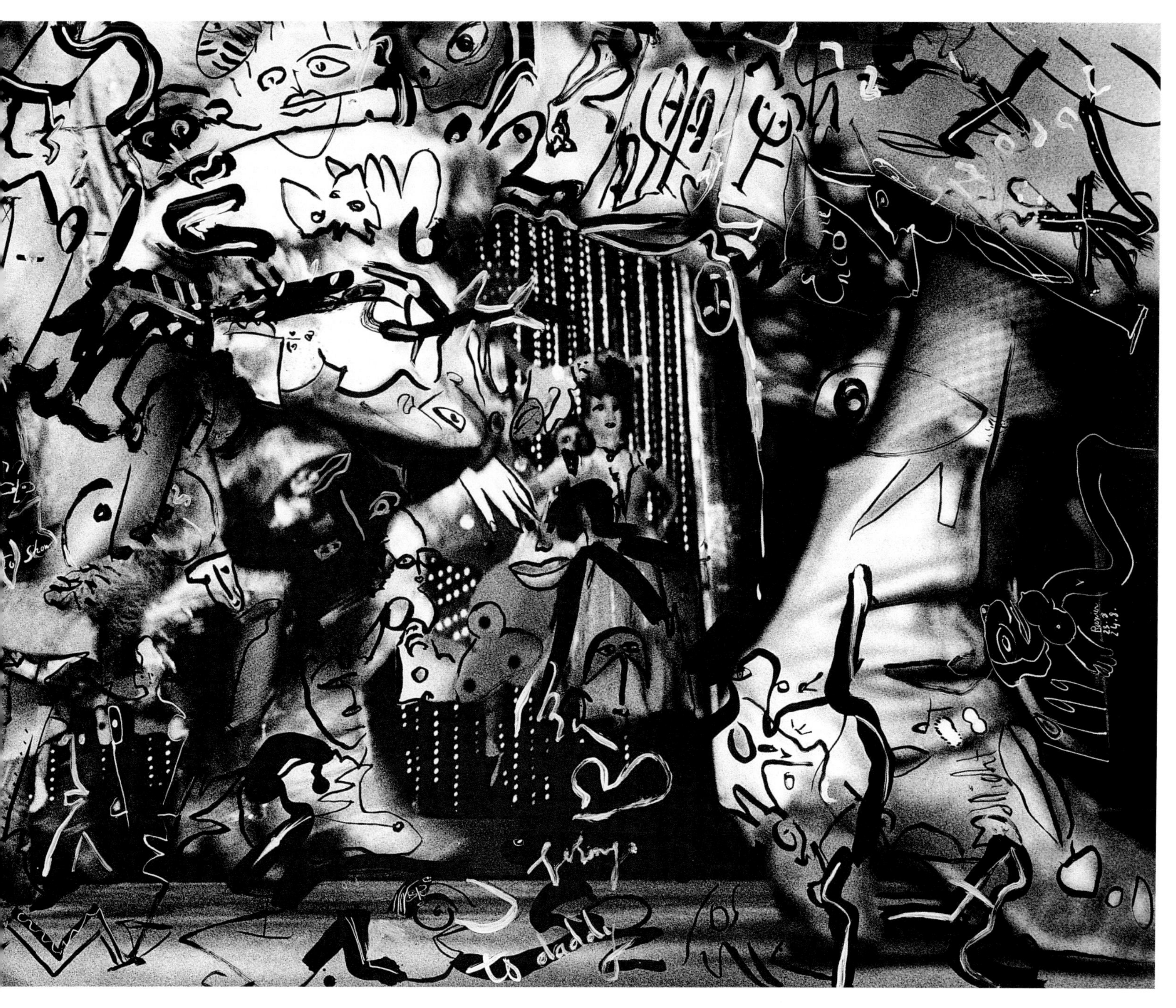

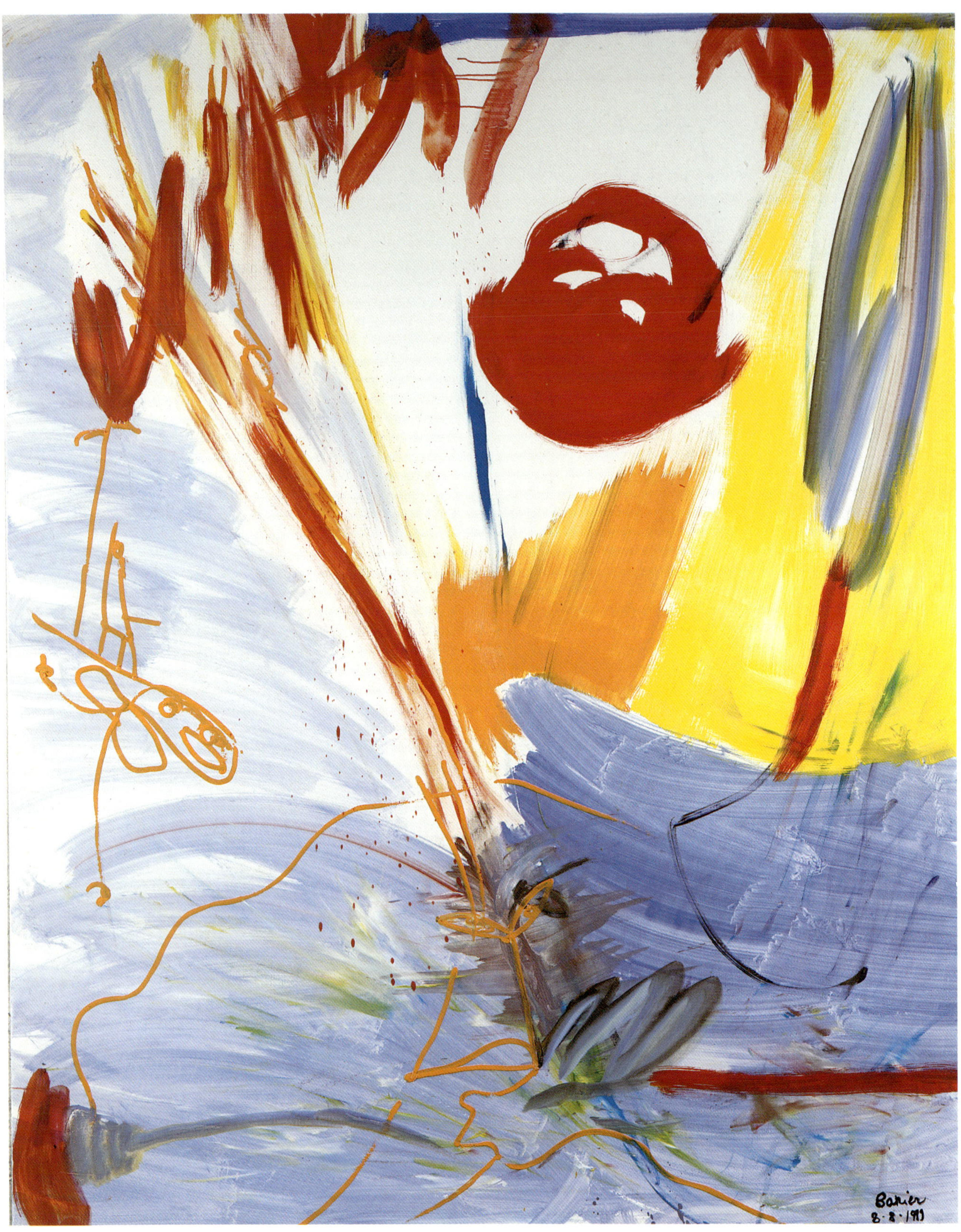

Soleil rouge
1999
huile sur toile
162 x 130 cm

Good dog
1999
huile sur toile
162 x 114 cm

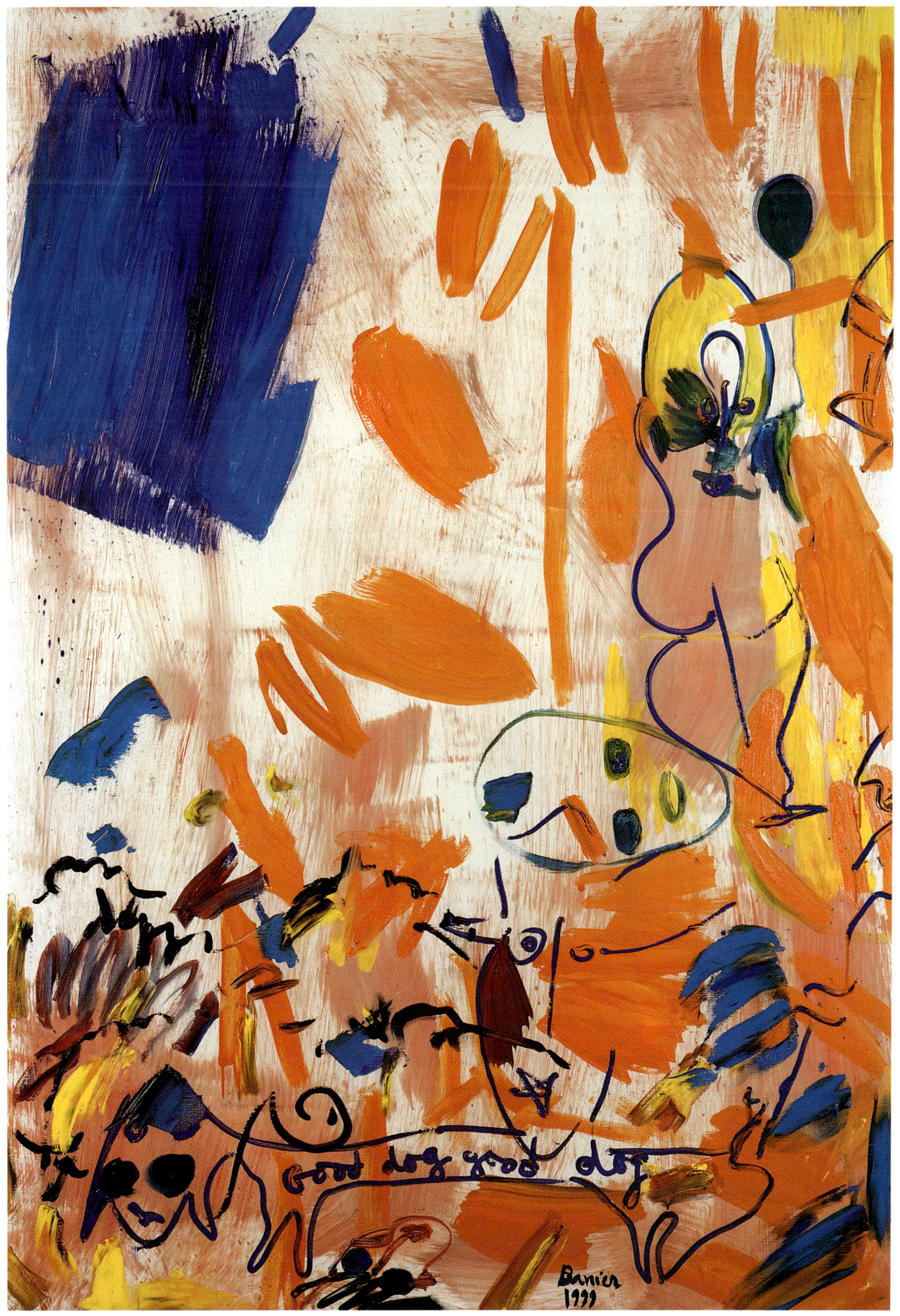
good dog good dog
Banier
1999

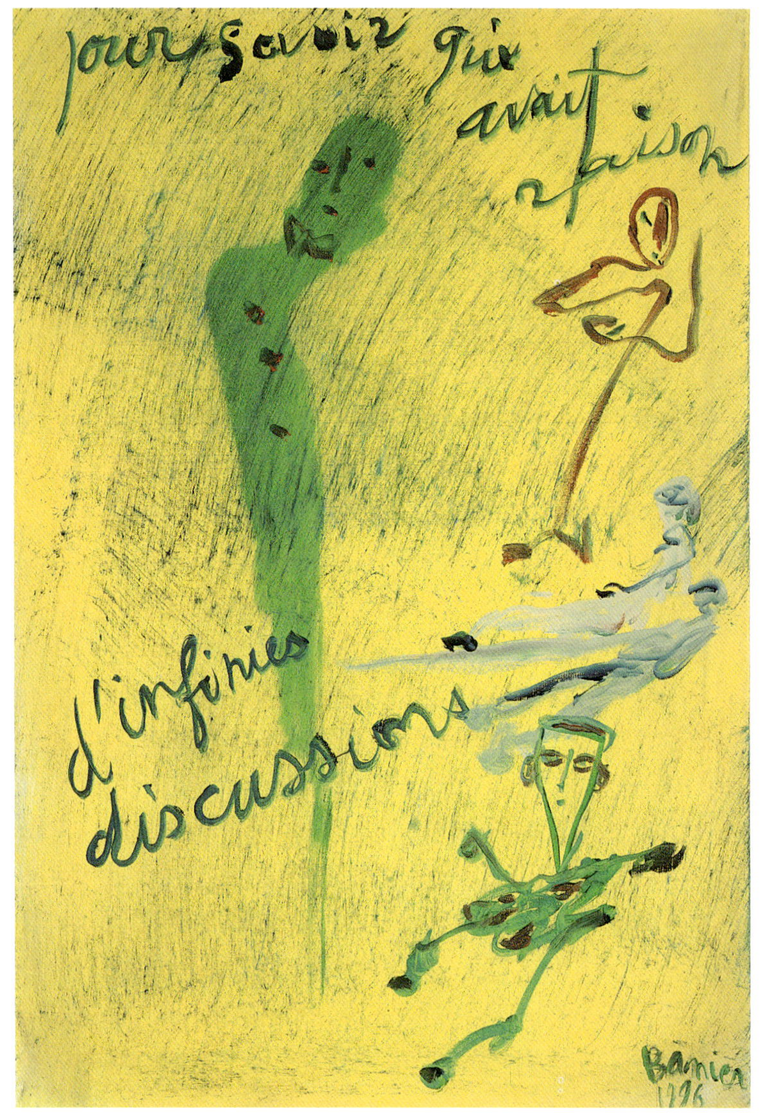

D'infinies discussions
1996
huile sur toile
55 x 38 cm

L'oreille de la terrible
confidence
1997
huile sur toile
114 x 162 cm

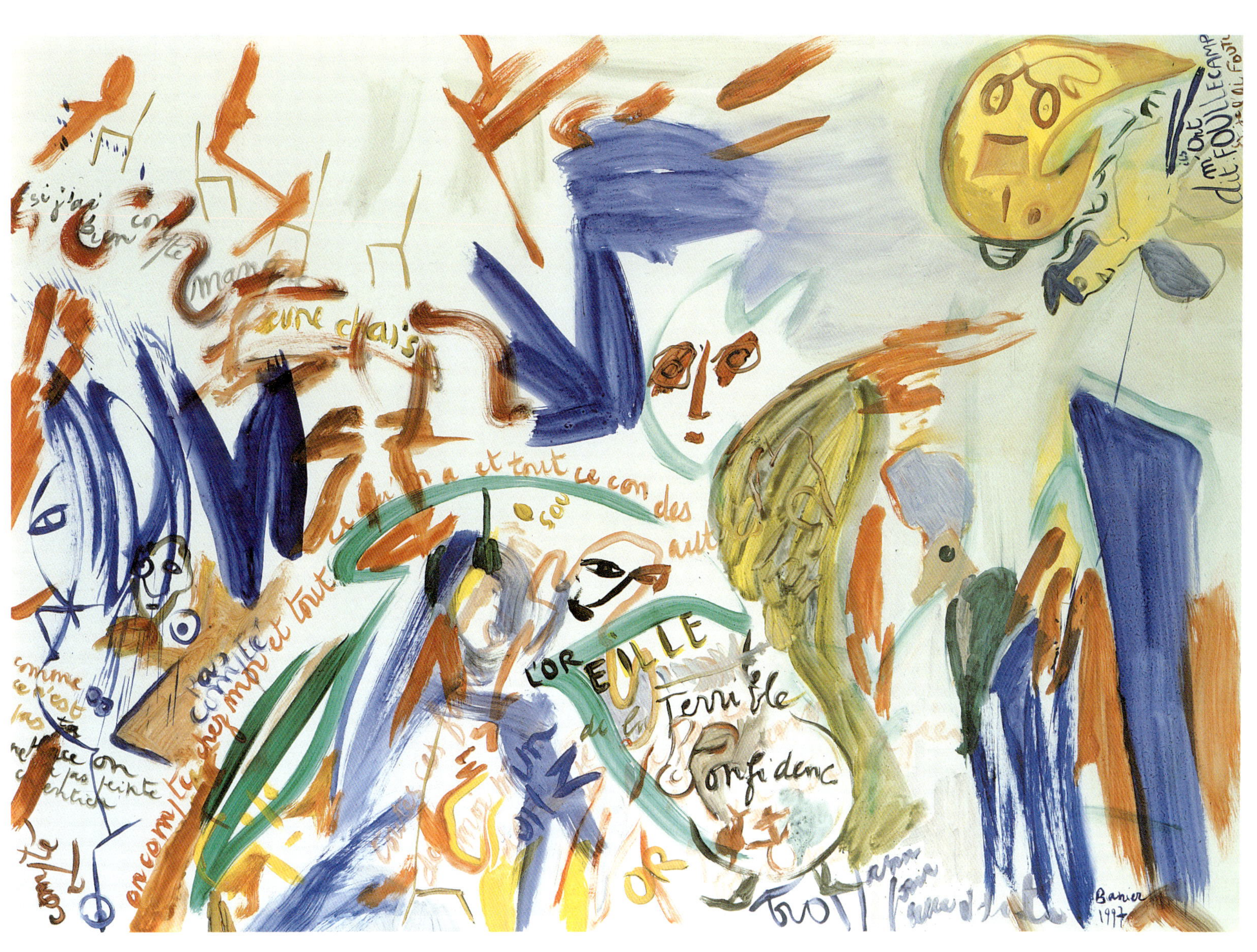

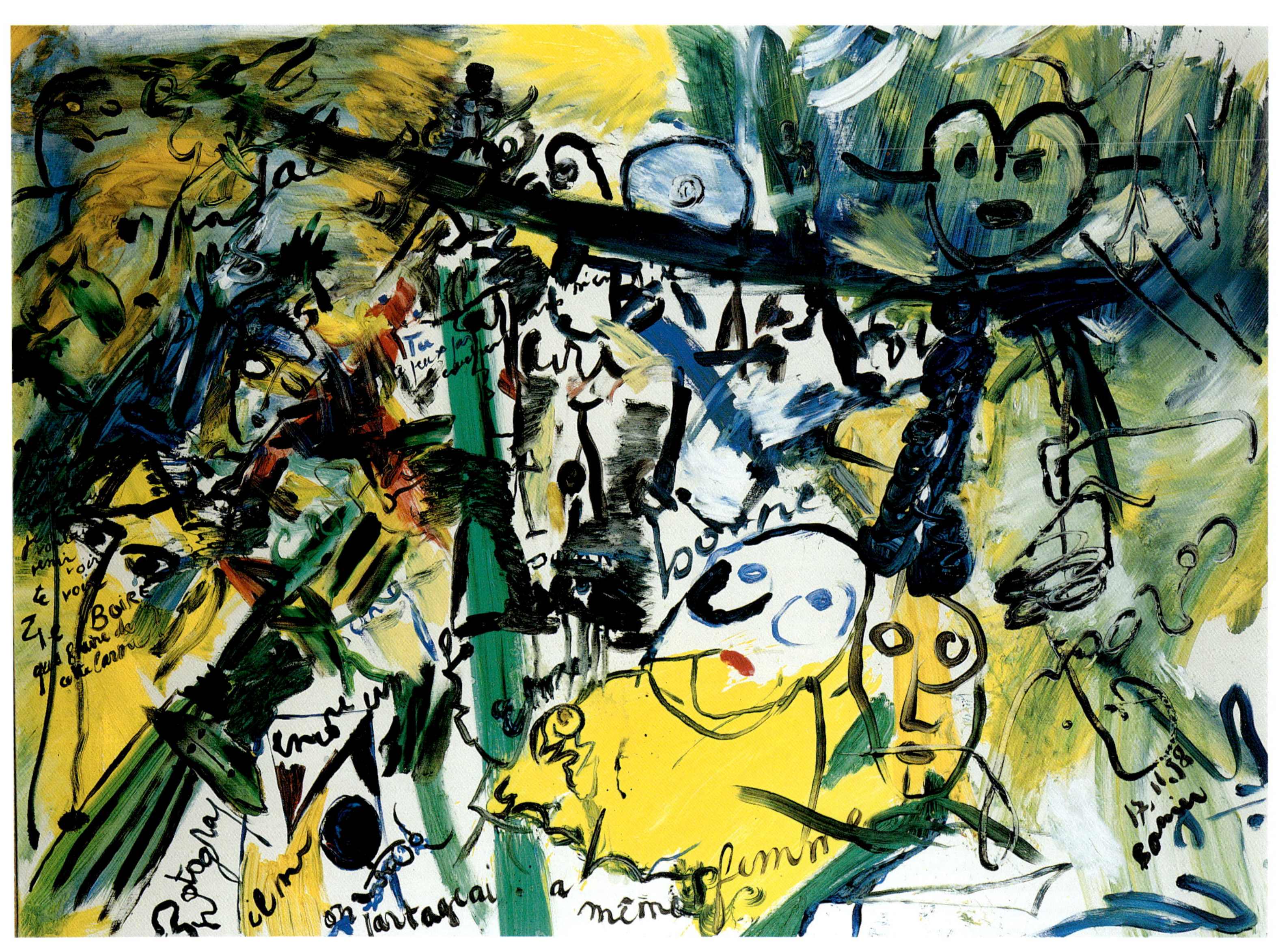

**Partageai même ma
femme**
novembre 1998
huile sur toile
114 x 162 cm

Sans titre
1998
huile sur toile
14 x 24 cm

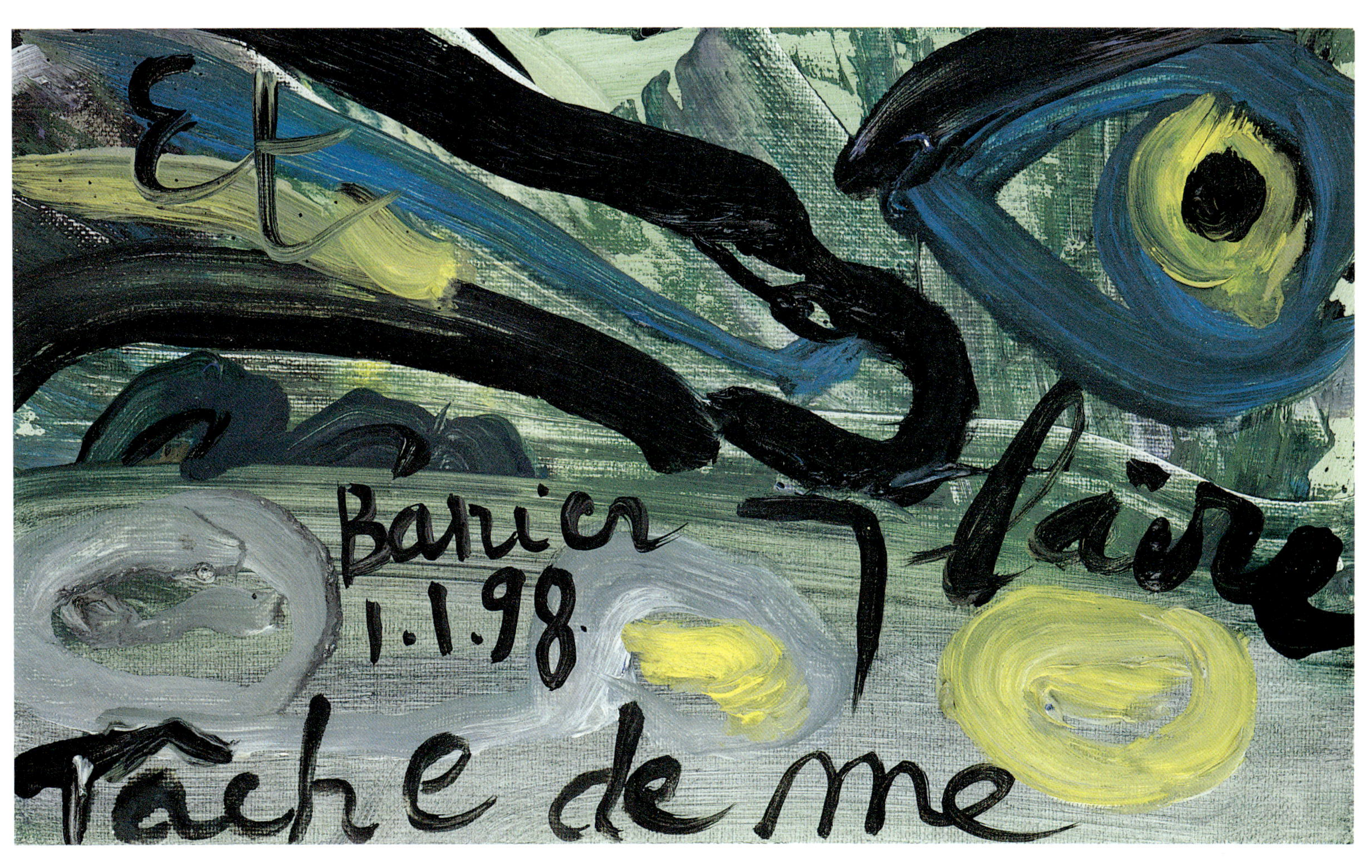
EL
Barrier
1.1.98.
Tâche de me
laire

APPARATI / APPENDIX / APPENDICE

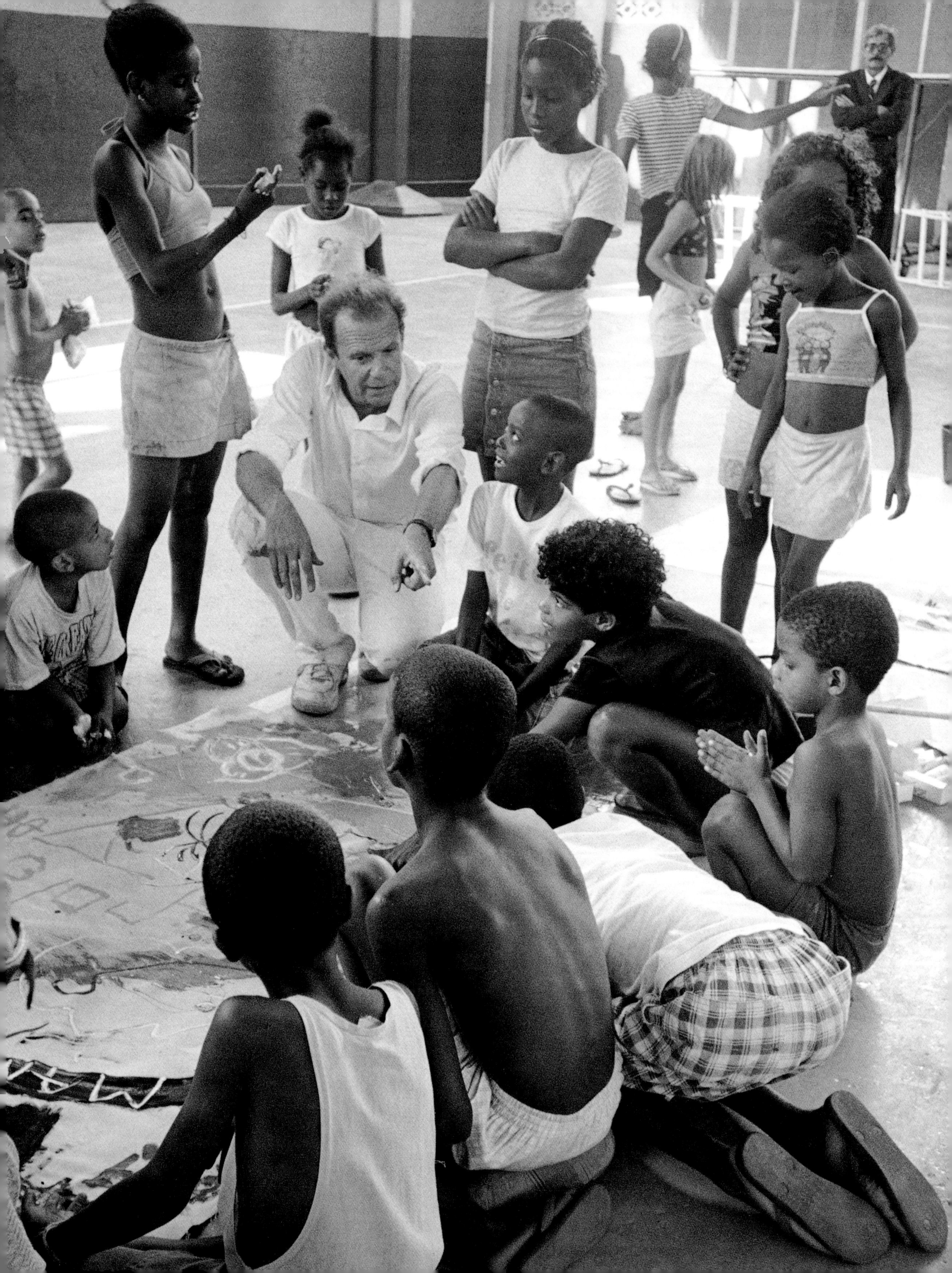

Biografia

"La fotografia si nutre di esseri, il romanzo li alimenta. La fotografia ci dà quello che noi chiediamo alla letteratura."

François-Marie Banier è nato a Parigi il 27 giugno 1947. Deve la precoce scoperta del mondo della fotografia e dell'immagine a suo padre, un pubblicista di origine ungherese.
Realizza le sue prime fotografie nel 1962 con una Rétinette 1B Kodak; sceglie in seguito la Leica M6 o la Minox, macchine più discrete. La sua tecnica è ridotta all'osso: fotografa in bianco e nero con un negativo 400 ASA e utilizza quasi sempre un obiettivo 35 mm, apertura 5,6, e tenta di avvicinarsi sempre più spesso all'1/60 sec.
Scrittore, fotografa solo per se stesso per più di venticinque anni. Pubblica il suo lavoro solo nel 1991, nel suo primo libro *Photographies*, quando il Centre Pompidou gli dedica la sua prima mostra.
Dal 1990-1991 Banier riunisce su un solo supporto fotografia e scrittura e, dal 1997, fotografia e pittura.

Biography

"Photography obtains its lifeblood from human beings, the novel supplies them. Photography gives us what we want from literature".

François-Marie Banier was born in Paris on 27 June 1947. He discovered the world of photography and the image at an early age thanks to his father, a Hungarian-born freelance journalist.
He took his first pictures in 1962 with a Rétinette 1B Kodak; he has later preferred the Leica M6 or the Minox, more discrete cameras. His technique is essential: he photographs in black and white with a 400 ASA negative, almost always using a 35 mm lens with aperture 5.6, and tries to get as close to 1/60 as possible.
A writer, he kept his photographs to himself for more than twenty-five years. He did not publish his work until 1991, in his first book *Photographs*, when the Centre Pompidou gave him his first show.
Banier has combined photography and writing on the same medium since 1990–1991; since 1997 he has combined photography and painting.

Biographie

« La photographie se nourrit des êtres, le roman les alimente. La photographie nous donne ce que nous demandons à la littérature. »

François-Marie Banier est né à Paris le 27 juin 1947. Il découvre tôt le monde de la photographie et de l'image grâce à son père, publiciste d'origine hongroise.
Il réalise ses premières photographies en 1962 avec un Rétinette 1B Kodak. Il choisit ensuite le Leica M6 ou le Minox, plus discret. Sa technique est réduite au minimum : il photographie en noir et blanc avec un négatif 400 ASA, utilise presque toujours un objectif 35 mm, ouverture 5,6, et tente de se rapprocher le plus souvent du 1/60e sec.
Écrivain, il ne photographie que pour lui-même pendant plus de vingt-cinq ans. Il ne publie son travail qu'en 1991 dans son premier livre, *Photographies*, l'année où le Centre Pompidou lui consacre sa première exposition.
Depuis 1990-1991, il conjugue sur un même support photographie et écriture, et depuis 1997, photographie et peinture.

Bibliografia / Bibliography / Bibliographie

Cataloghi / Catalogues / Catalogues
Photographies, Paris, Gallimard/Denoël, 1991.
Past Present, New York, William Morrow, 1996.
François-Marie Banier, Photographies, Rome, Galleria francese, 1997.
Past Present, Munich, Schirmer/Mosel, 1997.
Private heroes, Ostfilden-Ruit, Cantz, 1998.
Vivre, São Paulo/Rio de Janeiro, 1999.
François-Marie Banier, Centro Cultural de la Recoleta, Buenos Aires, 2000.

Romanzi, Teatro / Novels, Theatre / Romans, Théatre
Les résidences secondaires, roman, Paris, Bernard Grasset, 1969.
Le passé composé, roman, Paris, Bernard Grasset, 1971.
La tête la première, roman, Paris, Bernard Grasset, 1972.
Hôtel du Lac, théâtre, Paris, Gallimard, 1975.
Nous ne connaissons pas la même personne, théâtre, Paris Bernard Grasset, 1978.
Balthazar, fils de famille, roman, Paris, Gallimard, 1985.
Sur un air de fête, roman, Paris, Gallimard, 1990.

Esposizioni / Exhibitions / Expositions

Esposizioni personali / Solo exhibitions / Expositions personnelles

1991-1992
Musée national d'art moderne, Centre Georges Pompidou, Paris.
1994
Bunkamura Gallery, Tokyo.
1995
Galerie Beatrice Wassermann, Munich.
1997
Galleria Francese, Rome.
1998
Photobiennale, Le Grand Manège, Moscou.
1999
Private Heroes, Württembergischer Kunstverein, Stuttgart, 15 juin - 29 août.
Vivre, Pinacoteca do Estado, São Paulo, 28 septembre - 21 novembre.
1999-2000
Vivre, Museu de Arte Moderna, Rio de Janeiro, 4 décembre 1999 - 29 janvier 2000.
Derniers Travaux, Galerie Ghislaine Hussenot, Paris.
Fotos y pinturas, Centro Cultural Recoleta, Buenos-Aires.

Esposizioni collettive / Group exhibitions / Expositions collectives

1996-1997
Double Vie, double vue, Fondation Cartier pour l'Art Contemporain, Paris

François-Marie Banier è corrispondente del *New Yorker*.
François-Marie Banier is correspondant of the *New Yorker*.
François-Marie Banier est correspondant du *New Yorker*.